江苏"十四五"普通高等教育本科规划教材

# 互换性与测量技术

主　编　王宏宇
副主编　刘桂玲　吴　勃
主　审　刘会霞

机 械 工 业 出 版 社

本书为高等工科院校机械类和近机类专业技术基础课教材，全书共 6 章，包括公差与检测技术概述，孔、轴公差与配合，几何公差与误差检测，表面粗糙度轮廓及其检测，圆柱齿轮公差与检测以及典型零部件的公差及检测。在第 2~5 章后分别给出了基于项目的几何量测量内容。每章后均有思考题与练习。

本书以贯彻现行国家标准和充分发挥现代信息技术优势为主线编写，紧密贴合"互联网+教育"下教材发展的新趋势，在书中章节标题处附有二维码，用于链接在线开放课程的视频，架构起线下自主学习和在线开放课程间的桥梁和纽带，可满足当前高等工科院校机械类各专业以及仪器与测控类专业的教学需要，尤其适合于开展线上线下混合式教学和学生自主研学，也可作为机械专业领域工程技术人员的培训教材和参考资料。

本书配有电子课件和课后习题解答，欢迎选用本书作教材的教师登录 www.cmpedu.com 注册下载，或发邮件至 jinacmp@163.com 索取。

**图书在版编目（CIP）数据**

互换性与测量技术/王宏宇主编. —北京：机械工业出版社，2019.8
（2025.6 重印）
ISBN 978-7-111-63127-9

Ⅰ.①互… Ⅱ.①王… Ⅲ.①零部件-互换性-高等学校-教材②零部件-测量技术-高等学校-教材 Ⅳ.①TG801

中国版本图书馆 CIP 数据核字（2019）第 129462 号

机械工业出版社（北京市百万庄大街 22 号 邮政编码 100037）
策划编辑：吉 玲 责任编辑：吉 玲 张亚捷 王 康
责任校对：刘雅娜 封面设计：张 静
责任印制：李 昂
河北鑫兆源印刷有限公司印刷
2025 年 6 月第 1 版第 9 次印刷
184mm×260mm·10.5 印张·257 千字
标准书号：ISBN 978-7-111-63127-9
定价：29.80 元

电话服务 网络服务
客服电话：010-88361066 机 工 官 网：www.cmpbook.com
010-88379833 机 工 官 博：weibo.com/cmp1952
010-68326294 金 书 网：www.golden-book.com
**封底无防伪标均为盗版** 机工教育服务网：www.cmpedu.com

# 序

在"互联网+教育"的大背景下，在线开放课程和信息化教学工具的出现，推动了高等教育教学改革的步伐，激发了学生的学习积极性和自主性，扩大了优质教育资源的受益面，促进了教学内容、方法、模式和教学管理体制的革新，给高等教育教学改革发展带来新的机遇和挑战，一场由现代信息技术引领的课程教学革命已悄然来临。

2017年上半年的短短数月内，"复旦共识""天大行动""北京指南"相继发布，新工科建设吹响了我国高等教育改革新时代的号角。2017年10月，江苏大学根据《教育部高等教育司关于开展新工科研究与实践的通知》，制定了翔实的《关于新工科建设的实施意见》，明确了学校新工科建设的指导思想、实施原则和主要任务，并把课程建设作为主要任务之一。2018年6月，教育部召开了新时代全国高等学校本科教育工作会议，陈宝生部长在会议上提出把"回归常识、回归本分、回归初心、回归梦想"作为我国高等教育改革发展的基本遵循，为新时代的本科教育工作指明了方向。

课程建设，是教育教学理念得以贯彻和实现的必然载体。2018年暑假期间，我校一批长期从事一线教学工作的专业教师，联合行业、企业专家，提出"在线开放课程·新形态混合教材·虚拟实验项目"三位一体的工程基础专业课程建设思路，以江苏省品牌专业机械设计制造及其自动化专业核心课程"互换性与测量技术（公差与检测技术）"为对象，与在线开放课程建设同期编写完成了匹配的新形态混合式教材，在纸质教材中引入在线课程知识点的二维码等，利用在线开放课程平台为学生提供可利用碎片化时间自主学习的多种形式，提出"以学生为中心"的新形态混合式课程与教材建设理念，不但满足了目前高校学生学习与能力养成的需求，而且为新工科视域下强化学生自主学习和课外学习能力提供了新载体，更为缓解现阶段课内学时不足、教学形式单一、师资水平不平衡等现实矛盾提供了新手段，可谓是对专业课课程改革和教材建设的积极探索和有益尝试。

"教育教学改革，改到深处是课程，改到难处是教材"，在"以学生为中心"的本科教育教学中，我们始终在路上。

江苏大学副校长

# 前　言

互换性与测量技术是高等学校工科专业一门重要的专业基础课。其既是联系设计课程和制造课程的纽带，又是从基础课学习过渡到专业课学习的桥梁。

"互联网+教育"为现代教育教学打破了时间和空间的限制，线上线下混合式教学已成为师生喜受的一种教学模式。为适应线上线下教学的需要，江苏大学公差课程组依托已建设完成的在线开放课程，编写了这本新形态教材。该教材具有以下主要特点：

1）架构起线下自主学习直通线上在线开放课程学习的桥梁，学习过程中可随时随地观看教师对知识点的讲解视频。

2）基本教学单元的视频时间为 $5\sim15min$，既符合学生学习时保证注意力集中的最佳时长，又满足利用碎片化时间在线下自主学习的教学要求。

3）具有立体化教材的丰富数字教学资源，且按照知识点进行了归类，更加有利于数字教学资源的充分应用。

4）以项目式教学要求编写了课程实验内容，并给出了实验实施的建议方案，激发学生对课程实验的兴趣。

本书由王宏宇担任主编，刘桂玲、吴勃担任副主编，并邀请了教育部机械基础课程教学指导分委员会委员刘会霞教授担任主审。王宏宇编写了第1、5、6章，刘桂玲编写了第2、4章，吴勃编写了第3章，徐红兵与江苏云峰科技股份有限公司董事长吴建春参加了第6章部分内容的编写工作。上海卓越睿新数码科技有限公司制作了书中全套在线开放课程知识点二维码，其所运营的智慧树网站负责本书所对应在线开放课程的维护工作，并向广大师生免费开放。江苏大学公差课程组毛卫平、王志、刘晨曦、郭玉琴、任国栋、王亚元等参与了本书的文字校对和资料收集等工作。

在本书编写过程中，得到了江苏大学教务处和江苏大学机械工程学院的大力支持，参考了大量与本课程相关的纸质和数字资源，同时省内外部分兄弟院校的公差课程组也为本书提出了诸多宝贵意见，在此对各位同仁、文献作者一并致谢！

由于编者水平有限，书中难免存在缺点和错误，恳请广大读者批评指正。

编　者

# 本书使用说明图例

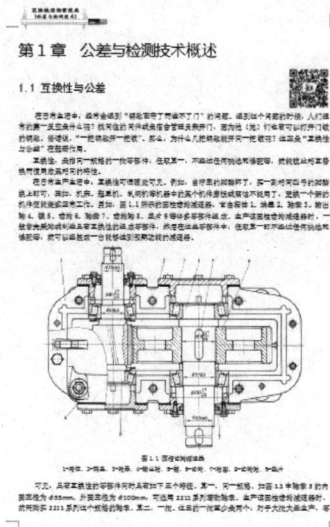

扫一扫书中二维码，随时
实时观看视频讲解

在线开放课程运行网站及网址链接

www.zhihuishu.com

http://coursehome.zhihuishu.com/courseHome/2039553#teachTeam

在线开放课程的二维码

# 目录

# 第1章

# 公差与检测技术概述

## 1.1 互换性与公差

在日常生活中，经常会遇到"钥匙忘带了而进不了门"的问题。遇到这个问题的时候，人们通常的第一反应是什么呢？找同住的同伴或是宿舍管理员来开门，因为他（她）们也有可以打开门锁的钥匙。俗话说，"一把钥匙开一把锁"。那么，为什么几把钥匙能开同一把锁呢？这正是"互换性与公差"在起着作用。

互换性是指同一规格的一批零部件，按规定的技术要求制造，能彼此相互替换而使用效果相同的特性。在日常生产生活中，互换性可谓随处可见。例如，自行车的脚踏坏了，买一副相同型号的脚踏换上即可；再如，图 1-1 所示的圆柱齿轮减速器，它由箱体 1、端盖 2、轴承 3、输出轴 4、键 5、齿轮 6、轴套 7、齿轮轴 8、垫片 9 等零部件组成。生产该圆柱齿轮减速器时，一般可采购或制造具有互换性的相关零部件，然后将这些零部件按照要求进行组装，就可以组装成一台能够达到预期功能的减速器。

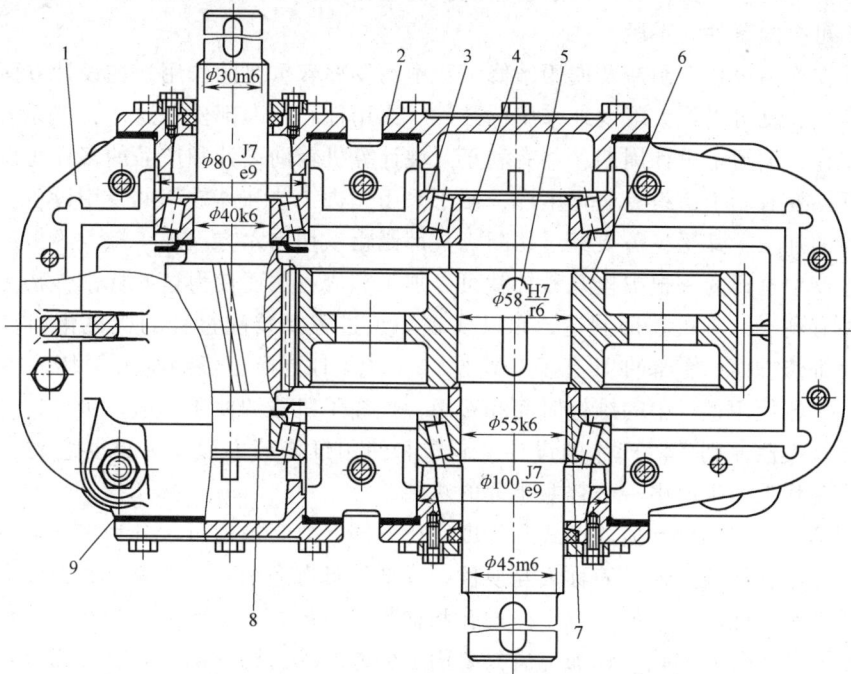

图 1-1 圆柱齿轮减速器

1—箱体 2—端盖 3—轴承 4—输出轴 5—键 6—齿轮 7—轴套 8—齿轮轴 9—垫片

可见，具有互换性的零部件同时具有如下三个特征。其一，同一规格。如图 1-1 中轴承 3 的内圈直径为 $\phi55\text{mm}$、外圈直径为 $\phi100\text{mm}$，可选用 2211 系列滚动轴承。生产该圆柱齿轮减速器时，就需购买 2211 系列这个规格的轴承。其二，一批。具有互换性的零部件一般为批量生产，零部件的数量甚至可以达到成千上万，也就是说互换性针对的对象是一批零部件。其三，使用效果相同。在一批零部件中，任取其一，将其装在整机上或是经过一定的调整（或修配）都能满足整机的使用性能要求。

互换性通常包括几何量互换和功能性互换。其中，几何量互换是指在尺寸、形状等几何量方面具有互换性，而功能性互换则一般指广义上的使用功能的互换，也可以理解成狭义上零部件的互换性，其不仅取决于几何参数的一致性，还取决于其物理、化学、力学性能等的一致性。本课程，仅讨论几何量互换。

零件在加工过程中，由于机床系统误差、机床振动、刀具磨损等原因，其几何参数不可避免地会产生误差。例如，单个零件尺寸不可能制造得绝对准确，一批零件的尺寸不可能完全一致等。实践证明，只要将误差控制在一定的范围内，则零件的使用功能和互换性都能得到保证。换句话说，通过对零件的各个几何参数规定允许的变动范围，加工时只要将零件产生的误差严格控制在这一范围内，零件就具有互换性。因此，互换性是几何量相近意义上的互换。几何量相近的程度，可以根据使用要求等进行确定，这就是公差。公差是零件几何参数允许的变动量，是保证零部件互换性的重要参数。因此，研究几何量误差及其控制范围需要建立公差标准，设计时依据公差标准确定几何参数的公差。可以说，公差是保证零部件具有互换性的基础。完工后的零件是否满足公差要求，要通过检测加以判断。几何参数误差控制在规定的公差范围内，零件就合格，就能满足互换性要求；反之，零件就不合格，也就达不到互换性的目的。可见，合理确定公差及正确进行检测是保证产品质量、实现互换性生产的两个必不可少的条件和手段。

互换性在产品设计、制造及使用维修过程中均发挥着重要的作用。在设计方面，零部件具有了互换性，就可以最大限度地采用标准件、通用件和标准部件。这样，就大大简化了绘图和计算工作，缩短了设计周期，并有利于开展计算机辅助设计和产品的多样化设计。在制造方面，互换性有利于组织专业化生产，便于采用先进工艺和高效率的专用设备；如作为标准件的螺栓的加工，其至少需要经过切断、头部镦粗、切出六方、加工螺纹等多道工序，而在现代化生产中这样的一根螺栓几秒钟就可以加工完成，从而使得这些标准件物美价廉；同时，互换性有利于计算机辅助制造，以及实现加工过程和装配过程的机械化和自动化。此外，在使用维修方面，零部件具有了互换性，可以及时更换已经磨损或损坏的零部件；从而，减少了机器使用过程中的维修时间和费用，提高了机器的使用价值。可见，在现代工业生产中遵循互换性原则，对产品的设计、制造和使用维修等方面具有重要意义。互换性原则，已成为现代工业生产中一个普遍遵守的法则。

在不同场合，零部件互换的形式和程度有所不同，故互换性可以分为完全互换性和不完全互换性。完全互换性，通常简称为互换性。零部件具有完全互换性时，其在装配或更换时是不需要挑选和修配的。例如，对于一批孔和轴装配后的间隙，要求控制在某一范围内，据此规定了孔、轴的公差。孔、轴加工后只要满足公差要求，则它们就具有了完全互换性。对于不完全互换性，顾名思义，其互换是有限的。这里的"有限"是指，在零部件装配或更换时，需要附加挑选或修配等条件，故称为不完全互换性。根据这些附加条件又可分为分组互换、修配互换等。以 6135 型柴油机气缸孔和活塞的配合为例。这里的"6"指的是六缸，135 指的是气缸孔和活塞的公称尺寸为 $\phi135$mm。设计时，为保证两者既能相互运动又不至于间隙过大，无论是气缸孔还是活塞的公差仅为 0.02mm，属于典型的"大尺寸小公差"，加工难度较大。生产中，为降低加工难度将公差放大至 3 倍，加工完成后将气缸体和活塞分为三个组，保证每个组内的气缸孔和活塞的公差为 0.02mm，即组内零件具有互换性，不同组的零件则不具有互换性。不完全互换相对于完全互换，虽然多了一道分组工序，但大大降低了加工难度，保证了产品质量。一般情况下，零部件厂际协作时应该采用完全互换，而在同一厂制造或装配时可以采用不完全互换。

# 1.2 标准与标准化

现代工业生产的特点是规模大、分工细、协作单位多、互换性要求高。例如，汽车整机生产企业，就其主要工作而言多为汽车零部件的装配。轮胎来自于 A 厂、发动机由 B 厂制造、底盘采购自 C 厂、汽车电器（图1-2）则由 D 厂提供等；而且，不同部件又有众多的配套企业。这样的事例，在现代工业生产中极为常见。为了适应生产中各部门的协调和各生产环节的衔接，必须有一种手段，使分散的、局部的生产部门和生产环节，保持必要的技术统一，成为一个有机的整体，从而实现互换性生产。标准与标准化，正是联系协作关系、实现互换性生产的重要途径和手段。

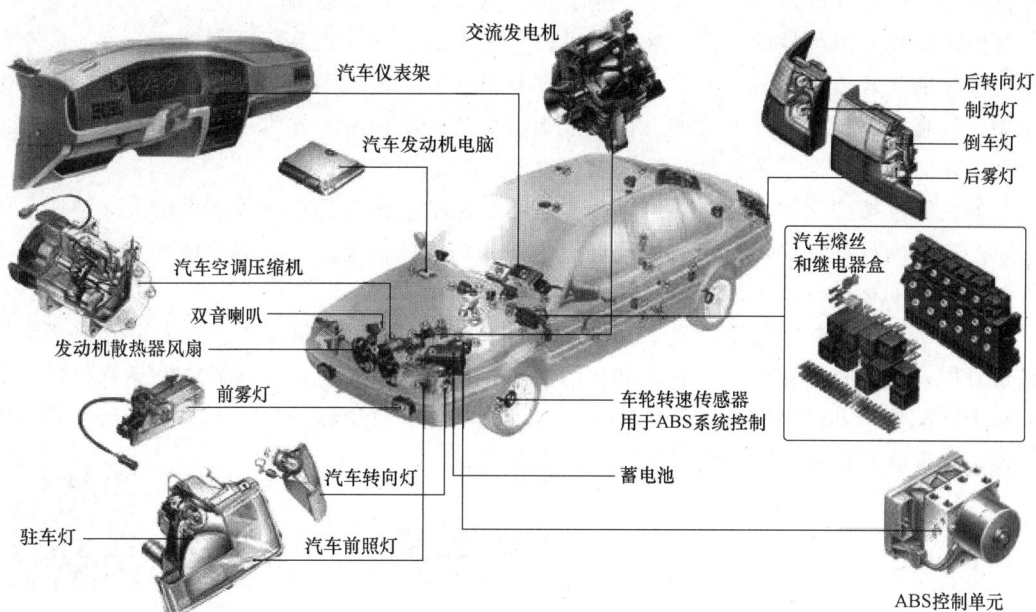

图 1-2 汽车电器系统组成

标准就是对重复性事物和概念所做的统一规定，它以科学、技术和实践经验的综合成果为基础，经有关方面协商一致，由公认机构批准，以特定形式发布，作为共同遵守的准则和依据。秦始皇统一了度量衡，是对人类社会发展所做出的一项重要贡献。度量衡的单位，最初都是与人体有关的。在"孔子家语"中有这样的说法，"布手知尺"，其意思是"从拇指

4

指尖到食指指尖的距离为一尺"，即俗称的一拃。每个人的拇指指尖到食指指尖的距离都不一样，那么对于同样一件物品不同人量出的长度都不一样，这就需要进行统一的规定。正如，秦始皇统一六国后，颁发了统一度量衡的诏书，其实质就是给度（长度）、量（容积）、衡（重量）规定了"标准"。根据考古发现，秦尺的一尺约合现在的 23.1cm。事实上，除了各种计量单位之外，工业生产各个方面都需要规定标准。例如，钢的化学成分、型材的规格、废气的排放等；再如，本课程所述的几何量公差和几何量检测的方方面面都需要标准。

标准化是指标准的制定、发布和贯彻实施的全部活动过程，包括从调查标准化对象开始，经试验、分析和综合归纳，进而制定和贯彻标准，还要不断地修订标准等。1988 年，全国人大常委会通过并由国家主席发布了《中华人民共和国标准化法》。《中华人民共和国标准化法》的颁布实施，对于发展社会主义市场经济、促进科学技术进步、维护国家和人民的利益等，具有十分重要的意义。

按照标准的使用范围，我国将标准分为国家标准、行业标准、地方标准和企业标准。国家标准，由国务院标准化行政主管部门，如国家市场监督管理总局和国家标准化管理委员会制定。行业标准，由国务院各行业行政主管部门，如各部委办局标准化委员会等制定。地方标准，由省级标准化行政主管部门，如省级质量技术监督局等制定。企业标准，则由相关企业制定，多为细分领域的龙头企业。其中，国家标准等级最高，企业标准最低。一般情况下，当某一对象已颁布国家标准，其相应的行业标准、地方标准或企业标准便即废止。但是，有一种情况例外，企业为了提高产品质量，增强市场竞争力，所制定的严于国家标准的企业标准是允许存在的。一般情况下，企业标准只在企业内部使用。

按照标准化对象特性的不同，标准又可以分为基础标准、产品标准、方法标准、安全标准、卫生标准、环境标准等。其中，基础标准是指在一定范围内作为其他标准的基础，并普遍使用，具有广泛指导意义的标准，也是最为重要的一类标准。如本课程所涉及的极限与配合标准、几何公差标准、圆柱齿轮精度制标准等，都属于基础标准。

此外，标准按照法律属性，还可以分为强制性标准、推荐性标准等。保障人体健康，人身、财产安全的标准和法律、行政法规规定为强制执行的标准，是强制性标准。强制性标准和推荐性标准的标准代号不同，分别为 GB 和 GB/T。

随着经济全球化趋势的不断发展，国际标准化组织（简称 ISO），已成为世界上最大的也是最具影响力的标准化组织，其标准化的对象是国际标准。例如，ISO 9000 系列标准，就是一种全球范围内共同遵守的质量管理体系标准。一定程度上说，其已成为企业所生产的产品，能否赢得客户信任、进入市场的一个必要条件。

# 1.3 优先数系

在设计机械产品或制定标准时，常常会与许多数值打交道。当选定一个数值作为某种产品的参数指标时，这个数值就会按照一定的规律，向一切有关事物的相关参数传播。例如，螺纹联接，是一种将两个分离零件联接在一起的联接方式。要实现两个分离零件的联接，这两个分离零件上需要有联接用的通孔或螺纹孔。以通孔为例，当这个通孔的直径一旦确定，则与其配合的螺栓尺寸、螺母尺寸、垫圈尺寸也随之确定；而且，加工这个通孔所用的麻花钻等也随之而定。由于数值如此不断关联，不断传播，常常出现"牵一发而动全身"的现象。因此，类似的数值就不能随意选取，而应该在一个理想的、统一的数系中进行选择。这个数系，就是优先数系。

优先数系是对各种技术参数的数值进行协调、简化、统一的一种科学数值制度。优先数与优先数系是 19 世纪末（1877 年），由法国人查尔斯·雷诺（Charles Renard）首先提出的。当时载人升空的气球所使用的绳索尺寸由设计者随意规定，多达 425 种。雷诺根据单位长度不同直径绳索的重量级数来确定绳索的尺寸，按几何公比递增，每进 5 项使项值增大10 倍，把绳索规格减少到 17 种，并在此基础上产生了优先数系的系列。后人为了纪念雷诺，将优先数系称为 Rr 数系。

国家标准 GB/T 321—2005《优先数和优先数系》规定十进等比数列为优先数系，并规定了 5 个系列，分别用系列符号 R5、R10、R20、R40 和 R80 表示。其中，前 4 个系列为常用的基本系列，R80 则作为补充系列，仅用于分级很细的特殊场合。

优先数系的计算公比为：$q_r = \sqrt[r]{10}$。

根据上述公比计算公式可知，在优先数系中每隔 r 项其数值增大至 10 倍；而且，R5、R10、R20、R40 和 R80，前一数系的项值均包含在后一数系中。同时，优先数系包含 10 的所有整数幂（…，0.01，0.1，1，10，100，…），只要知道一个十进段内的优先数值，其他十进段内的数值就可由小数点的前后移位得到。优先数系中的数值可方便地向两端延伸，表 1-1 中的数值小数点前后移位，便可以得到所有小于 1 和大于 10 的任意优先数。

根据优先数系公比计算公式，R5、R10、R20、R40 和 R80 系列的公比分别为

R5 系列的公比：$\qquad q_5 = \sqrt[5]{10} \approx 1.60$

R10 系列的公比：$\qquad q_{10} = \sqrt[10]{10} \approx 1.25$

R20 系列的公比：$\qquad q_{20} = \sqrt[20]{10} \approx 1.12$

R40 系列的公比：$\qquad q_{40} = \sqrt[40]{10} \approx 1.06$

R80 系列的公比：$\qquad q_{80} = \sqrt[80]{10} \approx 1.03$

表 1-1  优先数系的基本系列（常用值）

| R5 | R10 | R20 | R40 | R5 | R10 | R20 | R40 | R5 | R10 | R20 | R40 |
|---|---|---|---|---|---|---|---|---|---|---|---|
| 1.00 | 1.00 | 1.00 | 1.00 | | | 2.24 | 2.24 | | | 5.00 | 5.00 |
| | | | 1.06 | | | | 2.36 | | | | 5.30 |
| | | 1.12 | 1.12 | 2.50 | 2.50 | 2.50 | 2.50 | | | 5.60 | 5.60 |
| | | | 1.18 | | | | 2.65 | | | | 6.00 |
| | 1.25 | 1.25 | 1.25 | | | 2.80 | 2.80 | 6.30 | 6.30 | 6.30 | 6.30 |
| | | | 1.32 | | | | 3.00 | | | | 6.70 |
| | | 1.40 | 1.40 | | 3.15 | 3.15 | 3.15 | | | 7.10 | 7.10 |
| | | | 1.50 | | | | 3.35 | | | | 7.50 |
| 1.60 | 1.60 | 1.60 | 1.60 | | | 3.55 | 3.55 | | 8.00 | 8.00 | 8.00 |
| | | | 1.70 | | | | 3.75 | | | | 8.50 |
| | | 1.80 | 1.80 | 4.00 | 4.00 | 4.00 | 4.00 | | | 9.00 | 9.00 |
| | | | 1.90 | | | | 4.25 | | | | 9.50 |
| 2.00 | 2.00 | 2.00 | 2.00 | | | 4.50 | 4.50 | 10.00 | 10.00 | 10.00 | 10.00 |
| | | | 2.12 | | | | 4.75 | | | | |

为了使优先数系具有更强的适应性，国家标准中，在优先数系五个基本系列的基础上，

进一步规定了 R$r/p$ 的派生系列。这里 $p$ 的含义是，在 R$r$ 系列中每逢 $p$ 项取一个优先数组成新的系列。

R$r/p$ 派生系列的公比为

$$q_{r/p} = q_r^p = (\sqrt[r]{10})^p = 10^{p/r}$$

例如，经常使用的派生系列 R10/3，就是从基本系列 R10 中，每逢三项取一个优先数组成的新数系。把 R10 系列中优先数 1.00 作为 R10/3 中第 1 项，第四项 2.00 作为 R10/3 中第 2 项，以此类推，R10/3 派生数系就是 1.00、2.00、4.00、8.00 等。这一派生系列的公比为 2。

优先数系有着十分广泛地应用。本课程所涉及的有关标准里，诸如尺寸分段、公差分级、表面粗糙度的参数系列等，基本上都采用优先数系。选用基本系列时，应遵守先疏后密的原则，即应按 R5、R10、R20、R40 的顺序优先选用公比大的基本系列。当基本系列不能满足要求时，可选择派生系列，而且应该优先选择延伸项中含有 1 的派生系列。

# 1.4  几何量检测概述

制定了先进的公差标准，对几何量也规定了合理的公差，若不采取适当的检测措施，则规定的这些公差就形同虚设。不但不能保证零部件实现互换性，而且无法知道误差的大小，更谈不上分析原因进而改进工艺。因此，检测被誉为"制造的眼睛"。

检测是检验与测量的统称。检验是确定零件的几何参数是否在规定的极限范围内，并做出合格与否的判断，而不必知道被测量的具体数值，其结论是"合格"或"不合格"。测量是将被测量与作为计量单位的标准量进行比较，以确定被测量的具体数值的过程，其结论是具体的测量值。然后，根据测量值对照其公差要求，再进行合格性判断。可以说，检验和测量是检测的两种手段，其最终目的都是对几何量合格与否进行判断。

产品质量的提高，除设计和加工精度的提高外，往往更依赖于检测精度的提高。而且，科学技术的进步，也依赖于检测技术的发展。例如，扫描隧道显微镜的分辨率为 0.01nm，是目前世界上精度最高的测量仪器之一，可用于测量金属和半导体零件表面的原子分布形貌。据发表在自然杂志上的一篇文章，在扫描隧道显微镜下可移动原子，实现原子级精密加工。可见，制造业乃至于科学技术的发展，都离不开检测技术及其发展。

要想可靠高效地进行几何量检测，必须正确选择计量器具和测量方法。

计量器具按其本身的结构特点，一般可以分为量具、量规、量仪和检具四大类。

1）量具是指以固定形式复现量值的计量器具。它又可以分为单值量具和多值量具。单值量具是指复现几何量的单个量值的量具，如量块等。多值量具是指复现一定范围内的一系列不同量值的量具，如线纹尺。

2）量规是指没有刻度的专用计量器具，用以检验零件几何要素的实际尺寸和几何误差的综合结果。使用量规检验，不能得到被测要素的具体数值，只能确定被测要素是否合格，如光滑极限量规、螺纹量规、功能量规等。

3）量仪的全称是计量仪器，是指能将被测几何量的量值转换成可直接观测的指示值（即示值）或等效信息的计量器具。量仪按照原始信号转换原理的不同，又可分为机械式、光学式、电动式和气动式四种。

4）检具的全称是计量装置，是指为确定被测几何量量值所必需的计量器具和辅助设备的总体。它能够检测同一工件上较多的几何量和形状比较复杂的工件，有助于实现检测的自动化，如图1-3中所示的曲轴检具和盖板检具。

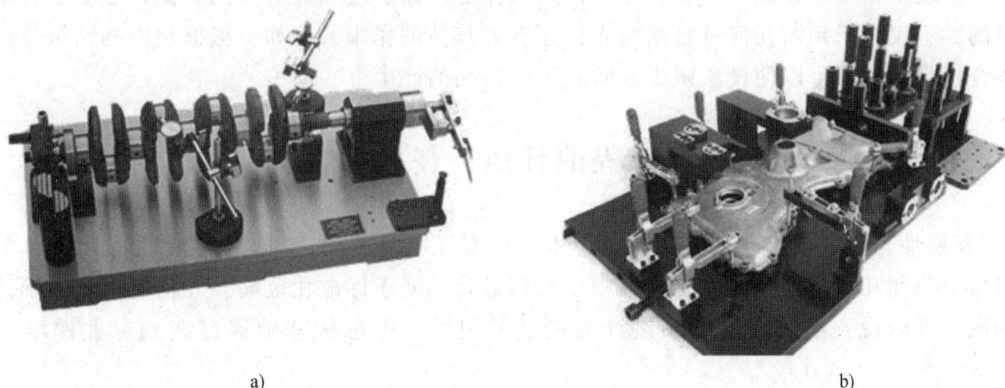

a)　　　　　　　　　　　　　　　　　b)

图 1-3　典型检具

a）曲轴检具　b）盖板检具

广义的测量方法是指测量时所采用的测量原理、计量器具和测量条件的综合。但是，在工程中所讲的测量方法，一般是指获得测量结果的具体方式，即测量方法的狭义概念。

按照实测几何量是否为被测几何量进行分类，测量方法可以分为直接测量和间接测量。实测几何量是被测几何量就是直接测量。如果实测几何量不是被测几何量，被测几何量需要通过实测结果计算得来，那么就是间接测量。如中学时已经学过的利用弓高弦长法测半径（图1-4），先测出弓高 $h$ 和弦长 $b$，再计算出半径 $R$，就属于间接测量。一般情况下，间接测量多用于受条件限制而无法进行直接测量的场合。

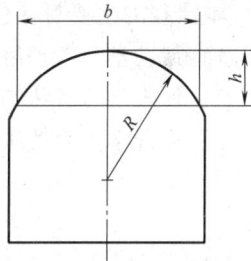

图 1-4　弓高弦长法测半径

按照示值即计量器具的指示值是否为被测几何量的量值进行分类，测量方法又可以分为绝对测量和相对测量。如果计量器具的示值是被测几何量的量值，就是绝对测量。如果计量器具的示值是被测几何量的量值与标准量的差值，就是相对测量。如用游标卡尺测量轴的直径，得到的就是被测几何量的量值，其属于绝对测量。用量块作为标准量，采用比较仪测出轴的直径与量块之间的差值，就是相对测量。一般来说，相对测量的测量精度比绝对测量要高一些。

按照测量时被测表面与计量器具的测头是否接触，测量方法也可以分为接触测量和非接触测量。如用游标卡尺测量轴的直径，就是接触测量；而采用光学量仪进行测量，测头不与被测表面接触，就是非接触测量。在接触测量中，测头与被测表面接触会引起弹性变形，俗称压陷效应，导致较大测量误差的产生；而非接触测量则没有压陷效应，故适合测量软质表面或薄壁易变形的工件。

此外，按照工件上是否有多个被测量一起测量，测量方法还可以分为单项测量和综合测量。如游标卡尺测量轴的直径，其只测轴的直径这一个几何量，就是单项测量；而采用量规测量，其测量的是轴的实际尺寸和其几何误差的综合结果，属于综合测量。单项测量较综合测量而言，效率虽低，但其结果便于进行工艺分析。

在检测过程中，会不可避免地产生或大或小的测量误差。这将导致两种误判：一是把不合格品误认为合格品而给予接收即误收，二是把合格品误认为废品而给予报废即误废，这是测量误差表现在检测方面的矛盾，这就需要从保证产品质量和经济性两方面综合考虑。检测的目的，不仅在于判断几何量合格与否，还有着其他的作用。例如，根据检测的结果分析产生不合格品的原因，以便设法减少和防止不合格品的产生。

## 1.5 课程的性质、任务和目标

"互换性与测量技术（公差与检测技术）"是工科专业的一门重要的专业基础课，包括几何量公差和几何量检测两部分。其中，几何量公差属于标准化范畴，几何量检测属于计量学领域。可以说，本课程是联系设计与制造的纽带，也是从基础课过渡到专业课学习的桥梁。

本课程的主要任务：

1）掌握互换性和标准化的基本概念及有关的术语定义。

2）掌握本课程中几何量公差标准的主要内容、特点和应用原则。

3）学会根据机器和零件的功能要求选用合理的公差与配合，初步具备进行几何量精度设计和分析的能力。

4）能够查用本课程介绍的公差表格，并准确地在图样上进行标注。

5）了解各种典型几何量的检测方法，学会使用常用的计量器具。

本课程的主要目标包括如下三个方面：

1）帮助学习者理解几何量公差标准的基础知识和相关理论。

2）促进学习者认知几何量检测的基本原理、仪器和方法。

3）提升学习者解决工程实践中精度设计与误差检测相关问题的能力。

### 思考题与练习

1.1 什么是互换性？互换性的特征有哪些？

1.2 什么是公差？为什么要规定公差？

1.3 完全互换性和不完全互换性有何区别，各适用于何种场合？

1.4 举例说明分组互换的含义及优点。

1.5 什么是标准？标准化与互换性有何关系？

1.6 按照使用范围不同，标准可以分为哪几类？

1.7 什么是优先数系？它有何特点？我国采用什么数列作为优先数系？

1.8 写出 R20/3 中优先数从 1~100 的常用值。

1.9 R10/2 和 R5 是同一个优先数系吗？并对做出的答案进行说明。

1.10 选择优先数系时，应遵守哪些原则？

1.11 检验和测量有何区别？

1.12 几何量检测的目的与作用是什么？

1.13 计量器具按其本身的结构特点可以分为哪几类？游标卡尺属于其中的哪一类？

1.14 测量方法的分类方法有哪些？各分为哪些？

# 第2章

# 孔、轴公差与配合

## 2.1 概　　述

在机械制造中，孔与轴的结合最为广泛。在极限与配合制中，孔和轴这两个术语具有特定的含义，它关系到极限与配合标准的应用范围。如图 2-1 所示，孔主要指工件的圆柱形内尺寸要素，也包括非圆柱形的内尺寸要素（由两平行平面或切面形成的包容面），如键槽、凹槽的宽度表面，这些表面加工时随材料的去除其尺寸 $A_s$ 由小变大；轴主要指工件的圆柱形外尺寸要素，也包括非圆柱形的外尺寸要素（由两平行平面或切面形成的被包容面），如凸肩的厚度表面，这些表面加工时，随着材料的去除其尺寸 $A_s$ 由大变小。

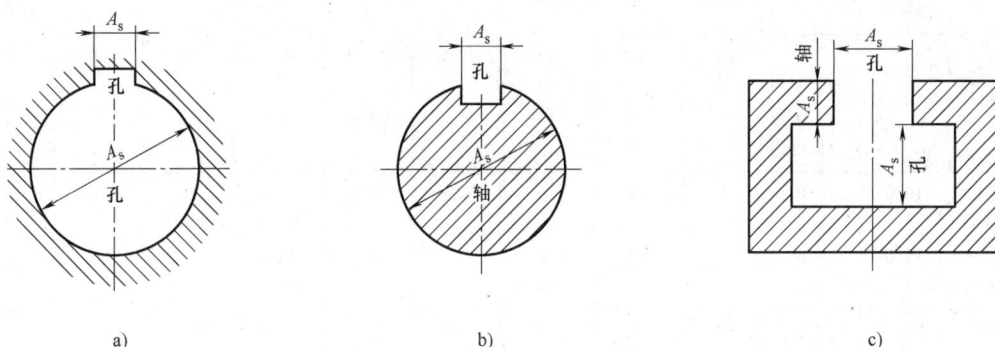

图 2-1　孔和轴的定义示意图

a）圆柱形内表面和键槽　b）圆柱形外表面和键槽　c）凹槽和凸肩

为了满足功能要求和加工的经济性及实现互换，必须在精度设计中对孔和轴的尺寸规定相应的精度要求。为此，我国颁布了一系列与孔、轴尺寸精度有直接关系的孔、轴公差与配合方面的国家标准，主要有 GB/T 1800.1—2009《产品几何技术规范（GPS）极限与配合第 1 部分：公差、偏差和配合的基础》、GB/T 1800.2—2009《产品几何技术规范（GPS）极限与配合 第 2 部分：标准公差等级和孔、轴极限偏差表》、GB/T 1801—2009《产品几何技术规范（GPS）极限与配合 公差带和配合的选择》、GB/T 1804—2000《一般公差　未注公差的线性和角度尺寸的公差》等。极限与配合的相关标准是我国现代工业重要的基础标准，极限与配合直接影响产品的精度、性能和寿命。

本章主要阐述上述标准的基本概念及孔、轴公差与配合的确定和应用。

# 2.2 基本术语

## 2.2.1 尺寸的术语与定义

尺寸通常分为线性尺寸和角度尺寸两种。线性尺寸（简称尺寸）是指两点之间的距离，如直径、宽度、高度、中心距等。本书若不特别指出，则不讨论角度尺寸。按照 GB/T 4458.4—2003《机械制图 尺寸注法》的规定，图样上的尺寸以毫米（mm）为单位时，可以只写数字，不需标注计量单位的符号或名称。

（1）公称尺寸 公称尺寸是由图样规范确定的理想形状要素的尺寸，它是根据零件的强度、刚度等要求进行结构设计确定的，并应尽量采用标准尺寸，执行 GB/T 2822—2005《标准尺寸》的规定（表 2-1）。通常具有配合关系的孔和轴的公称尺寸相同，统一用符号 $D$ 表示。

表 2-1 标准尺寸 （10~100mm） （单位：mm）

| R | | | Rr | | | R | | | Rr | | |
|---|---|---|---|---|---|---|---|---|---|---|---|
| R10 | R20 | R40 | R10 | R20 | R40 | R10 | R20 | R40 | R10 | R20 | R40 |
| 10.0 | 10.0 |  | 10 | 10 |  |  | 35.5 | 35.5 |  | **36** | **36** |
|  | 11.2 |  |  | **11** |  |  |  | 37.5 |  |  | **38** |
| 12.5 | 12.5 | 12.5 | **12** | **12** | **12** | 40.0 | 40.0 | 40.0 | 40 | 40 | 40 |
|  |  | 13.2 |  |  | **13** |  |  | 42.5 |  |  | **42** |
|  | 14.0 | 14.0 |  | 14 | 14 |  | 45.0 | 45.0 | 45 | 45 | 45 |
|  |  | 15.0 |  |  | 15 |  |  | 47.5 |  |  | **48** |
| 16.0 | 16.0 | 16.0 | 16 | 16 | 16 | 50.0 | 50.0 | 50.0 | 50 | 50 | 50 |
|  |  | 17.0 |  |  | 17 |  |  | 53.0 |  |  | 53 |
|  | 18.0 | 18.0 |  | 18 | 18 |  | 56.0 | 56.0 | 56 | 56 | 56 |
|  | 19.0 | 19.0 |  |  | 19 |  |  | 60.0 |  |  | 60 |
| 20.0 | 20.0 | 20.0 | 20 | 20 | 20 | 63.0 | 63.0 | 63.0 | 63 | 63 | 63 |
|  | 21.2 | 21.2 |  |  | **21** |  |  | 67.0 |  |  | 67 |
|  | 22.4 | 22.4 |  | **22** | **22** |  | 71.0 | 71.0 | 71 | 71 | 71 |
|  | 23.6 | 23.6 |  |  | **24** |  |  | 75.0 |  |  | 75 |
| 25.0 | 25.0 | 25.0 | 25 | 25 | 25 | 80.0 | 80.0 | 80.0 | 80 | 80 | 80 |
|  | 26.5 | 26.5 |  |  | **26** |  |  | 85.0 |  |  | 85 |
|  | 28.0 | 28.0 |  | 28 | 28 |  | 90.0 | 90.0 | 90 | 90 | 90 |
|  | 30.0 | 30.0 |  |  | 30 |  |  | 95.0 |  |  | 95 |
| 31.5 | 31.5 | 31.5 | **32** | **32** | **32** | 100.0 | 100.0 | 100.0 | 100 | 100 | 100 |
|  | 33.5 | 33.5 |  |  | **34** |  |  |  |  |  |  |

注：Rr 系列中的黑体字为 R 系列相应各项优先数的化整值。

（2）实际尺寸 实际尺寸来自于工件实体，是工件加工后通过测量获得的尺寸，孔和轴的实际尺寸分别用符号 $D_a$ 和 $d_a$ 表示。由于存在测量误差，实际尺寸并非被测尺寸的真值。只要测量方法原理正确、仪器正常、操作符合规范，测量误差可以忽略不计，测得的实际尺寸可以近似代替真值。由于工件表面加工后存在形状误差，其同一表面不同部位的实际尺寸往往不相同，如图 2-2 所示，所以，在进行尺寸测量时，往往采用多处测量，再选用一定的数据处理方式来获得所加工孔、轴的实际尺寸。

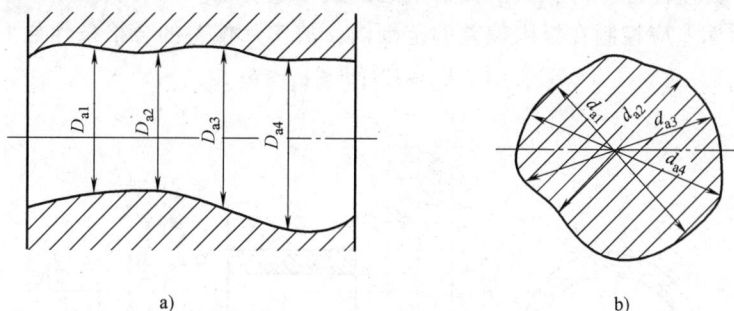

图 2-2 实际尺寸
a）孔 b）轴

（3）极限尺寸 极限尺寸是允许尺寸变化的两个界限值（图 2-3）。这两个界限值中，允许的最大尺寸称为上极限尺寸，允许的最小尺寸称为下极限尺寸。孔和轴的上极限尺寸分别用符号 $D_{max}$ 和 $d_{max}$ 表示，孔和轴的下极限尺寸分别用符号 $D_{min}$ 和 $d_{min}$ 表示。极限尺寸是在设计确定公称尺寸后，为满足某种使用要求，并考虑加工的经济性来确定的。例如，为使轴在孔中能够转动，要求 $D_{min} > d_{max}$。

上述尺寸中，公称尺寸和极限尺寸是设计时给定的，而实际尺寸是工件加工完成后获得的。实际尺寸的合格条件如下

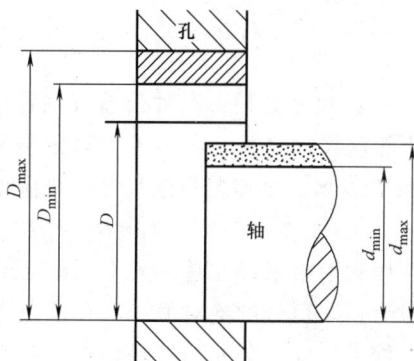

图 2-3 极限尺寸

$$D_{min} \leq D_a \leq D_{max} ; d_{min} \leq d_a \leq d_{max}$$

## 2.2.2 偏差与公差的术语和定义

（1）尺寸偏差 尺寸偏差（简称偏差）是指某一尺寸减其公称尺寸所得的代数差。偏差分为极限偏差和实际偏差。

极限偏差是指极限尺寸减其公称尺寸所得的代数差（图 2-4）。上极限尺寸减其公称尺寸所得的代数差称为上极限偏差。孔和轴的上极限偏差分别用符号 ES 和 es 表示。用公式表示为

$$ES = D_{max} - D ; es = d_{max} - D \tag{2-1}$$

下极限尺寸减其公称尺寸所得的代数差称为下极限偏差。孔和轴的下极限偏差分别用符号 EI 和 ei 表示。用公式表示为

$$EI = D_{min} - D ; ei = d_{min} - D \tag{2-2}$$

实际偏差是指实际尺寸减其公称尺寸所得的代数差。孔和轴的实际偏差分别用符号 $E_a$ 和 $e_a$ 表示。用公式表示为

$$E_a = D_a - D; e_a = d_a - D \tag{2-3}$$

应注意，极限尺寸和实际尺寸都可能大于、小于或等于公称尺寸，所以偏差可能是正值、负值或零。偏差值除零外，其前面必须冠以正号或负号。

孔或轴实际偏差应控制在极限偏差的范围内，故实际偏差的合格条件如下

$$\mathrm{EI} \leqslant E_a \leqslant \mathrm{ES}; \mathrm{ei} \leqslant e_a \leqslant \mathrm{es}$$

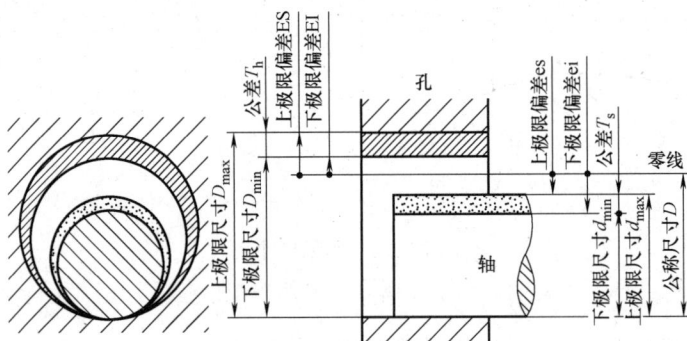

图 2-4　极限偏差和尺寸公差

（2）尺寸公差　尺寸公差（简称公差）是允许实际尺寸的变动量。它等于上极限尺寸与下极限尺寸之差，也等于上极限偏差与下极限偏差之差。孔和轴的尺寸公差分别用符号 $T_h$ 和 $T_s$ 表示。公差与极限尺寸、极限偏差的关系用公式表示为

$$T_h = D_{max} - D_{min} = \mathrm{ES} - \mathrm{EI}; T_s = d_{max} - d_{min} = \mathrm{es} - \mathrm{ei} \tag{2-4}$$

因为上极限尺寸总是大于下极限尺寸，上极限偏差总是大于下极限偏差，所以公差是一个没有正、负号的绝对值，且它是允许尺寸的变动量，也不能为零值。

综上可知，公差与极限偏差存在着内在的联系和区别，具体见表 2-2。

表 2-2　公差与极限偏差的关系

| 公差=上极限偏差-下极限偏差 | 从数值上看 | 从作用上看 | 从工艺上看 |
| --- | --- | --- | --- |
| | 极限偏差是代数值，有符号，正值、负值、零值都有意义；公差是绝对值，没有符号，不能为零值和负值 | 极限偏差用于控制实际偏差；公差是对一批零件尺寸允许的差异范围，反映尺寸制造精度要求，即零件加工的难易程度 | 极限偏差反映公差带位置，影响配合松紧程度；而公差代表公差带大小，影响配合精度 |

（3）公差带及公差带示意图　为了更加直观地反映公称尺寸、极限偏差、公差之间的关系，国家标准推荐采用公差带示意图来表示，如图 2-5 所示。

公差带示意图中，有一条表示公称尺寸的零线。以零线作为上、下极限偏差的基准线，零线以上为正偏差，零线以下为负偏差。将平行于零线代表孔或轴的上极限偏差和下极限偏差或上极限尺寸和下极限尺寸的两条直线所限定的一个区域称为公差带。公差带在垂直于零线方向上的

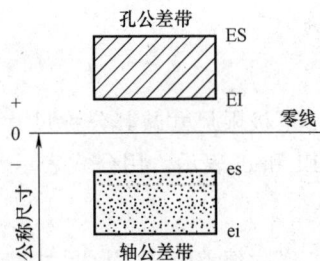

图 2-5　孔、轴公差带示意图

宽度代表公差值，沿零线方向的长度可适当选取。为了加以区分，通常孔公差带用与零线成45°的斜线表示，轴公差带用网点表示。

公差带示意图中，公称尺寸以 mm 为单位，极限偏差以 μm 为单位（只标注数值，不标注单位）。由图 2-5 可知，公差带由"公差带大小"与"公差带相对于零线位置"两个要素组成。若给定了这两个要素，公差带便可被唯一确定下来。为了便于生产，减少公差带数量，在国家标准中提出了极限制。

（4）极限制　用标准化的公差与极限偏差组成标准化的孔、轴公差带的制度称为极限制。国家标准把标准化的公差统称为标准公差，把标准化的极限偏差（其中的上极限偏差或下极限偏差）统称为基本偏差，并且都规定了具体的数值。标准公差是指国家标准所规定的公差值，用来确定公差带的大小。基本偏差是指国家标准所规定的上极限偏差或下极限偏差，它一般以靠近零线或位于零线的那个极限偏差作为基本偏差，决定公差带相对于零线位置。当公差带位于零线上方时，其基本偏差为下极限偏差；位于零线下方时，其基本偏差为上极限偏差，如图 2-6 所示。

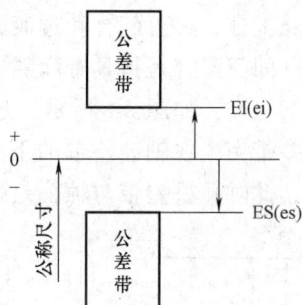

图 2-6　基本偏差

例 1　公称尺寸 $D = \phi30mm$ 的相互结合的孔和轴的极限尺寸分别为：$D_{max} = \phi30.021mm$，$D_{min} = \phi30mm$，$d_{max} = \phi29.965mm$，$d_{min} = \phi29.952mm$。现测得一个孔和一根轴的实际尺寸分别为 $D_a = \phi30.010mm$ 和 $d_a = \phi29.960mm$。求孔和轴的极限偏差、实际偏差及公差，并画出该孔、轴的公差带示意图。

解：由式（2-1）、式（2-2）计算孔和轴的极限偏差

$$ES = D_{max} - D = (30.021 - 30)mm = +0.021mm$$
$$EI = D_{min} - D = (30 - 30)mm = 0$$
$$es = d_{max} - D = (29.965 - 30)mm = -0.035mm$$
$$ei = d_{min} - D = (29.952 - 30)mm = -0.048mm$$

由式（2-3）计算孔和轴的实际偏差

$$E_a = D_a - D = (30.010 - 30)mm = +0.010mm$$
$$e_a = d_a - D = (29.960 - 30)mm = -0.040mm$$

由式（2-4）计算孔和轴的公差

$$T_h = D_{max} - D_{min} = (30.021 - 30)mm = 0.021mm$$

或 $T_h = ES - EI = +0.021mm - 0 = 0.021mm$

$T_s = d_{max} - d_{min} = (29.965 - 29.952)mm = 0.013mm$

或 $T_s = es - ei = -0.035mm - (-0.048)mm = 0.013mm$

孔、轴公差带示意图如图 2-7 所示。

在图样上标注：孔为 $\phi30^{+0.021}_{0}$ mm，轴为 $\phi30^{-0.035}_{-0.048}$ mm。

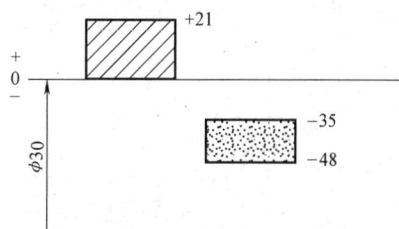

图 2-7　例 1 孔、轴公差带示意图

### 2.2.3 配合的术语和定义

（1）配合 配合是指公称尺寸相同相互结合的孔和轴公差带之间的关系。组成配合的孔与轴的公差带相对位置不同，便形成不同的配合。

（2）间隙或过盈 间隙或过盈是指孔的尺寸减去相配合的轴的尺寸所得的代数差。该代数差为正值时称为间隙，用符号 $X$ 表示；该代数差为负值时称为过盈，用符号 $Y$ 表示。

（3）配合的分类 根据相互结合的孔、轴公差带不同的相互位置关系，配合可以分为间隙配合、过盈配合和过渡配合三类。

间隙配合是指具有间隙（包括最小间隙等于零）的配合，此时孔公差带完全在轴公差带的上方，如图 2-8 所示。过盈配合是指具有过盈（包括最小过盈等于零）的配合，此时孔公差带完全在轴公差带的下方，如图 2-9 所示。过渡配合是指可能具有间隙或者过盈的配合，此时孔公差带与轴公差带相互重叠，如图 2-10 所示。

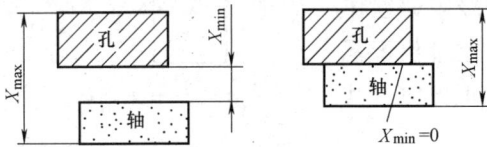

图 2-8 间隙配合示意图

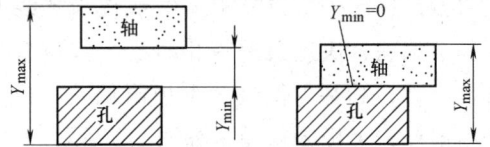

图 2-9 过盈配合示意图

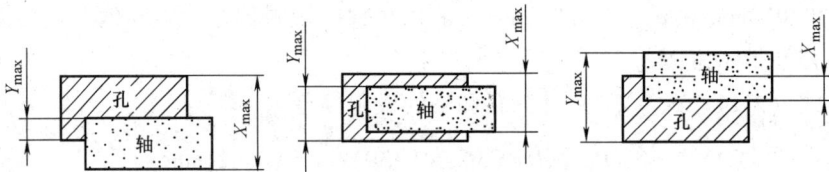

图 2-10 过渡配合示意图

配合种类及其相关性质见表 2-3。

表 2-3 配合种类及其相关性质

| 配合种类 | 间隙配合 | 过盈配合 | 过渡配合 |
|---|---|---|---|
| 公差带位置关系 | 孔公差带完全在轴公差带上方，具有间隙（包括最小间隙等于零）的配合 | 孔公差带完全在轴公差带下方，具有过盈（包括最小过盈等于零）的配合 | 孔公差带与轴公差带相互交叠，可能具有间隙或过盈的配合 |
| 孔、轴极限尺寸或极限偏差的关系 | $D_{min} \geq d_{max}$ 或 $EI \geq es$ | $D_{max} \leq d_{min}$ 或 $ES \leq ei$ | $D_{max} > d_{min}$ 且 $D_{min} < d_{max}$ 或 ES＞ei 且 EI＜es |
| 配合允许的极限量 | $X_{max} = D_{max} - d_{min}$ $= ES - ei$ $X_{min} = D_{min} - d_{max}$ $= EI - es$ 最大间隙 $X_{max}$，最小间隙 $X_{min}$ | $Y_{min} = D_{max} - d_{min}$ $= ES - ei$ $Y_{max} = D_{min} - d_{max}$ $= EI - es$ 最小过盈 $Y_{min}$，最大过盈 $Y_{max}$ | $X_{max} = D_{max} - d_{min}$ $= ES - ei$ $Y_{max} = D_{min} - d_{max}$ $= EI - es$ 最大间隙 $X_{max}$，最大过盈 $Y_{max}$ |

（续）

| 配合种类 | 间隙配合 | 过盈配合 | 过渡配合 |
|---|---|---|---|
| 极限量的平均值 | $X_{av}=\dfrac{X_{max}+X_{min}}{2}$ <br> 平均间隙 $X_{av}$ | $Y_{av}=\dfrac{Y_{max}+Y_{min}}{2}$ <br> 平均过盈 $Y_{av}$ | $X_{av}$（或 $Y_{av}$）$=\dfrac{X_{max}+Y_{max}}{2}$ 所得的数值为正值时是平均间隙 $X_{av}$，为负值时是平均过盈 $Y_{av}$ |
| 配合公差 $T_f$[①] | $T_f=X_{max}-X_{min}$ <br> $=T_h+T_s$ <br> $T_f$ 又称间隙公差 | $T_f=Y_{min}-Y_{max}$ <br> $=T_h+T_s$ <br> $T_f$ 又称过盈公差 | $T_f=X_{max}-Y_{max}$ <br> $=T_h+T_s$ |
| 配合松紧状态 | 孔、轴配合产生间隙，松配合 | 孔、轴配合产生过盈，紧配合 | 孔、轴配合可能产生间隙也可能产生过盈；若产生间隙，间隙量不大，若产生过盈，过盈量也不大的一种配合 |

① 配合公差 $T_f$ 是间隙或过盈的允许变动量，是一个没有符号的绝对值。配合公差反映配合精度，配合公差越小，孔、轴的配合精度就越高，相应的孔、轴公差就越小，孔、轴的加工精度要求就越高。

**例 2** 组成配合的孔和轴在零件图上标注的公称尺寸和极限偏差分别为 $\phi 40^{+0.039}_{0}$ mm 和 $\phi 40^{+0.040}_{+0.015}$ mm。试计算该配合的极限间隙或极限过盈、平均间隙或平均过盈及配合公差，并画出孔、轴公差带示意图。

**解：** 由计算最大间隙公式

$$X_{max}=ES-ei=[(+0.039)-(+0.015)]mm=+0.024mm$$

由计算最大过盈的公式

$$Y_{max}=EI-es=0-(+0.040)mm=-0.040mm$$

由计算平均间隙或平均过盈公式

$$\frac{X_{max}+Y_{max}}{2}=\frac{(+0.024)+(-0.040)}{2}mm=-0.008mm（平均过盈）$$

由计算配合公差的公式

$$T_f=X_{max}-Y_{max}=[(+0.024)-(-0.040)]mm=0.064mm$$

孔、轴公差带示意图如图 2-11 所示。

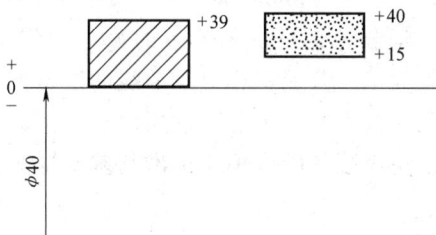

图 2-11 例 2 孔、轴公差带示意图

### 2.2.4 配合制

为了满足不同的装配要求，就需要不同松紧程度的配合。由前述三种配合的公差带图可知，任意改变孔、轴公差带的相对位置关系就可得到不同松紧程度的配合。但为了设计、制

造方便并获得最佳的技术经济效益，可以把其中孔公差带（或轴公差带）的位置固定，而改变轴公差带（或孔公差带）的位置，来满足各种配合要求。用标准化的孔、轴公差带组成各种配合的制度称为配合制。国家标准规定了基孔制和基轴制两种配合制来获得各种配合。基准孔（或基准轴）的另一极限偏差值随其公差带的大小而变化。根据孔、轴公差带相对位置的不同，两种基准制都可形成不同松紧程度的间隙配合、过渡配合和过盈配合。

基孔制是指基本偏差为一定的孔的公差带，与不同基本偏差的轴的公差带形成各种配合的一种制度（图 2-12a）。基孔制的孔为基准孔，它的基本偏差（下极限偏差 EI）为零。基孔制的轴为非基准轴。基轴制是指基本偏差为一定的轴的公差带，与不同基本偏差的孔的公差带形成各种配合的一种制度（图 2-12b）。基轴制的轴为基准轴，它的基本偏差（上极限偏差 es）为零。基轴制的孔为非基准孔。

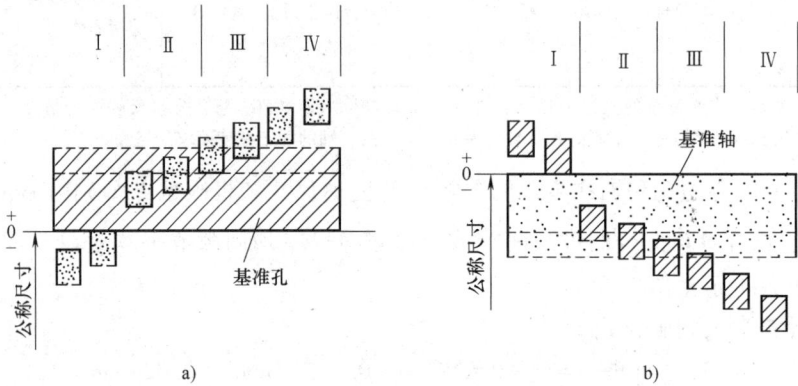

图 2-12　基孔制与基轴制
a）基孔制　b）基轴制

## 2.3　常用尺寸孔、轴极限与配合国家标准

### 2.3.1　基本构成

在机械产品中，公称尺寸不大于 500mm 的尺寸段是应用最广泛的，该尺寸段被称为常用尺寸。根据前面所述，孔、轴公差带是由公差带的大小和公差带相对于零线的位置决定的，公差带的大小由标准公差确定，公差带相对于零线的位置由基本偏差确定。为了使公差带的大小和位置标准化，实现互换性和满足各种使用要求，国家标准规定了孔和轴的标准公差系列与基本偏差系列，这正是极限与配合国家标准的基本构成。

### 2.3.2　标准公差系列

标准公差是国家标准中规定的用以确定公差带大小的任一公差值，它的数值取决于孔或轴的标准公差等级和公称尺寸。

（1）标准公差等级及其代号　国标规定常用尺寸孔、轴的标准公差等级各分为 20 个等级，代号由符号 IT 和阿拉伯数字组成，分别用代号 IT01、IT0、IT1、IT2、…、IT18 表示。其中 IT01 最高，等级依次降低，IT18 最低。如 IT6 可读作标准公差 6 级或 6 级公差或 6 级

精度。属于同一等级的公差，对不同尺寸段虽然公差数值不同，但应看作同等公差精度。

（2）标准公差因子 $i$ 标准公差因子 $i$ 是计算标准公差的基本单位，也是制定标准公差数值系列的基础。标准公差的数值不仅与标准公差等级的高低有关，而且与公称尺寸的大小有关。

生产实践表明，在相同的加工条件下，一批公称尺寸不同的孔或轴加工后产生的尺寸误差范围也不同。而在生产中尺寸误差又来源于加工误差和测量误差。利用统计分析发现，在常用尺寸段，测量误差范围与公称尺寸呈线性关系，加工误差范围与公称尺寸呈立方抛物线关系。尺寸公差用于控制尺寸误差，标准公差因子是计算标准公差的基本单位，因此尺寸公差与公称尺寸的这种关系，可以用标准公差因子与公称尺寸的形式来表示。

公称尺寸≤500mm 时，IT5～IT18 的标准公差因子 $i(\mu m)$ 用下式表示

$$i = 0.45\sqrt[3]{D} + 0.001D \tag{2-5}$$

式中 $D$——公称尺寸（mm）。

式（2-5）中，第一项表示加工误差范围与公称尺寸大小呈立方抛物线关系；第二项表示测量误差范围（主要是测量时温度的变化产生的测量误差）与公称尺寸大小呈线性关系。由此可见，标准公差因子是关于公称尺寸的函数。

（3）标准公差数值的计算 各个标准公差等级的标准公差数值计算公式见表 2-4。

表 2-4 标准公差数值的计算公式

| 标准公差等级 | 公式 | 标准公差等级 | 公式 | 标准公差等级 | 公式 |
|---|---|---|---|---|---|
| IT01 | $0.3 + 0.008D$ | IT6 | $10i$ | IT13 | $250i$ |
| IT0 | $0.5 + 0.012D$ | IT7 | $16i$ | IT14 | $400i$ |
| IT1 | $0.8 + 0.020D$ | IT8 | $25i$ | IT15 | $640i$ |
| IT2 | $(IT1)(IT5/IT1)^{1/4}$ | IT9 | $40i$ | IT16 | $1000i$ |
| IT3 | $(IT1)(IT5/IT1)^{1/2}$ | IT10 | $64i$ | IT17 | $1600i$ |
| IT4 | $(IT1)(IT5/IT1)^{3/4}$ | IT11 | $100i$ | IT18 | $2500i$ |
| IT5 | $7i$ | IT12 | $160i$ | | |

对 IT5～IT18 的标准公差等级，标准公差数值 IT 用下面公式计算

$$IT = ai \tag{2-6}$$

式中 $a$——标准公差等级系数。

$a$ 采用 R5 系列中的化整优先数（公比为 1.6）。标准公差等级越高，则 $a$ 值越小；反之，标准公差等级越低，$a$ 值越大。从 IT6 开始，每增加五个等级，$a$ 值增大到 10 倍。

对于 IT01、IT0 及 IT1 等高精度等级，主要考虑测量误差的影响。因此，它们的标准公差数值与公称尺寸的关系为线性关系，并且这三个标准公差等级之间的常数和系数均采用优先数系的派生系列 R10/2 中的优先数。

对于 IT2、IT3、IT4 这三个标准公差等级，它们的标准公差数值在 IT1 与 IT5 间呈等比数列，该数列的公比 $q = (IT5/IT1)^{1/4}$。

标准公差等级系数的划分符合优先数系的规律时，就具有延伸性和插入性，有利于国家标准的发展和扩大使用。例如，按 R10/2 系列可以确定 $IT02 = 0.2 + 0.005D$（向高精度延伸）；按 R5 系列可确定 $IT19 = 4000i$（向低精度延伸）；按 R10 系列（化整优先数）可确定

IT7.5 = 20$i$（插入）；按（IT5/IT1）$^{1/4}$系列可确定 IT1.5 = IT1（IT2/IT1）$^{1/2}$等。

（4）尺寸分段　如果按表2-4所列的公式计算标准公差数值，那么对于每一个标准公差等级，给一个公称尺寸就要计算对应的公差数值，这样编制的公差表格将非常庞大，甚至不可能。而且实践表明，公差等级相同而公称尺寸相近的公差数值差别不大。因此，为了简化公差表格，方便实际生产应用，应按一定规律将常用尺寸分成若干段落，这称为尺寸分段。

尺寸分段后可使公差数目减少，但同时产生标准公差因子的计算误差。分段间隔越大，公差数目越少，而标准公差因子计算误差越大；分段间隔越小，则反之。显然，对尺寸分段的基本要求就是要使标准公差因子计算误差和公差数目要求达到协调。由优先数系的相对差均匀的特性可知，按优先数系进行分段，能以较少的数据最大限度地满足尺寸分段的要求。为此，国家标准对公称尺寸至3150mm采用优先数系进行分段，其中≤3mm的尺寸不进行分段，对于3~180mm的尺寸采用不均匀递增系列，对于180~3150mm的尺寸采用R10优先数系（在计算基本偏差时，有的细分段，按优先数系R20）分段。其中，对于常用尺寸共分为13个尺寸段。常用尺寸的标准公差数值见表2-5。

表 2-5　常用尺寸的标准公差数值

| 公称尺寸 /mm | | 标准公差等级 | | | | | | | | | | | | | | | | | | |
|---|---|---|---|---|---|---|---|---|---|---|---|---|---|---|---|---|---|---|---|---|
| | | IT1 | IT2 | IT3 | IT4 | IT5 | IT6 | IT7 | IT8 | IT9 | IT10 | IT11 | IT12 | IT13 | IT14 | IT15 | IT16 | IT17 | IT18 |
| 大于 | 至 | μm | | | | | | | | | | | mm | | | | | | |
| — | 3 | 0.8 | 1.2 | 2 | 3 | 4 | 6 | 10 | 14 | 25 | 40 | 60 | 0.1 | 0.14 | 0.25 | 0.4 | 0.6 | 1 | 1.4 |
| 3 | 6 | 1 | 1.5 | 2.5 | 4 | 5 | 8 | 12 | 18 | 30 | 48 | 75 | 0.12 | 0.18 | 0.3 | 0.48 | 0.75 | 1.2 | 1.8 |
| 6 | 10 | 1 | 1.5 | 2.5 | 4 | 6 | 9 | 15 | 22 | 36 | 58 | 90 | 0.15 | 0.22 | 0.36 | 0.58 | 0.9 | 1.5 | 2.2 |
| 10 | 18 | 1.2 | 2 | 3 | 5 | 8 | 11 | 18 | 27 | 43 | 70 | 110 | 0.18 | 0.27 | 0.43 | 0.7 | 1.1 | 1.8 | 2.7 |
| 18 | 30 | 1.5 | 2.5 | 4 | 6 | 9 | 13 | 21 | 33 | 52 | 84 | 130 | 0.21 | 0.33 | 0.52 | 0.84 | 1.3 | 2.1 | 3.3 |
| 30 | 50 | 1.5 | 2.5 | 4 | 7 | 11 | 16 | 25 | 39 | 62 | 100 | 160 | 0.25 | 0.39 | 0.62 | 1 | 1.6 | 2.5 | 3.9 |
| 50 | 80 | 2 | 3 | 5 | 8 | 13 | 19 | 30 | 46 | 74 | 120 | 190 | 0.3 | 0.46 | 0.74 | 1.2 | 1.9 | 3 | 4.6 |
| 80 | 120 | 2.5 | 4 | 6 | 10 | 15 | 22 | 35 | 54 | 87 | 140 | 220 | 0.35 | 0.54 | 0.87 | 1.4 | 2.2 | 3.5 | 5.4 |
| 120 | 180 | 3.5 | 5 | 8 | 12 | 18 | 25 | 40 | 63 | 100 | 160 | 250 | 0.4 | 0.63 | 1 | 1.6 | 2.5 | 4 | 6.3 |
| 180 | 250 | 4.5 | 7 | 10 | 14 | 20 | 29 | 46 | 72 | 115 | 185 | 290 | 0.46 | 0.72 | 1.15 | 1.85 | 2.9 | 4.6 | 7.2 |
| 250 | 315 | 6 | 8 | 12 | 16 | 23 | 32 | 52 | 81 | 130 | 210 | 320 | 0.52 | 0.81 | 1.3 | 2.1 | 3.2 | 5.2 | 8.1 |
| 315 | 400 | 7 | 9 | 13 | 18 | 25 | 36 | 57 | 89 | 140 | 230 | 360 | 0.57 | 0.89 | 1.4 | 2.3 | 3.6 | 5.7 | 8.9 |
| 400 | 500 | 8 | 10 | 15 | 20 | 27 | 40 | 63 | 97 | 155 | 250 | 400 | 0.63 | 0.97 | 1.55 | 2.5 | 4 | 6.3 | 9.7 |

采用尺寸分段后，对每一个标准公差等级，同一尺寸分段范围内（>$D_1$~$D_2$）各个公称尺寸的标准公差相同。按式（2-5）计算标准公差因子$i$时，公式中的公称尺寸以尺寸分段首、尾两个尺寸（$D_1$、$D_2$）的几何平均值$D_j$代入，即

$$D_j = \sqrt{D_1 D_2} \tag{2-7}$$

按式（2-5）、式（2-7）及表2-4所列的计算公式，分别计算出各个尺寸段的各个标准公差等级的标准公差数值，并将尾数圆整，就编制成表2-5所列的标准公差数值。在实际工作中，表2-5可以直接用来查取一定公称尺寸和标准公差等级的标准公差数值，还可以用来根据已知公称尺寸和公差数值，确定它们对应的标准公差等级。

### 2.3.3 基本偏差系列（定性）

（1）基本偏差的定义 基本偏差为国家标准中，用以确定公差带相对于零线位置的极限偏差（上极限偏差或下极限偏差），一般是指靠近零线或位于零线的那个极限偏差。当孔或轴的标准公差和基本偏差确定后，它的另一极限偏差可以利用式（2-4）计算确定。

（2）基本偏差的代号 孔、轴基本偏差各有 28 种，每种基本偏差的代号用一个或两个英文字母表示。孔用大写字母表示，轴用小写字母表示。在 26 个英文字母中，剔除 5 个容易与其他符号含义混淆的字母 I（i）、L（l）、O（o）、Q（q）、W（w），增加 7 组双字母 CD（cd）、EF（ef）、FG（fg）、JS（js）、ZA（za）、ZB（zb）、ZC（zc），共计 28 种基本偏差代号。它们分别形成孔、轴的基本偏差系列。

如图 2-13 所示，在轴的基本偏差系列中，代号为 a~h 的基本偏差都为上极限偏差 es，按从 a 到 h 的顺序，基本偏差的绝对值依次逐渐减少。其中 a~g 的上极限偏差为负值，代号为 h 的上极限偏差 es = 0，它是基轴制中基准轴的基本偏差代号。代号为 j~zc 的基本偏差都为下极限偏差（除 j 为负值外，其余都为正值），按从 k 到 zc 的顺序，基本偏差的绝对值依次逐渐增大。

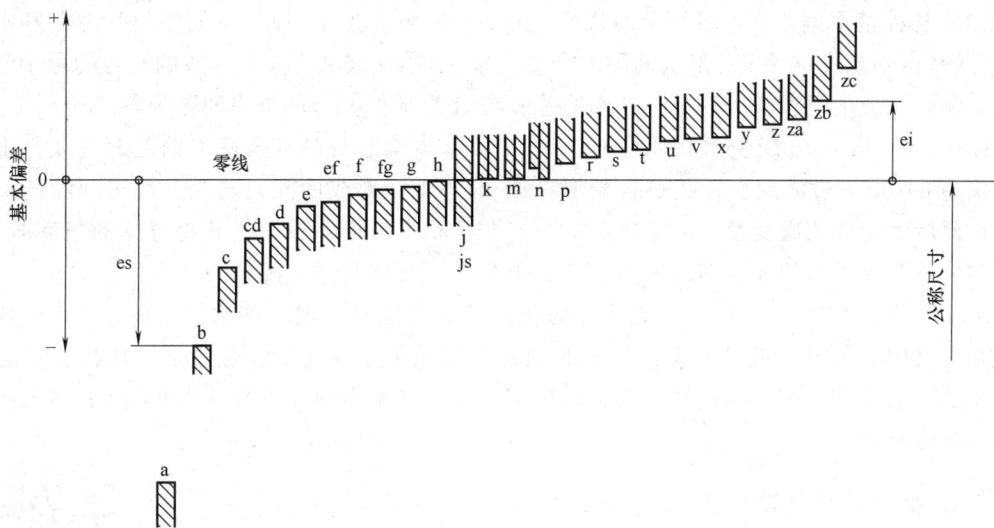

图 2-13 轴的基本偏差系列

如图 2-14 所示，在孔的基本偏差系列中，代号为 A~H 的基本偏差都为下极限偏差 EI，按从 A 到 H 的顺序，基本偏差的绝对值依次逐渐减少。其中 A~G 的下极限偏差为正值，代号为 H 的基本偏差为下极限偏差 EI = 0，它是基孔制中基准孔的基本偏差代号。代号为 J~ZC 的基本偏差都为上极限偏差 ES（除 J、K 为正值外，其余都为负值），按从 K 到 ZC 的顺序，基本偏差的绝对值依次逐渐增大。

基本偏差系列图中，基本偏差代号 js（JS）的轴（孔）的公差带相对于零线对称分布，基本偏差可取为上极限偏差 es（ES）= +IT/2（IT 为标准公差数值），也可取为下极限偏差 ei（EI）= -IT/2。除 j（J）和 js（JS）特殊情况外，由于基本偏差仅确定公差带的位置，因而公差带的另一端未加限制。

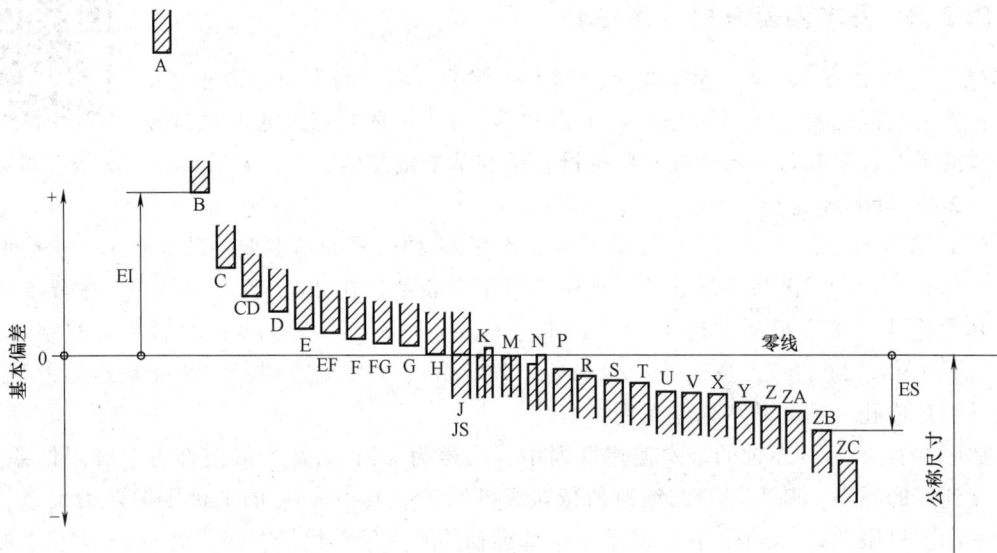

图 2-14  孔的基本偏差系列

（3）各种基本偏差所形成配合的特征  a～h(或 A～H) 11 种基本偏差与基准孔基本偏差 H(或基准轴基本偏差 h) 形成间隙配合。其中 a 与 H(或 A 与 h) 形成的配合的最小间隙最大。此后，最小间隙依次减小，基本偏差 h 与 H 形成的配合的最小间隙为零。

js、j、k、m、n（或 JS、J、K、M、N）5 种基本偏差与基准孔基本偏差 H（或基准轴基本偏差 h）形成过渡配合。其中 js 与 H（或 JS 与 h）形成的配合较松，获得间隙的概率较大。此后，配合依次变紧，n 与 H（或 N 与 h）形成的配合较紧，获得过盈的概率较大。而标准公差等级很高的 n 与 H（或 N 与 h）形成的配合则为过盈配合。

p～zc（或 P～ZC）12 种基本偏差与基准孔基本偏差 H（或基准轴基本偏差 h）形成过盈配合。其中 p 与 H（或 P 与 h）形成的配合的过盈最小。此后，过盈依次增大，zc 与 H（或 ZC 与 h）形成的配合的过盈最大，而标准公差等级不高的 p 与 H（或 P 与 h）形成的配合则为过渡配合。

## 2.3.4  基本偏差系列（定量）

（1）轴的基本偏差数值的确定  轴的各种基本偏差的数值按表 2-6 所列的计算公式确定。这些计算公式是以基孔制配合为基础，根据设计要求、生产实践和科学试验，按经验和统计分析得到的。由表 2-6 可见，大多数轴的基本偏差数值与公称尺寸 $D$ 呈现不同的函数关系，且与公差等级无关（仅 j、js 和 k 的基本偏差数值随公差等级的不同而变化）。利用轴的基本偏差计算公式，以尺寸分段的几何平均值代入这些公式求得数值，经尾数圆整后，就编制出轴的基本偏差数值表（表 2-7）。

**例 3**  利用标准公差数值表（表 2-5）和轴的基本偏差数值表（表 2-7），确定 $\phi40s7$ 轴的极限偏差数值。

**解：** 由表 2-5 查得公称尺寸为 $\phi40\,mm$ 轴的 7 级标准公差数值 $25\,\mu m$。

由表 2-7 查得公称尺寸为 $\phi40\,mm$，且代号为 s 的轴基本偏差为下极限偏差 $ei = +43\,\mu m$。

因此，轴的另一极限偏差为上极限偏差 es。

es＝ei+IT7＝(+43)μm+25μm＝+68μm。

轴的极限偏差在图样上的标注为 $\phi40^{+0.068}_{+0.043}$mm。

（2）孔的基本偏差数值的确定　从孔的基本偏差系列图2-14中可以看出，28种孔的基本偏差代号分布与同名轴的基本偏差代号分布（图2-13）相对于零线呈倒影关系，孔的基本偏差数值可由同名代号轴的基本偏差数值换算而得。换算的原则是：基孔制配合变成同名基轴制配合（如H8/f8变成F8/h8，H7/p6变成P7/h6）时，它们的配合性质不变，即两种配合制形成的极限间隙或极限过盈相同。在实际生产中考虑到高精度孔比轴难加工，故在孔、轴的标准公差等级较高时，孔通常与高一级的轴相配合。而孔、轴的标准公差等级不高时，则孔与轴采用同级配合，被称为工艺等价性。根据上述原则，孔的基本偏差数值的确定有以下两种规则进行换算，换算规则如图2-15所示。

表2-6　常用轴的基本偏差计算公式　　　　（单位：μm）

| 基本偏差代号 | 极限偏差 | 公称尺寸/mm | | 计算公式 | 基本偏差代号 | 极限偏差 | 公称尺寸/mm | | 计算公式 |
| --- | --- | --- | --- | --- | --- | --- | --- | --- | --- |
| | | 大于 | 至 | | | | 大于 | 至 | |
| a | es | 1 | 120 | $-(265+1.3D)$ | k | ei | 0 | 500 | $+0.6\sqrt[3]{D}$ |
| | es | 120 | 500 | $-3.5D$ | m | ei | 0 | 500 | $+(IT7-IT6)$ |
| b | es | 1 | 160 | $-(140+0.85D)$ | n | ei | 0 | 500 | $+5D^{0.34}$ |
| | es | 160 | 500 | $-1.8D$ | p | ei | 0 | 500 | $+[IT7+(0\sim5)]$ |
| c | es | 0 | 40 | $-52D^{0.2}$ | r | ei | 0 | 500 | $+\sqrt{ps}$ |
| | es | 40 | 500 | $-(95+0.8D)$ | s | ei | 0 | 50 | $+[IT8+(1\sim4)]$ |
| cd | es | 0 | 10 | $-\sqrt{cd}$ | | ei | 50 | 500 | $+(IT7+0.4D)$ |
| d | es | 0 | 500 | $-16D^{0.44}$ | t | ei | 24 | 500 | $+(IT7+0.63D)$ |
| e | es | 0 | 500 | $-11D^{0.41}$ | u | ei | 0 | 500 | $+(IT7+D)$ |
| ef | es | 0 | 10 | $-\sqrt{ef}$ | v | ei | 14 | 500 | $+(IT7+1.25D)$ |
| f | es | 0 | 500 | $-5.5D^{0.41}$ | x | ei | 0 | 500 | $+(IT7+1.6D)$ |
| fg | es | 0 | 10 | $-\sqrt{fg}$ | y | ei | 18 | 500 | $+(IT7+2D)$ |
| g | es | 0 | 500 | $-2.5D^{0.34}$ | z | ei | 0 | 500 | $+(IT7+2.5D)$ |
| h | es | 0 | 500 | 基本偏差＝0 | za | ei | 0 | 500 | $+(IT8+3.15D)$ |
| j | | 0 | 500 | 无公式 | zb | ei | 0 | 500 | $+(IT9+4D)$ |
| js | es ei | 0 | 500 | $\pm0.5ITn$ | zc | ei | 0 | 500 | $+(IT10+5D)$ |

注：1. 公式中 D 是公称尺寸分段的几何平均值（mm）。

2. 基本偏差 k 的计算公式仅适用于标准公差等级 IT4~IT7，其他的标准公差等级的基本偏差 k＝0。

表 2-7　尺寸至 500mm

| 公称尺寸 /mm | | 基本偏差数值（上极限偏差 es） | | | | | | | | | | | |
|---|---|---|---|---|---|---|---|---|---|---|---|---|---|
| | | 所有标准公差等级 | | | | | | | | | | | |
| 大于 | 至 | a | b | c | cd | d | e | ef | f | fg | g | h | js |
| — | 3 | −270 | −140 | −60 | −34 | −20 | −14 | −10 | −6 | −4 | −2 | 0 | |
| 3 | 6 | −270 | −140 | −70 | −46 | −30 | −20 | −14 | −10 | −6 | −4 | 0 | |
| 6 | 10 | −280 | −150 | −80 | −56 | −40 | −25 | −18 | −13 | −8 | −5 | 0 | |
| 10 | 14 | −290 | −150 | −95 | | −50 | −32 | | −16 | | −6 | 0 | |
| 14 | 18 | | | | | | | | | | | | |
| 18 | 24 | −300 | −160 | −110 | | −65 | −40 | | −20 | | −7 | 0 | |
| 24 | 30 | | | | | | | | | | | | |
| 30 | 40 | −310 | −170 | −120 | | −80 | −50 | | −25 | | −9 | 0 | |
| 40 | 50 | −320 | −180 | −130 | | | | | | | | | |
| 50 | 65 | −340 | −190 | −140 | | −100 | −60 | | −30 | | −10 | 0 | |
| 65 | 80 | −360 | −200 | −150 | | | | | | | | | |
| 80 | 100 | −380 | −220 | −170 | | −120 | −72 | | −36 | | −12 | 0 | 偏差 $= \pm \dfrac{\mathrm{IT}n}{2}$ 式中 ITn 是 IT 数值 |
| 100 | 120 | −410 | −240 | −180 | | | | | | | | | |
| 120 | 140 | −460 | −260 | −200 | | | | | | | | | |
| 140 | 160 | −520 | −280 | −210 | | −145 | −85 | | −43 | | −14 | 0 | |
| 160 | 180 | −580 | −310 | −230 | | | | | | | | | |
| 180 | 200 | −660 | −340 | −240 | | | | | | | | | |
| 200 | 225 | −740 | −380 | −260 | | −170 | −100 | | −50 | | −15 | 0 | |
| 225 | 250 | −820 | −420 | −280 | | | | | | | | | |
| 250 | 280 | −920 | −480 | −300 | | −190 | −110 | | −56 | | −17 | 0 | |
| 280 | 315 | −1050 | −540 | −330 | | | | | | | | | |
| 315 | 355 | −1200 | −600 | −360 | | −210 | −125 | | −62 | | −18 | 0 | |
| 355 | 400 | −1350 | −680 | −400 | | | | | | | | | |
| 400 | 450 | −1500 | −760 | −440 | | −230 | −135 | | −68 | | −20 | 0 | |
| 450 | 500 | −1650 | −840 | −480 | | | | | | | | | |

注：公称尺寸小于或等于 1mm 时，基本偏差 a 和 b 均不采用。

**轴的基本偏差数值** （单位：μm）

| 基本偏差数值(下极限偏差 ei) | | | | | | | | | | | | | | | | | | |
|---|---|---|---|---|---|---|---|---|---|---|---|---|---|---|---|---|---|---|
| IT5和IT6 | IT7 | IT8 | IT4~IT7 | ≤IT3 >IT7 | 所有标准公差等级 | | | | | | | | | | | | | |
| j | | | k | | m | n | p | r | s | t | u | v | x | y | z | za | zb | zc |
| -2 | -4 | -6 | 0 | 0 | +2 | +4 | +6 | +10 | +14 | | +18 | | +20 | | +26 | +32 | +40 | +60 |
| -2 | -4 | | +1 | 0 | +4 | +8 | +12 | +15 | +19 | | +23 | | +28 | | +35 | +42 | +50 | +80 |
| -2 | -5 | | +1 | 0 | +6 | +10 | +15 | +19 | +23 | | +28 | | +34 | | +42 | +52 | +67 | +97 |
| -3 | -6 | | +1 | 0 | +7 | +12 | +18 | +23 | +28 | | +33 | | +40 | | +50 | +64 | +90 | +130 |
| | | | | | | | | | | | | +39 | +45 | | +60 | +77 | +108 | +150 |
| -4 | -8 | | +2 | 0 | +8 | +15 | +22 | +28 | +35 | | +41 | +47 | +54 | +63 | +73 | +98 | +136 | +188 |
| | | | | | | | | | | +41 | +48 | +55 | +64 | +75 | +88 | +118 | +160 | +218 |
| -5 | -10 | | +2 | 0 | +9 | +17 | +26 | +34 | +43 | +48 | +60 | +68 | +80 | +94 | +112 | +148 | +200 | +274 |
| | | | | | | | | | | +54 | +70 | +81 | +97 | +114 | +136 | +180 | +242 | +325 |
| -7 | -12 | | +2 | 0 | +11 | +20 | +32 | +41 | +53 | +66 | +87 | +102 | +122 | +144 | +172 | +226 | +300 | +405 |
| | | | | | | | | +43 | +59 | +75 | +102 | +120 | +146 | +174 | +210 | +274 | +360 | +480 |
| -9 | -15 | | +3 | 0 | +13 | +23 | +37 | +51 | +71 | +91 | +124 | +146 | +178 | +214 | +258 | +335 | +445 | +585 |
| | | 2] | | | | | | +54 | +79 | +104 | +144 | +172 | +210 | +254 | +310 | +400 | +525 | +690 |
| | | | | | | | | +63 | +92 | +122 | +170 | +202 | +248 | +300 | +365 | +470 | +620 | +800 |
| -11 | -18 | | +3 | 0 | +15 | +27 | +43 | +65 | +100 | +134 | +190 | +228 | +280 | +340 | +415 | +535 | +700 | +900 |
| | | | | | | | | +68 | +108 | +146 | +210 | +252 | +310 | +380 | +465 | +600 | +780 | +1000 |
| | | | | | | | | +77 | +122 | +166 | +236 | +284 | +350 | +425 | +520 | +670 | +880 | +1150 |
| -13 | -21 | | +4 | 0 | +17 | +31 | +50 | +80 | +130 | +180 | +258 | +310 | +385 | +470 | +575 | +740 | +960 | +1250 |
| | | | | | | | | +84 | +140 | +196 | +284 | +340 | +425 | +520 | +640 | +820 | +1050 | +1350 |
| -16 | -26 | | +4 | 0 | +20 | +34 | +56 | +94 | +158 | +218 | +315 | +385 | +475 | +580 | +710 | +920 | +1200 | +1550 |
| | | | | | | | | +98 | +170 | +240 | +350 | +425 | +525 | +650 | +790 | +1000 | +1300 | +1700 |
| -18 | -28 | | +4 | 0 | +21 | +37 | +62 | +108 | +190 | +268 | +390 | +475 | +590 | +730 | +900 | +1150 | +1500 | +1900 |
| | | | | | | | | +114 | +208 | +294 | +435 | +530 | +660 | +820 | +1000 | +1300 | +1650 | +2100 |
| -20 | -32 | | +5 | 0 | +23 | +40 | +68 | +126 | +232 | +330 | +490 | +595 | +740 | +920 | +1100 | +1450 | +1850 | +2400 |
| | | | | | | | | +132 | +252 | +360 | +540 | +660 | +820 | +1000 | +1250 | +1600 | +2100 | +2600 |

如图 2-15 所示，对于间隙配合，基孔制的间隙配合的最小间隙量 $X_{\min}=-es$，同名基轴制配合的最小间隙量 $X_{\min}=EI$，由于要求最小间隙量保持不变，据此得出计算孔的基本偏差的通用规则公式 $EI=-es$（或 $ES=-ei$）。

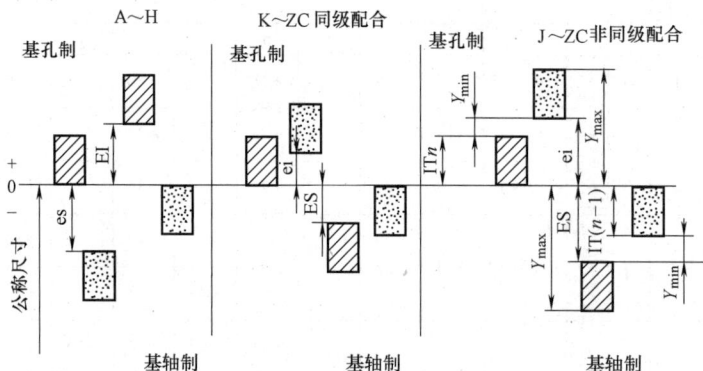

图 2-15　孔基本偏差的换算规则

同理，对于基孔制过盈配合的最小过盈 $Y_{\min}=ES-ei=(+ITn)-ei$，同名基轴制配合的最小过盈 $Y_{\min}=ES-ei=ES-[-IT(n-1)]$，由于要求最小过盈保持不变，则 $ITn-ei=ES+IT(n-1)$，据此得出计算孔的基本偏差数值的特殊规则公式 $ES=-ei+\Delta$，$[\Delta=ITn-IT(n-1)=T_h-T_s]$。换算规则的适用范围见表 2-8。

表 2-8　换算规则的适用范围

| 规则 | 通用规则 | 特殊规则 |
|---|---|---|
| 意义 | 同名孔、轴基本偏差代号相对于零线完全对称，两者的基本偏差的绝对值相等，而符号相反 | 孔的基本偏差数值为同名轴的基本偏差数值的相反数再加上一个 $\Delta$ 值 |
| 公式 | $EI=-es$ 或 $ES=-ei$ | $ES=-ei+\Delta$<br>$\Delta=ITn-IT(n-1)=T_h-T_s$ |
| 应用范围 | ①对 A~H。$EI=-es$，适用于所有标准公差等级<br>②对 K、M。$ES=-ei$，适用于标准公差等级 >IT8<br>③对 P~ZC。$ES=-ei$，适用于标准公差等级 >IT7<br>注：此通用规则适用于孔、轴的标准公差等级不高（低于 8 级），孔与轴采用同级配合的情况 | ①对 K、M、N，适用标准公差等级 ≤IT8<br>②对 P~ZC，适用标准公差等级 ≤IT7<br>注：此特殊规则，适用于较高标准公差等级的孔与轴的过盈配合、过渡配合采用孔与高一级轴配合的情况 |
| 特殊情况 | 对 N。$ES=0$，适用于标准公差等级 >IT8 | |

按以上通用规则和特殊规则计算出孔的基本偏差数值，经尾数圆整后，就编制出孔的基本偏差数值表（表 2-9）。当选择的孔公差带在特殊规则适用范围时，应在表中数值的基础上加表最后一栏查到的相应 $\Delta$ 值。

表2-9　尺寸至500mm孔的基本偏差数值　　（单位：μm）

基本偏差数值 —— 下极限偏差 EI（所有标准公差等级）：A、B、C、CD、D、E、EF、F、FG、G、H、JS；上极限偏差 ES：J、K、M、N、P~ZC

| 公称尺寸/mm 大于 | 至 | A | B | C | CD | D | E | EF | F | FG | G | H | JS | J IT6 | J IT7 | J IT8 | K ≤IT8 | K >IT8 | M ≤IT8 | M >IT8 | N ≤IT8 | N >IT8 | P~ZC ≤IT7 |
|---|---|---|---|---|---|---|---|---|---|---|---|---|---|---|---|---|---|---|---|---|---|---|---|
| — | 3 | +270 | +140 | +60 | +34 | +20 | +14 | +10 | +6 | +4 | +2 | 0 | 偏差 $=\pm\dfrac{ITn}{2}$，式中 ITn 是 IT 数值 | +2 | +4 | +6 | 0 | 0 | -2 | -2 | -4 | -4 | 在大于 IT7 的相应数值上增加一个 Δ 值 |
| 3 | 6 | +270 | +140 | +70 | +46 | +30 | +20 | +14 | +10 | +6 | +4 | 0 | | +5 | +6 | +10 | -1+Δ | 0 | -4+Δ | -4 | -8+Δ | 0 | |
| 6 | 10 | +280 | +150 | +80 | +56 | +40 | +25 | +18 | +13 | +8 | +5 | 0 | | +5 | +8 | +12 | -1+Δ | 0 | -6+Δ | -6 | -10+Δ | 0 | |
| 10 | 14 | +290 | +150 | +95 | | +50 | +32 | | +16 | | +6 | 0 | | +6 | +10 | +15 | -1+Δ | | -7+Δ | -7 | -12+Δ | 0 | |
| 14 | 18 | | | | | | | | | | | | | | | | | | | | | | |
| 18 | 24 | +300 | +160 | +110 | | +65 | +40 | | +20 | | +7 | 0 | | +8 | +12 | +20 | -2+Δ | | -8+Δ | -8 | -15+Δ | 0 | |
| 24 | 30 | | | | | | | | | | | | | | | | | | | | | | |
| 30 | 40 | +310 | +170 | +120 | | +80 | +50 | | +25 | | +9 | 0 | | +10 | +14 | +24 | -2+Δ | | -9+Δ | -9 | -17+Δ | 0 | |
| 40 | 50 | +320 | +180 | +130 | | | | | | | | | | | | | | | | | | | |
| 50 | 65 | +340 | +190 | +140 | | +100 | +60 | | +30 | | +10 | 0 | | +13 | +18 | +28 | -2+Δ | | -11+Δ | -11 | -20+Δ | 0 | |
| 65 | 80 | +360 | +200 | +150 | | | | | | | | | | | | | | | | | | | |
| 80 | 100 | +380 | +220 | +170 | | +120 | +72 | | +36 | | +12 | 0 | | +16 | +22 | +34 | -3+Δ | | -13+Δ | -13 | -23+Δ | 0 | |
| 100 | 120 | +410 | +240 | +180 | | | | | | | | | | | | | | | | | | | |
| 120 | 140 | +460 | +260 | +200 | | +145 | +85 | | +43 | | +14 | 0 | | +18 | +26 | +41 | -3+Δ | | -15+Δ | -15 | -27+Δ | 0 | |
| 140 | 160 | +520 | +280 | +210 | | | | | | | | | | | | | | | | | | | |
| 160 | 180 | +580 | +310 | +230 | | | | | | | | | | | | | | | | | | | |
| 180 | 200 | +660 | +340 | +240 | | +170 | +100 | | +50 | | +15 | 0 | | +22 | +30 | +47 | -4+Δ | | -17+Δ | -17 | -31+Δ | 0 | |
| 200 | 225 | +740 | +380 | +260 | | | | | | | | | | | | | | | | | | | |
| 225 | 250 | +820 | +420 | +280 | | | | | | | | | | | | | | | | | | | |
| 250 | 280 | +920 | +480 | +300 | | +190 | +110 | | +56 | | +17 | 0 | | +25 | +36 | +55 | -4+Δ | | -20+Δ | -20 | -34+Δ | 0 | |
| 280 | 315 | +1050 | +540 | +330 | | | | | | | | | | | | | | | | | | | |
| 315 | 355 | +1200 | +600 | +360 | | +210 | +125 | | +62 | | +18 | 0 | | +29 | +39 | +60 | -4+Δ | | -21+Δ | -21 | -37+Δ | 0 | |
| 355 | 400 | +1350 | +680 | +400 | | | | | | | | | | | | | | | | | | | |
| 400 | 450 | +1500 | +760 | +440 | | +230 | +135 | | +68 | | +20 | 0 | | +33 | +43 | +66 | -5+Δ | | -23+Δ | -23 | -40+Δ | 0 | |
| 450 | 500 | +1650 | +840 | +480 | | | | | | | | | | | | | | | | | | | |

（续）

| 公称尺寸/mm 大于 | 至 | 基本偏差数值 上极限偏差 ES 标准公差等级大于 IT7 | | | | | | | | | | | | Δ值 标准公差等级 | | | | | |
|---|---|---|---|---|---|---|---|---|---|---|---|---|---|---|---|---|---|---|---|
| | | P | R | S | T | U | V | X | Y | Z | ZA | ZB | ZC | IT3 | IT4 | IT5 | IT6 | IT7 | IT8 |
| — | 3 | -6 | -10 | -14 | | -18 | | -20 | | -26 | -32 | -40 | -60 | 0 | 0 | 0 | 0 | 0 | 0 |
| 3 | 6 | -12 | -15 | -19 | | -23 | | -28 | | -35 | -42 | -50 | -80 | 1 | 1.5 | 1 | 3 | 4 | 6 |
| 6 | 10 | -15 | -19 | -23 | | -28 | | -34 | | -42 | -52 | -67 | -97 | 1 | 1.5 | 2 | 3 | 6 | 7 |
| 10 | 14 | -18 | -23 | -28 | | -33 | | -40 | | -50 | -64 | -90 | -130 | 1 | 2 | 3 | 3 | 7 | 9 |
| 14 | 18 | | | | | | -39 | -45 | | -60 | -77 | -108 | -150 | | | | | | |
| 18 | 24 | -22 | -28 | -35 | | -41 | -47 | -54 | -63 | -73 | -98 | -136 | -188 | 1.5 | 2 | 3 | 4 | 8 | 12 |
| 24 | 30 | | | | -41 | -48 | -55 | -64 | -75 | -88 | -118 | -160 | -218 | | | | | | |
| 30 | 40 | -26 | -34 | -43 | -48 | -60 | -68 | -80 | -94 | -112 | -148 | -200 | -274 | 1.5 | 3 | 4 | 5 | 9 | 14 |
| 40 | 50 | | | | -54 | -70 | -81 | -97 | -114 | -136 | -180 | -242 | -325 | | | | | | |
| 50 | 65 | -32 | -41 | -53 | -66 | -87 | -102 | -122 | -144 | -172 | -226 | -300 | -405 | 2 | 3 | 5 | 6 | 11 | 16 |
| 65 | 80 | | -43 | -59 | -75 | -102 | -120 | -146 | -174 | -210 | -274 | -360 | -480 | | | | | | |
| 80 | 100 | -37 | -51 | -71 | -91 | -124 | -146 | -178 | -214 | -258 | -335 | -445 | -585 | 2 | 4 | 5 | 7 | 13 | 19 |
| 100 | 120 | | -54 | -79 | -104 | -144 | -172 | -210 | -254 | -310 | -400 | -525 | -690 | | | | | | |
| 120 | 140 | -43 | -63 | -92 | -122 | -170 | -202 | -248 | -300 | -365 | -470 | -620 | -800 | 3 | 4 | 6 | 7 | 15 | 23 |
| 140 | 160 | | -65 | -100 | -134 | -190 | -228 | -280 | -340 | -415 | -535 | -700 | -900 | | | | | | |
| 160 | 180 | | -68 | -108 | -146 | -210 | -252 | -310 | -380 | -465 | -600 | -780 | -1000 | | | | | | |
| 180 | 200 | -50 | -77 | -122 | -166 | -236 | -284 | -350 | -425 | -520 | -670 | -880 | -1150 | 3 | 4 | 6 | 9 | 17 | 26 |
| 200 | 225 | | -80 | -130 | -180 | -258 | -310 | -385 | -470 | -575 | -740 | -960 | -1250 | | | | | | |
| 225 | 250 | | -84 | -140 | -196 | -284 | -340 | -425 | -520 | -640 | -820 | -1050 | -1350 | | | | | | |
| 250 | 280 | -56 | -94 | -158 | -218 | -315 | -385 | -475 | -580 | -710 | -920 | -1200 | -1550 | 4 | 4 | 7 | 9 | 20 | 29 |
| 280 | 315 | | -98 | -170 | -240 | -350 | -425 | -525 | -650 | -790 | -1000 | -1300 | -1700 | | | | | | |
| 315 | 355 | -62 | -108 | -190 | -268 | -390 | -475 | -590 | -730 | -900 | -1150 | -1500 | -1900 | 4 | 5 | 7 | 11 | 21 | 32 |
| 355 | 400 | | -114 | -208 | -294 | -435 | -530 | -660 | -820 | -1000 | -1300 | -1650 | -2100 | | | | | | |
| 400 | 450 | -68 | -126 | -232 | -330 | -490 | -595 | -740 | -920 | -1100 | -1450 | -1850 | -2400 | 5 | 5 | 7 | 13 | 23 | 34 |
| 450 | 500 | | -132 | -252 | -360 | -540 | -660 | -820 | -1000 | -1250 | -1600 | -2100 | -2600 | | | | | | |

注：1. 公称尺寸小于等于1mm时，各级 A 和 B 均不采用。

2. 对小于或等于 IT8 的 K、M、N 和小于或等于 IT7 的 P～ZC，所需 Δ 值从表内右侧栏选取。例如：18～30mm 段的 K7，Δ=8μm，所以 ES=(-2+8)μm=+6μm；18～30mm 段的 S6，Δ=4μm，所以 ES=(-35+4)μm=-31μm。特殊情况：250～315mm 段的 M6，ES=-9μm（代替-11μm）。

**例 4** 查表确定 $\phi 40H8/m7$ 和 $\phi 40M8/h7$ 配合中孔和轴的极限偏差，计算极限间隙或过盈，并画出孔、轴公差带示意图。

**解：**由表 2-5 得：公称尺寸为 $\phi 40mm$ 的标准公差数值 $IT8 = 39\mu m$，$IT7 = 25\mu m$。

① 基孔制配合 $\phi 40H8/m7$。

$\phi 40H8$ 基准孔的基本偏差 $EI = 0$，另一极限偏差为 $ES = EI + IT8 = +39\mu m$。

由表 2-7 查得 $\phi 40m7$ 轴的基本偏差 $ei = +9\mu m$，另一极限偏差为 $es = ei + IT7 = +34\mu m$。

因此，该配合的最大间隙 $X_{max} = ES - ei = [(+39) - (+9)]\mu m = +30\mu m$，最大过盈 $Y_{max} = EI - es = 0 - (+34)\mu m = -34\mu m$。

② 基轴制配合 $\phi 40M8/h7$。

$\phi 40h7$ 基准轴的基本偏差 $es = 0$，另一极限偏差为 $ei = es - IT7 = -25\mu m$。

由表 2-9 查得 $\phi 40M8$ 孔的基本偏差 $ES = -9\mu m + \Delta = -9\mu m + 14\mu m = +5\mu m$，另一极限偏差为 $EI = ES - IT8 = +5\mu m - 39\mu m = -34\mu m$。

因此，该配合的最大间隙 $X_{max} = ES - ei = (+5)\mu m - (-25)\mu m = +30\mu m$，最大过盈 $Y_{max} = EI - es = -34\mu m - 0 = -34\mu m$。

所以，$\phi 40H8/m7$ 和 $\phi 40M8/h7$ 的配合性质相同，它们互为同名配合。

## 2.3.5 孔、轴公差与配合在图样上的标注

装配图上，在公称尺寸后面标注孔、轴配合代号，如 $\phi 40\dfrac{H7}{r6}$ 或 $\phi 40H7/r6$ （图 2-16a）。

零件图上，第一种标注方法是在公称尺寸后面标注孔或轴的公差带代号，如图 2-16b 分别所示的 $\phi 40H7$ 和 $\phi 40r6$，此种标注方法适用于大批、大量生产的零件，零件完工后采用极

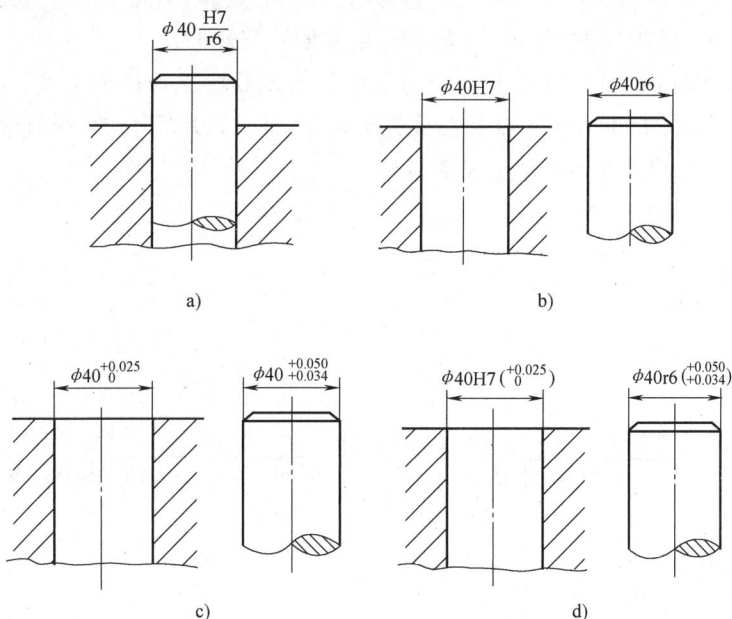

图 2-16 孔、轴公差与配合在图样上的标注

a）装配图　b）孔、轴零件图标注公差代号　c）孔、轴零件图标注极限偏差

d）孔、轴零件图公差代号及极限偏差同时标注

限量规检验是否合格；第二种标注方法是在公称尺寸后标注上、下极限偏差数值，如图 2-16c 所示的 $\phi40^{+0.025}_{0}$mm 和 $\phi40^{+0.050}_{+0.034}$mm，此种方法适用于单件、小批量生产的零件，零件完工后采用通用量仪测量是否合格；第三种标注方法是公称尺寸后同时标注公差带代号及上、下极限偏差数值，如图 2-16d 所示的 $\phi40H7\left(^{+0.025}_{0}\right)$ 和 $\phi40r6\left(^{+0.050}_{+0.034}\right)$，此种标注方法适用于产量、产品不固定、量规不齐全的加工企业，完工零件优先采用极限量规检验是否合格。

在零件图上标注上、下极限偏差数值时，零极限偏差必须用数字"0"标出，不得省略，如 $\phi40^{+0.025}_{0}$mm、$\phi40^{\ 0}_{-0.016}$mm。当上、下极限偏差绝对值相等而符号相反时，则在极限偏差数值前面标注"±"号，如（$\phi40\pm0.008$）mm。

### 2.3.6 孔、轴的常用公差带和优先、常用配合

尽管基本偏差和标准公差数值均标准化，孔仍然可组成 543 种公差带（J 仅保留了 J6~J8），轴仍然可组成 544 种公差带（j 仅保留了 j5~j8）。使用如此多的孔、轴公差带和配合，必然增加了定值刀具、量具和工艺装备的品种和规格，显然是不经济的，并使标准繁杂，不利于生产。因此，从实际需要出发，就有必要对公差带的选择加以限制，并选用适当的孔、轴公差带组成满足使用要求的配合。为此国家标准对孔、轴分别规定了常用公差带和优先、常用配合。

（1）孔、轴的常用公差带　图 2-17 列出孔的常用公差带 105 种。选择时，应优先选用圆圈中的公差带（共 13 种），其次选用方框中的公差带（共 44 种），最后选用其他的公差带。

图 2-18 列出轴的常用公差带 116 种。选择时，应优先选用圆圈中的公差带（共 13 种），其次选用方框中的公差带（共 59 种），最后选用其他的公差带。

（2）孔、轴的常用配合和优先配合　为了满足大多数产品功能的需要，使配合的选择简化和比较集中，国家标准规定了基孔制优先配合 13 种，常用配合 59 种（表 2-10）；基轴制优先配合 13 种，常用配合 47 种（表 2-11）。

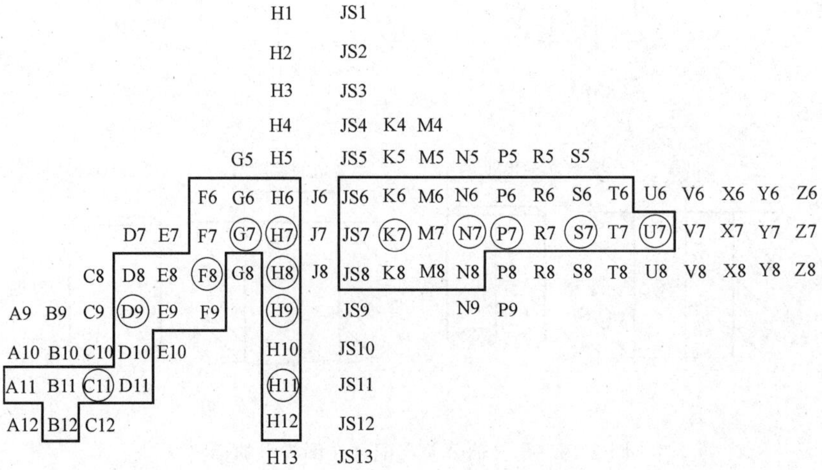

图 2-17　孔的常用公差带

```
                                    h1        js1
                                    h2        js2
                                    h3        js3
                          g4   h4        js4 k4 m4 n4 p4 r4 s4
                     f5 g5  h5     j5  js5 k5 m5 n5 p5 r5 s5 t5 u5 v5 x5
                e6  f6 (g6)(h6)    j6  js6 (k6) m6 (n6)(p6) r6 (s6) t6 (u6) v6 x6 y6 z6
           d7  e7 (f7) g7 (h7)    j7  js7 k7 m7 n7 p7 r7 s7 t7 u7 v7 x7 y7 z7
        c8 d8  e8 f8  g8  h8        js8 k8 m8 n8 p8 r8 s8 t8 u8 v8 x8 y8 z8
   a9 b9 c9 (d9) e9 f9     (h9)     js9
   a10 b10 c10 d10 e10      h10     js10
   a11 b11 (c11) d11       (h11)    js11
   a12 b12 c12             h12     js12
   a13 b13                 h13     js13
```

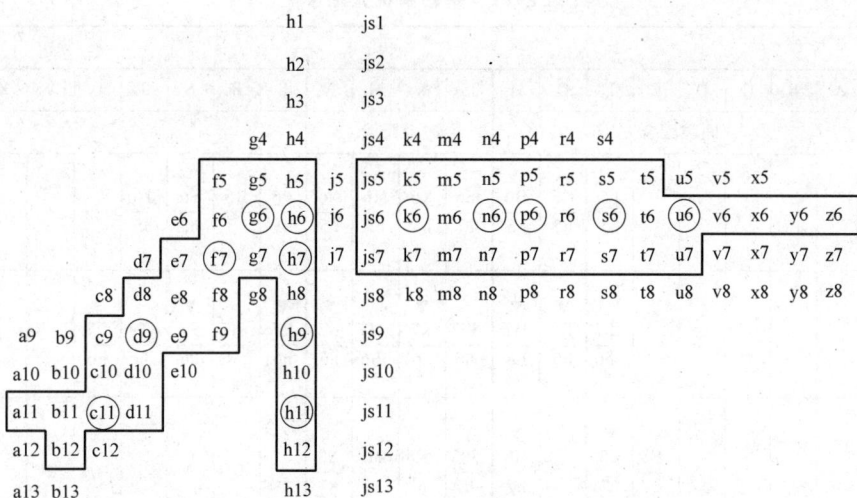

图 2-18　轴的常用公差带

表 2-10　基孔制优先配合

| 基准孔 | 轴 | | | | | | | | | | | | | | | | | | | |
|---|---|---|---|---|---|---|---|---|---|---|---|---|---|---|---|---|---|---|---|---|
| | a | b | c | d | e | f | g | h | js | k | m | n | p | r | s | t | u | v | x | y | z |
| | 间隙配合 | | | | | | | | 过渡配合 | | | | 过盈配合 | | | | | | | |
| H6 | | | | | | $\frac{H6}{f5}$ | $\frac{H6}{g5}$ | $\frac{H6}{h5}$ | $\frac{H6}{js5}$ | $\frac{H6}{k5}$ | $\frac{H6}{m5}$ | $\frac{H6}{n5}$ | $\frac{H6}{p5}$ | $\frac{H6}{r5}$ | $\frac{H6}{s5}$ | $\frac{H6}{t5}$ | | | | | |
| H7 | | | | | | $\frac{H7}{f6}$ | ▼$\frac{H7}{g6}$ | ▼$\frac{H7}{h6}$ | $\frac{H7}{js6}$ | $\frac{H7}{k6}$ | $\frac{H7}{m6}$ | ▼$\frac{H7}{n6}$ | ▼$\frac{H7}{p6}$ | $\frac{H7}{r6}$ | ▼$\frac{H7}{s6}$ | $\frac{H7}{t6}$ | ▼$\frac{H7}{u6}$ | $\frac{H7}{v6}$ | $\frac{H7}{x6}$ | $\frac{H7}{y6}$ | $\frac{H7}{z6}$ |
| H8 | | | | $\frac{H8}{e7}$ | ▼$\frac{H8}{f7}$ | $\frac{H8}{g7}$ | ▼$\frac{H8}{h7}$ | $\frac{H8}{js7}$ | $\frac{H8}{k7}$ | $\frac{H8}{m7}$ | $\frac{H8}{n7}$ | $\frac{H8}{p7}$ | $\frac{H8}{r7}$ | $\frac{H8}{s7}$ | $\frac{H8}{t7}$ | $\frac{H8}{u7}$ | | | | |
| H8 | | | $\frac{H8}{d8}$ | $\frac{H8}{e8}$ | $\frac{H8}{f8}$ | | $\frac{H8}{h8}$ | | | | | | | | | | | | | |
| H9 | | | ▼$\frac{H9}{c9}$ | $\frac{H9}{d9}$ | $\frac{H9}{e9}$ | $\frac{H9}{f9}$ | ▼$\frac{H9}{h9}$ | | | | | | | | | | | | | |
| H10 | | | $\frac{H10}{c10}$ | $\frac{H10}{d10}$ | | | $\frac{H10}{h10}$ | | | | | | | | | | | | | |
| H11 | $\frac{H11}{a11}$ | $\frac{H11}{b11}$ | ▼$\frac{H11}{c11}$ | $\frac{H11}{d11}$ | | | ▼$\frac{H11}{h11}$ | | | | | | | | | | | | | |
| H12 | | $\frac{H12}{b12}$ | | | | | $\frac{H12}{h12}$ | | | | | | | | | | | | | |

注：1. $\frac{H6}{n5}$、$\frac{H7}{p6}$在公称尺寸小于或等于 3mm 和$\frac{H8}{r7}$在公称尺寸小于或等于 100mm 时，为过渡配合。

2. 带▼的配合为优先配合。

表 2-11　基轴制优先配合

| 基准轴 | 孔 | | | | | | | | | | | | | | | | | | | | |
|---|---|---|---|---|---|---|---|---|---|---|---|---|---|---|---|---|---|---|---|---|---|
| | A | B | C | D | E | F | G | H | JS | K | M | N | P | R | S | T | U | V | X | Y | Z |
| | 间隙配合 | | | | | | | | 过渡配合 | | | | 过盈配合 | | | | | | | | |
| h5 | | | | | | $\frac{F6}{h5}$ | $\frac{G6}{h5}$ | $\frac{H6}{h5}$ | $\frac{JS6}{h5}$ | $\frac{K6}{h5}$ | $\frac{M6}{h5}$ | $\frac{N6}{h5}$ | $\frac{P6}{h5}$ | $\frac{R6}{h5}$ | $\frac{S6}{h5}$ | $\frac{T6}{h5}$ | | | | | |
| h6 | | | | | | $\frac{F7}{h6}$ | ▼$\frac{G7}{h6}$ | ▼$\frac{H7}{h6}$ | $\frac{JS7}{h6}$ | $\frac{K7}{h6}$ | $\frac{M7}{h6}$ | ▼$\frac{N7}{h6}$ | ▼$\frac{P7}{h6}$ | $\frac{R7}{h6}$ | ▼$\frac{S7}{h6}$ | $\frac{T7}{h6}$ | ▼$\frac{U7}{h6}$ | | | | |
| h7 | | | | | $\frac{E8}{h7}$ | ▼$\frac{F8}{h7}$ | | ▼$\frac{H8}{h7}$ | $\frac{JS8}{h7}$ | $\frac{K8}{h7}$ | $\frac{M8}{h7}$ | $\frac{N8}{h7}$ | | | | | | | | | |
| h8 | | | | $\frac{D8}{h8}$ | $\frac{E8}{h8}$ | $\frac{F8}{h8}$ | | $\frac{H8}{h8}$ | | | | | | | | | | | | | |
| h9 | | | | ▼$\frac{D9}{h9}$ | $\frac{E9}{h9}$ | $\frac{F9}{h9}$ | | ▼$\frac{H9}{h9}$ | | | | | | | | | | | | | |
| h10 | | | | $\frac{D10}{h10}$ | | | | $\frac{H10}{h10}$ | | | | | | | | | | | | | |
| h11 | $\frac{A11}{h11}$ | $\frac{B11}{h11}$ | ▼$\frac{C11}{h11}$ | $\frac{D11}{h11}$ | | | | ▼$\frac{H11}{h11}$ | | | | | | | | | | | | | |
| h12 | | $\frac{B12}{h12}$ | | | | | | $\frac{H12}{h12}$ | | | | | | | | | | | | | |

注：带▼的配合为优先配合。

选择公差带和配合时，应按优先、常用的顺序选取。仅在特殊情况下，当常用公差带和常用配合不能满足要求时，才可从国家标准规定的标准公差等级和基本偏差中选取所需要的孔、轴公差带来组成配合。

# 2.4　大尺寸孔、轴公差与配合

大尺寸是指公称尺寸大于 500~3150mm 范围内的尺寸。大尺寸与常用尺寸的孔、轴公差与配合相比，它们既有联系，又有区别。国标规定大尺寸孔、轴的标准公差等级共分为 18 个等级，代号仍由符号 IT 和阿拉伯数字组成。相对于常用尺寸，其标准公差等级少了 IT01 和 IT0。在实际生产中，由于大尺寸孔、轴的加工和测量都比较困难，因此选用大尺寸的标准公差等级时，以 IT6~IT18 为宜。

尺寸误差来源于加工误差和测量误差。随着公称尺寸的增大，测量误差、温度及形状误差等因素的影响将显著增加。测量误差（包括温度的影响）在总误差中所占的比例将随公称尺寸的增大而增加，并逐步转化成主要部分。因此，大尺寸的标准公差因子 $I$ 与公称尺寸 $D$ 呈线性关系，其关系式如下

$$I = 0.004D + 2.1 \qquad (2\text{-}8)$$

式中　$I$——标准公差因子（$\mu m$）；

　　　$D$——公称尺寸段的几何平均值（mm）。

同样地，其标准公差数值 IT 由标准公差等级系数 $a$ 和标准公差因子 $I$ 确定，计算公式如下

$$IT = aI \qquad (2\text{-}9)$$

IT5 ~ IT18 的计算公式中，大尺寸和常用尺寸的 $a$ 值相同。IT1 ~ IT4 的计算公式中大尺寸的 $a$ 值依次为 2、2.7、3.7、5。根据式（2-9），分别计算出各个尺寸段的各个标准公差等级的标准公差数值，并将尾数圆整，编制出大尺寸的标准公差数值（表 2-12）。

表 2-12　大尺寸（公称尺寸大于 500 ~ 3150mm）的标准公差数值

| 公称尺寸 /mm | | 标准公差等级 | | | | | | | | | | | | | | | | |
|---|---|---|---|---|---|---|---|---|---|---|---|---|---|---|---|---|---|---|
| | | IT1 | IT2 | IT3 | IT4 | IT5 | IT6 | IT7 | IT8 | IT9 | IT10 | IT11 | IT12 | IT13 | IT14 | IT15 | IT16 | IT17 | IT18 |
| 大于 | 至 | μm | | | | | | | | | | | mm | | | | | | |
| 500 | 630 | 9 | 11 | 16 | 22 | 32 | 44 | 70 | 110 | 175 | 280 | 440 | 0.7 | 1.1 | 1.75 | 2.8 | 4.4 | 7 | 11 |
| 630 | 800 | 10 | 13 | 18 | 25 | 36 | 50 | 80 | 125 | 200 | 320 | 500 | 0.8 | 1.25 | 2 | 3.2 | 5 | 8 | 12.5 |
| 800 | 1000 | 11 | 15 | 21 | 28 | 40 | 56 | 90 | 140 | 230 | 360 | 560 | 0.9 | 1.4 | 2.3 | 3.6 | 5.6 | 9 | 14 |
| 1000 | 1250 | 13 | 18 | 24 | 33 | 47 | 66 | 105 | 165 | 260 | 420 | 660 | 1.05 | 1.65 | 2.6 | 4.2 | 6.6 | 10.5 | 16.5 |
| 1250 | 1600 | 15 | 21 | 29 | 39 | 55 | 78 | 125 | 195 | 310 | 500 | 780 | 1.25 | 1.95 | 3.1 | 5 | 7.8 | 12.5 | 19.5 |
| 1600 | 2000 | 18 | 25 | 35 | 46 | 65 | 92 | 150 | 230 | 370 | 600 | 920 | 1.5 | 2.3 | 3.7 | 6 | 9.2 | 15 | 23 |
| 2000 | 2500 | 22 | 30 | 41 | 55 | 78 | 110 | 175 | 280 | 440 | 700 | 1100 | 1.75 | 2.8 | 4.4 | 7 | 11 | 17.5 | 28 |
| 2500 | 3150 | 26 | 36 | 50 | 68 | 96 | 135 | 210 | 330 | 540 | 860 | 1350 | 2.1 | 3.3 | 5.4 | 8.6 | 13.5 | 21 | 33 |

注：公称尺寸大于 500mm 的 IT1 ~ IT5 的标准公差数值为试行的。

国标对大尺寸孔、轴的基本偏差各规定了 14 种，分别是 D(d)、E(e)、F(f)、G(g)、H(h)、JS(js)、K(k)、M(m)、N(n)、P(p)、R(r)、S(s)、T(t)、U(u)。大尺寸孔、轴的极限偏差数值见表 2-13。国家标准对大尺寸规定了孔的常用公差带（图 2-19a）和轴的常用公差带（图 2-19b）。大尺寸孔与轴的配合一般采用基孔制配合，并且孔和轴采用相同的标准公差等级。

大尺寸孔、轴可按互换性原则加工。但在单件小批量生产或精度要求较高的情况下，孔、轴按互换性原则加工就不经济，在这种情况下，可采用配制配合。配制配合是指以相互配合的孔或者轴的实际尺寸为基数，再根据给定的配合公差要求，来配制出另一个相配轴或孔的工艺措施。

### 表 2-13 大尺寸（公称尺寸大于 500~3150mm）孔、轴的极限偏差数值

| 基本偏差/μm　公称尺寸/mm | 上极限偏差 es(负值) | | | | | 下极限偏差 ei(正值) | | | | | | | | |
|---|---|---|---|---|---|---|---|---|---|---|---|---|---|---|
| | d | e | f | g | h | js | k | m | n | p | r | s | t | u |
| >500~560 | 260 | 145 | 76 | 22 | 0 | | 0 | 26 | 44 | 78 | 150 | 280 | 400 | 600 |
| >560~630 | | | | | | | | | | | 155 | 310 | 450 | 660 |
| >630~710 | 290 | 160 | 80 | 24 | 0 | | 0 | 30 | 50 | 88 | 175 | 340 | 500 | 740 |
| >710~800 | | | | | | | | | | | 185 | 380 | 560 | 840 |
| >800~900 | 320 | 170 | 86 | 26 | 0 | | 0 | 34 | 56 | 100 | 210 | 430 | 620 | 940 |
| >900~1000 | | | | | | | | | | | 220 | 470 | 680 | 1050 |
| >1000~1120 | 350 | 195 | 98 | 28 | 0 | | 0 | 40 | 66 | 120 | 250 | 520 | 780 | 1150 |
| >1120~1250 | | | | | | 偏差=±ITn/2 | | | | | 260 | 580 | 840 | 1300 |
| >1250~1400 | 390 | 220 | 110 | 30 | 0 | | 0 | 48 | 78 | 140 | 300 | 640 | 960 | 1450 |
| >1400~1600 | | | | | | | | | | | 330 | 720 | 1050 | 1600 |
| >1600~1800 | 430 | 240 | 120 | 32 | 0 | | 0 | 58 | 92 | 170 | 370 | 820 | 1200 | 1850 |
| >1800~2000 | | | | | | | | | | | 400 | 920 | 1350 | 2000 |
| >2000~2240 | 480 | 260 | 130 | 34 | 0 | | 0 | 68 | 110 | 195 | 440 | 1000 | 1500 | 2300 |
| >2240~2500 | | | | | | | | | | | 460 | 1100 | 1650 | 2500 |
| >2500~2800 | 520 | 290 | 145 | 38 | 0 | | 0 | 76 | 135 | 240 | 550 | 1250 | 1900 | 2900 |
| >2800~3150 | | | | | | | | | | | 580 | 1400 | 2100 | 3200 |
| 公称尺寸/mm | D | E | F | G | H | JS | K | M | N | P | R | S | T | U |
| 基本偏差/μm | 下极限偏差 EI(正值) | | | | | | 上极限偏差 ES(负值) | | | | | | | |

注：对于公差带 js7~js11（JS7~JS11），若 ITn 的数值为奇数，则取偏差 $=\pm IT(n-1)/2$。

| | | | | | | | | | | | | |
|---|---|---|---|---|---|---|---|---|---|---|---|---|
| | G6 | H6 | JS6 | K6 | M6 | N6 | | g6 | H6 | js6 k6 m6 n6 p6 r6 s6 t6 u6 | | |
| | F7 | G7 | H7 | JS7 | K7 | M7 N7 | | f7 | g7 h7 | js7 k7 m7 n7 p7 r7 s7 t7 u7 | | |
| D8 E8 | F8 | | H8 | JS8 | | | d8 e8 | f8 | | h8 | js8 | |
| D9 E9 | F9 | | H9 | JS9 | | | d9 e9 | f9 | | h8 | js9 | |
| D10 | | | H10 | JS10 | | | d10 | | | h10 | js10 | |
| D11 | | | H11 | JS11 | | | d11 | | | h11 | js11 | |
| | | | H12 | JS12 | | | | | | h12 | js12 | |

a)　　　　　　　　　　　　　　b)

图 2-19 大尺寸孔、轴的常用公差带

a) 孔的常用公差带　b) 轴的常用公差带

采用配制配合时，通常选择相互配合的孔和轴中较难加工的那一件作为先加工件（通常取孔），按照比较容易达到的尺寸公差把它加工好，并且用尽可能准确的测量方法测出它的实际尺寸；然后，按设计所要求的配合公差，给定另一件即配制件（通常取轴）一个适当的尺寸公差进行加工。配制件的极限尺寸以先加工件的实际尺寸为基数来确定。

在装配图和零件图上，配制配合用代号 MF 表示，借用基准孔或轴代号 H（或 h）表示先加工件。例如 $\phi1500H7/f7$ MF 表示先加工件为孔，$\phi1500F7/h7$ MF 表示先加工件为轴。此外，在装配图上要标明按互换性原则选取的配合代号，如图 2-20a 所示；在零件图上则标明配制加工的公差带代号，如图 2-20b 所示的先加工件（孔）的公差带代号，图 2-20c 所示的配制件（轴）的公差带代号。

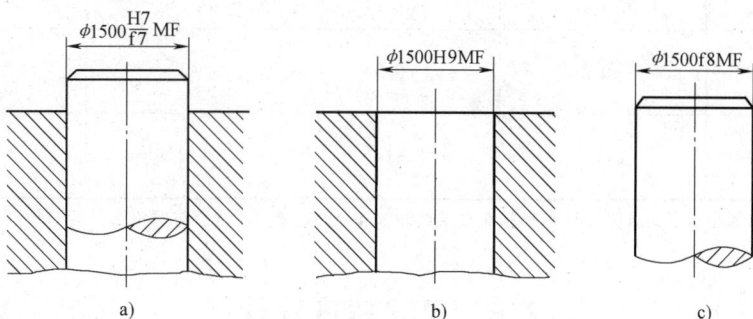

图 2-20　配制配合在图样上的标注
a）装配图　b）、c）零件图

## 2.5　未注公差线性尺寸的一般公差

对于零件上所有的尺寸而言，原则上都应限制其误差的变动范围。为了简化制图，节省设计时间，对不重要的尺寸和精度要求很低的非配合尺寸，在零件图上通常不标注它们的公差。由前述可知，公差是零件具有互换性的必要保证，所以为了避免生产中不必要的纠纷，国家标准对未注公差线性尺寸提出了一般公差要求。一般公差是指在车间普通工艺条件下，机床设备一般加工能力可达到的公差。采用一般公差的线性尺寸不单独注出极限偏差，并且在正常条件下一般可不检验。

国家标准对线性尺寸和倒圆半径、倒角高度尺寸的一般公差各规定了四个公差等级，即 f 级（精密级）、m 级（中等级）、c 级（粗糙级）和 v 级（最粗级），并制定了相应的极限偏差数值，分别见表 2-14 和表 2-15。由表可见，不论对孔、轴、长度，线性尺寸的极限偏差取值一律对称分布，从标注来看比用单向偏差更方便、更简单，也可避免对孔、轴尺寸的理解不一致而带来不必要的纠纷。

未注公差线性尺寸的一般公差要求应写在零件图上的技术要求中或者技术文件上，按 GB/T 1804 的标准号和公差等级代号的先后顺序（中间用一字线 "—" 分开）写出。例如，选用精密级时，标注为：GB/T 1804—f。

33

表 2-14　未注公差线性尺寸的极限偏差数值　　　　　　　　　（单位：mm）

| 公差等级 | 公称尺寸分段 | | | | | | | |
|---|---|---|---|---|---|---|---|---|
| | 0.5~3 | >3~6 | >6~30 | >30~120 | >120~400 | >400~1000 | >1000~2000 | >2000~4000 |
| f(精密级) | ±0.05 | ±0.05 | ±0.1 | ±0.15 | ±0.2 | ±0.3 | ±0.5 | — |
| m(中等级) | ±0.1 | ±0.1 | ±0.2 | ±0.3 | ±0.5 | ±0.8 | ±1.2 | ±2 |
| c(粗糙级) | ±0.2 | ±0.3 | ±0.5 | ±0.8 | ±1.2 | ±2 | ±3 | ±4 |
| v(最粗级) | — | ±0.5 | ±1 | ±1.5 | ±2.5 | ±4 | ±6 | ±8 |

表 2-15　倒圆半径和倒角高度尺寸的极限偏差数值　　　　　　（单位：mm）

| 公差等级 | 公称尺寸分段 | | | |
|---|---|---|---|---|
| | 0.5~3 | >3~6 | >6~30 | >30 |
| f(精密级) | ±0.2 | ±0.5 | ±1 | ±2 |
| m(中等级) | | | | |
| c(粗糙级) | ±0.4 | ±1 | ±2 | ±4 |
| v(最粗级) | | | | |

注：倒圆半径与倒角高度的含义参见国家标准 GB/T 6403.4—2008《零件倒圆与倒角》。

# 2.6　尺寸精度设计

## 2.6.1　尺寸精度设计的基本原则与方法

　　机械零件的精度包括尺寸精度、几何精度和表面粗糙度，其中尺寸精度设计主要研究线性尺寸，特别指有配合要求的孔与轴的公差与配合的选择。孔与轴公差与配合的选择是机械设计制造中非常重要的一环。公差与配合选择的重要性主要表现在，公差与配合的选择是否合适，将直接影响机械产品的使用性能和制造成本，如影响机床的加工精度、仪器仪表的工作精度、机器和仪器的使用寿命等。公差与配合选择的困难性主要表现在，即便了解了标准的特征，了解了被选用对象的使用要求、工作条件，仍要结合结构工艺方面的知识，不断积累经验，不断实践，才能逐步加强尺寸精度设计的实际工作能力。为此，国标仅对公差与配合的选择提出一些基本的原则。公差与配合选择的基本原则是保证机械产品性能优良，在制造上经济可行，或者说公差与配合的选择要使机械产品的使用价值与制造成本的综合经济效果最好，既要保证机器工作时有孔、轴装配关系的零件之间的协调，实现预定的任务，又要使孔、轴加工方便、制造可行。

　　标准公差等级和配合种类的选择方法有类比法、计算法和实验法。计算法是按一定的理论和公式，计算出所需要的间隙或者过盈。例如，对滑动轴承，要选择轴颈和轴承孔的配合。可以按流体润滑理论，建立形成油楔的最小间隙与压力、直径、转速、油液黏度、配合长度的函数关系。如果选择基孔制配合，轴的上极限偏差就是负的最小间隙，通过查表得到相近的轴基本偏差代号。再选择合适的孔、轴公差等级，就可以得到轴颈和轴承孔配合的配合代号。但由于影响因素较复杂，计算比较困难，因此生产中应用较少。实验法是通过实验或统计分析来确定间隙或过盈，这是一种最为可靠、代价最高、用于重要的、关键性配合选取的方法。类比法又称为经验法，与经过实践考验，选择恰当的某种类似配合做比较，调查研究，分析对比，从而得出合适的方案，可以沿用类似件的公差与配合，或者进行必要的修正，再选择配合代号。

孔、轴公差配合的选择主要包括配合制、标准公差等级和配合种类三方面的选择。

## 2.6.2　配合制的选择

配合制包括基孔制和基轴制两种，这两种配合制都可以实现所需要的配合要求。选择配合制时，应从产品结构特点、加工工艺性和经济性等方面综合考虑。

（1）优先选用基孔制　一般情况下，应优先选用基孔制。众所周知，加工中小尺寸孔时，需要使用麻花钻、铰刀等定值孔加工刀具。一种定值孔加工刀具，只能加工一种特定公称尺寸和公差带的孔。而加工轴时，则可使用车刀、砂轮等通用刀具。一把车刀或同一砂轮可以加工不同尺寸的轴。根据上述分析，采用基孔制配合，可以减少孔公差带的数量，从而减少定值刀具的规格种类。见表2-16，设某一公称尺寸的孔和轴要求组成三种配合，采用基孔制时，孔的精加工只需一种规格的铰刀，而与这个孔形成不同配合要求的三种公差带轴的加工，也只需车刀、砂轮等通用刀具，在这种情况下仅需要一种规格的铰刀和车刀、砂轮等通用刀具；相反，若采用基轴制，加工基准轴时用车刀、砂轮等通用刀具，加工不同公差带的孔则需要多种规格的铰刀。可见，采用基孔制时所需要刀具的规格种类，要比采用基轴制时少，显然更加经济合理。

至于尺寸较大的孔及低精度孔，一般不采用定值刀、量具加工和检验。从工艺上来说，采用基孔制或基轴制差别不大，但为统一起见和考虑习惯也选用基孔制。

表 2-16　基孔制和基轴制所需刀具和量具的比较

| | 基孔制 | | | | 基轴制 | | | |
|---|---|---|---|---|---|---|---|---|
| | 孔 | 轴 | 轴 | 轴 | 轴 | 孔 | 孔 | 孔 |
| 工件 |  | | | | | | | |
| 刀具 | 铰刀 | 车刀,砂轮 | | | 车刀,砂轮 | 铰刀 | 铰刀 | 铰刀 |
| 光滑极限量规 | 塞规 | 卡规 | 卡规 | 卡规 | 卡规 | 塞规 | 塞规 | 塞规 |

（2）特殊情况下选用基轴制　对于下列情况，采用基轴制比较经济合理。

1）使用冷拉钢材直接做轴。在农业机械和纺织机械中，常使用具有一定精度（IT8～IT11）的冷拉钢材，不必切削加工而直接做轴来与其他零件的孔配合，采用基轴制就能节约加工工时和减少设备损耗，显然比采用基孔制有利。此外，尺寸小于 1mm 的精密轴比同级孔加工困难，常常使用冷轧（拉）成型的钢丝做轴。用在仪器制造、钟表生产和无线电工程中，也应采用基轴制。

2）结构上的需要。在结构上，同一公称尺寸的轴表面装配不同配合要求的几个孔件时，轴和几个孔的配合应采用基轴制。如图 2-21 所示，发动机的活塞连杆机构中，活塞销与活塞上的两个销孔的配合要求紧些（过渡配合性质），而活塞销与连杆小头衬套孔的配合要求松些（最小间隙为零的间隙配合性质）。若采用基孔制（图 2-22a），则活塞上的两个销孔和连杆小头衬套孔的公差带相同（H6），而满足两种不同配合要求的活塞销要按两种公差带（h5、m5）加工成阶梯轴。这既不利于加工，又不利于装配（装配时会将连杆小头衬套孔壁刮伤）。反之，采用基轴制（图 2-22b），则活塞销按一种公差带 h5 加工，制成光轴，而两个销孔和连杆小头衬套孔按两种公差带（H6、M6）加工，这样活塞销的加工和装配都方便。

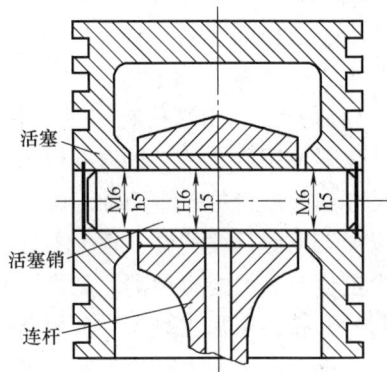

图 2-21　活塞连杆机构

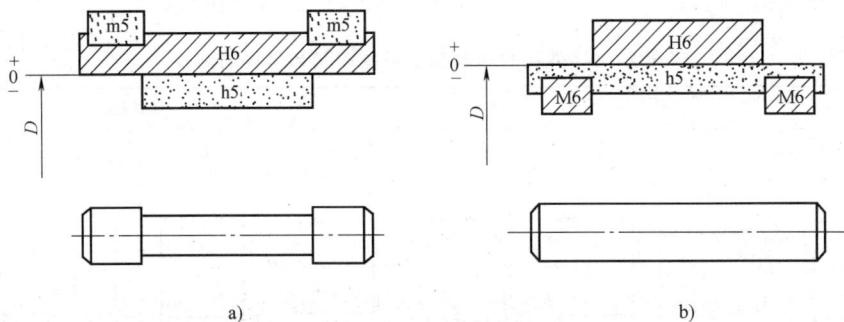

图 2-22　活塞销与活塞两孔及连杆小头衬套孔的公差带
a）基孔制配合　b）基轴制配合

（3）以标准零部件为基准选择配合制　对于与标准零部件配合的孔或轴，它们的配合必须以标准零部件为基准来选择配合制。例如，滚动轴承外圈与箱体上轴承孔的配合必须采用基轴制，滚动轴承内圈与轴颈的配合必须采用基孔制。这样，可以获得良好的技术经济性。

（4）必要时采用任何适当的孔、轴公差带组成的配合　为满足配合的特殊要求，可以采用任一孔和轴的公差带组成配合。如圆柱齿轮减速器中，输出轴轴套处和端盖处的配合（图 2-23）。

如图 2-23 所示，减速器输出轴轴颈的公差带按它与轴承内圈配合的要求已确定为

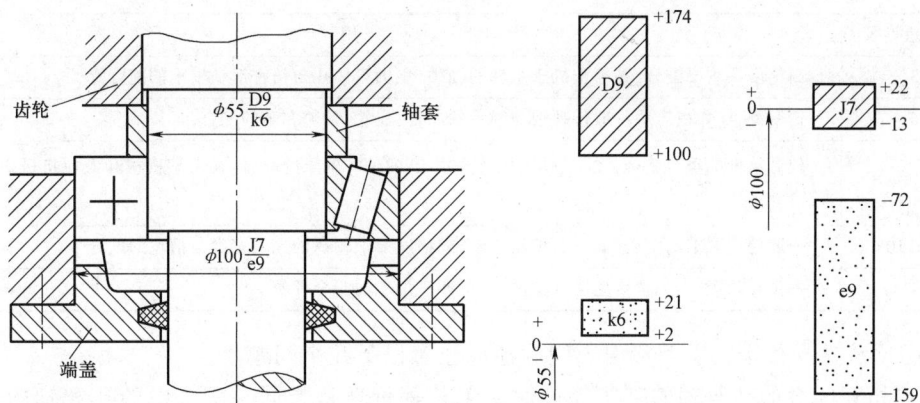

图 2-23　减速器输出轴轴套处和端盖处的配合

$\phi55k6$，而起轴向定位作用的轴套孔与该轴颈的配合，允许间隙较大，轴套孔的尺寸精度要求不高，轴套要求拆装方便，因此轴套孔和轴颈的间隙配合就不能采用基孔制，为满足间隙较大的要求，轴套孔的公差带可选取为 $\phi55D9$。另一处箱体上轴承孔（外壳孔）的公差带按与轴承外圈配合的要求已确定为 $\phi100J7$，而端盖定位圆柱面与轴承孔的配合允许间隙较大，端盖要求拆装方便，而尺寸精度要求不高，因此端盖定位圆柱面的公差带可选取 $\phi100e9$。这样组成的 $\phi55D9/k6$ 和 $\phi100J7/e9$ 就是非基准制的任一孔、轴公差带组成的配合，既满足使用要求，又获得最佳的技术经济效益。

### 2.6.3　标准公差等级的选择

为了更好地解决使用要求、制造工艺、加工成本之间的矛盾，应合理地选用标准公差等级。选择标准公差等级的基本原则是，在满足使用要求的前提下，尽量选取较低的标准公差等级。

标准公差等级的选择常采用类比法，即参照实践证明适合的同类产品，对照使用要求、工作条件，选择相应的孔、轴公差等级。采用类比法，应对 20 个标准公差等级的应用场合（表 2-17、表 2-18）以及各种加工方法的加工经济精度有所了解。所谓加工经济精度，即在正常加工条件下，采用符合质量标准的设备（如通用机床、工艺装备、通用夹具、量具）、标准技术等级工人，在不延长加工时间的情况下，这种加工方法所能保证的加工精度。

表 2-17　标准公差等级的应用

| 应用场合 | 标准公差等级（IT） | | | | | | | | | | | | | | | | | | | |
|---|---|---|---|---|---|---|---|---|---|---|---|---|---|---|---|---|---|---|---|
| | 01 | 0 | 1 | 2 | 3 | 4 | 5 | 6 | 7 | 8 | 9 | 10 | 11 | 12 | 13 | 14 | 15 | 16 | 17 | 18 |
| 量块 | | | | | | | | | | | | | | | | | | | | |
| 量规 | | | | | | | | | | | | | | | | | | | | |
| 配合尺寸 | | | | | | | | | | | | | | | | | | | | |
| 特别精密零件配合 | | | | | | | | | | | | | | | | | | | | |
| 非配合尺寸 | | | | | | | | | | | | | | | | | | | | |
| 原材料公差 | | | | | | | | | | | | | | | | | | | | |

表 2-18　标准公差等级 IT5～IT12 的应用

| 标准公差等级 | 应　　用 |
|---|---|
| IT5 | 高精度和重要配合,如精密机床主轴的轴颈,主轴箱体孔与精密滑动轴承的配合等 |
| IT6 | 精密配合,如机床中一般传动轴与轴承的配合,齿轮、带轮和轴的配合 |
| IT7、IT8 | 较高精度的重要配合,如一般机械中转速不高的轴与轴承的配合,在重型机械和农业机械中的重要配合处 |
| IT9、IT10 | 一般精度要求的配合,如空套带轮与轴,或精度要求较高的平键宽度与槽宽的配合 |
| IT11、IT12 | 不重要的配合,如机床上法兰盘与止口、冲压加工的配合件等 |

用类比法选择标准公差等级时,同时还应注意以下几个问题。

(1) 相互配合的孔与轴的工艺等价性　工艺等价性是指同一配合中的孔和轴的加工难易程度大致相同。对于间隙配合和过渡配合,标准公差等级为 8 级或高于 8 级的孔应与高一级的轴配合,如 $\phi45H6/k5$、$\phi40F7/h6$;标准公差等级为 9 级或低于 9 级(标准公差等级 ≥ IT9)的孔可与同一级的轴配合,如 $\phi60H10/d10$;对于过盈配合,标准公差等级为 7 级或高于 7 级的孔应与高一级的轴配合,如 $\phi80H7/s6$、$\phi50P6/h5$;标准公差等级为 8 级或低于 8 级(标准公差等级 ≥ IT8)的孔可与同一级的轴配合,如 $\phi50H8/t8$。

(2) 相配件或相关件的结构或精度　某些孔、轴的标准公差等级取决于相配件或相关件的结构或精度。例如,与滚动轴承内、外圈配合的轴颈和外壳孔的标准公差等级取决于相配件滚动轴承的类型和公差等级以及配合尺寸的大小。盘形齿轮的基准孔和传动轴的配合中,孔和轴的标准公差等级取决于相关件齿轮的精度等级。

(3) 配合性质及加工成本　过盈配合、过渡配合和间隙较小的间隙配合中,孔的标准公差等级应不低于 8 级,轴的标准公差等级通常不低于 7 级,如 H7/f6。而间隙较大的间隙配合中,孔、轴的标准公差等级较低(9 级或 9 级以下),如 H10/h10。间隙较大的间隙配合中,孔和轴之一由于某种原因,必须选用较高的标准公差等级,则与它配合的轴或孔的标准公差等级可以低二三级,以便在满足使用要求的前提下降低加工成本。如图 2-23 所示,轴套孔与轴颈配合为 $\phi55D9/k6$;外壳孔与端盖定位圆柱面的配合为 $\phi100J7/e9$。对于特别重要的配合,若能根据使用要求确定极限间隙或过盈,则可以用计算法进行精度设计。

## 2.6.4　配合种类的选择

在确定了配合制和孔、轴的标准公差等级之后,配合种类的选择即是确定与基准件配合的非基准轴或非基准孔的基本偏差代号。

(1) 配合类别的选择　配合分为间隙、过渡和过盈三大类。选用哪一类配合,主要取决于使用要求和结构特点。工作时有相对运动或虽无相对运动而要求装拆方便的孔与轴配合,应该选用间隙配合;对于利用过盈来保证固定或传递载荷的孔与轴配合,应该选用过盈配合;对于既要求对中性、又要求装拆方便的孔与轴配合,应该选用过渡配合。若间隙配合和过渡配合传递载荷(转矩或轴向力),必须加键或销等联接件。配合种类的选择方法最常用的是类比法。要掌握这种方法,首先必须了解被选用对象的使用要求、工作条件,其次要了解各种配合的特征和应用。配合类别根据使用要求确定后,配合松紧程度按工作条件考虑对照实例选择。对间隙配合,应考虑运动特性、运动条件及运动精度等。对过盈配合,应考虑负载特性、负荷大小、材料许用应力、装配条件及工作温度。对过渡配合，应考虑对中性要求及拆卸要求等。同时，要考虑生产类型的影响，在成批生产时多用调整法加工，加工后尺寸的分布通常遵循正态分布（图 2-24a），而在单件小批量生产时多用试切法加工，孔加工后尺寸多偏向孔的下极限尺寸，轴加工后尺寸多偏向轴的上极限尺寸，即孔和轴加工后尺寸的分布遵循偏态分布（图 2-24b）。为了保证相同的使用要求，单件小批生产时采用的配合，应比成批生产时要松些，过盈量减小或间隙量增大。表 2-20 列出了工况对过盈或间隙的影响。

表 2-19　工况对过盈或间隙的影响

| 工况 | 过盈 | 间隙 |
| --- | :---: | :---: |
| 材料许用应力小/经常拆卸 | 减小 | — |
| 工作时孔(轴)温高于轴(孔)温 | 增大(减小) | 减小(增大) |
| 有冲击载荷 | 增大 | 减小 |
| 配合长度较大/配合面形状精度低 | 减小 | 增大 |
| 装配时可能歪斜 | 减小 | 增大 |
| 旋转速度高 | 增大 | 增大 |
| 有轴向运动/润滑油黏度增大 | — | 增大 |
| 装配精度高 | 减小 | 减小 |
| 表面粗糙度 $Ra$ 小 | 增大 | 减小 |
| 单件生产相对成批生产 | 减小 | 增大 |
| 尺寸较大 | 减小 | 增大 |

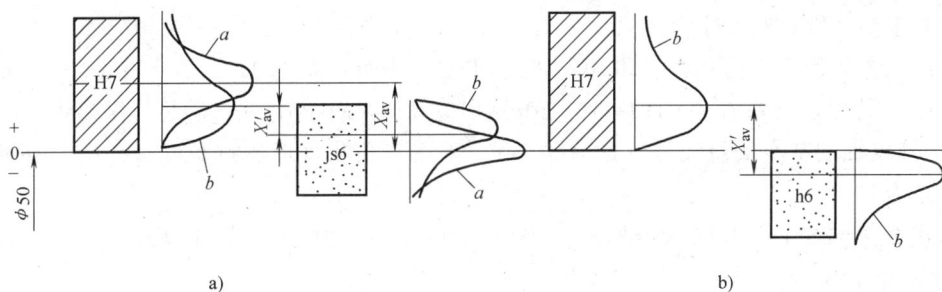

图 2-24　生产类型对配合选择的影响
a）调整法加工后的尺寸分布　b）试切法加工后的尺寸分布
a—正态分布曲线　b—偏态分布曲线

计算法需要按照一定的理论和公式确定极限间隙或过盈，来选择孔、轴配合。

**例 5**　发动机铝活塞与钢制气缸套的配合的公称尺寸为 $\phi110mm$，活塞的工作温度 $t_1$ 为 180℃，线膨胀系数 $\alpha_1$ 为 $24×10^{-6}/℃$，缸套的工作温度 $t_2$ 为 110℃，线膨胀系数 $\alpha_2$ 为 $12×10^{-6}/℃$，要求工作时的间隙在 $0.1～0.28mm$ 范围内，试选择配合种类。

**解：**根据国家标准，产品几何技术规范和检验的标准参考温度为 20℃。而缸套（孔）、活塞（轴）的工作温度和标准温度 $t=20℃$ 相差很大，且两者的线膨胀系数也不同，故热变

形引起间隙发生变化，变化量为

$$\Delta X = D[\alpha_2(t_2-t)-\alpha_1(t_1-t)]$$
$$= 110\times[12\times10^{-6}(110-20)-24\times10^{-6}(180-20)]\,\text{mm}$$
$$= -0.304\,\text{mm}$$

即工作时间隙将减小 0.304mm，因此标准温度时必须满足的极限间隙为

$$X_{\min} = (0.1+0.304)\,\text{mm} = +0.404\,\text{mm}$$
$$X_{\max} = (0.28+0.304)\,\text{mm} = +0.584\,\text{mm}$$
$$T_f = X_{\max}-X_{\min} = T_h+T_s$$
$$= 0.18\,\text{mm}$$

根据配合公差 $T_f$，采用基孔制，取缸套和活塞的标准公差等级相同，即 $T_h = T_s = 90\mu\text{m}$。查表 2-5 得，它们的标准公差等级接近 IT9（100$\mu$m），则取为 IT9。

由 $X_{\min} = \text{EI}-\text{es}$，得 $\text{es} = \text{EI}-X_{\min} = 0-0.404\,\text{mm} = -0.404\,\text{mm}$（轴的基本偏差数值）。由表 2-7 选取轴的基本偏差代号为 a（其数值为 $-410\mu$m）。

最后确定缸套和活塞的配合为 $\phi110\text{H9/a9}$。此时的 $X_{\min} = +0.41\,\text{mm}$，$X_{\max} = +0.61\,\text{mm}$，这和必须满足的极限间隙值接近，所以能满足使用要求。

**例 6** 有一过盈配合，孔、轴的公称尺寸为 $\phi55\text{mm}$，要求过盈量在 $-0.074\sim-0.023\,\text{mm}$ 范围内。试用计算法确定孔和轴的公差等级和配合代号。

**解**：1）选择基准制。本例没有特殊要求，选用基孔制，因此基准孔的基本偏差代号为 H，且 EI = 0。

2）选择孔和轴的公差等级。按式 $T_f = Y_{\min}-Y_{\max} = T_h+T_s = (-0.023)\,\text{mm}-(-0.074)\,\text{mm} = 0.051\,\text{mm}$。

采用等公差法（等精度法），取 $T_h = T_s = T_f/2 = 25.5\mu\text{m}$，由表 2-5 查得孔和轴的标准公差等级介于 IT6 和 IT7 之间。

考虑工艺等价性，孔和轴选取不同的标准公差等级：孔选 IT7，$T_h = 30\mu\text{m}$；轴选 IT6，$T_s = 19\mu\text{m}$。其配合公差为 $T_f = \text{IT7}+\text{IT6} = 30\mu\text{m}+19\mu\text{m} = 49\mu\text{m}<51\mu\text{m}$，满足使用要求。

3）确定轴的基本偏差代号（配合种类）。采用基孔制且形成过盈配合，则非基准轴的基本偏差为 ei。

由式 $Y_{\min} = \text{ES}-\text{ei}$，其中 $\text{ES} = \text{EI}+T_h = 0+(+30)\mu\text{m} = +30\mu\text{m}$，故 $\text{ei} = \text{ES}-Y_{\min} = (+30)\mu\text{m}-(-23)\mu\text{m} = +53\mu\text{m}$

由表 2-7 查得轴的基本偏差代号为 s。最后确定孔、轴的配合为 $\phi55\text{H7/s6}$。

4）验算极限量。

最小过盈量：$Y_{\min} = \text{ES}-\text{ei} = +30\mu\text{m}-(+53)\mu\text{m} = -23\mu\text{m}$。

轴的上极限偏差：$\text{es} = \text{ei}+T_s = +53\mu\text{m}+(+19)\mu\text{m} = +72\mu\text{m}$。

最大过盈量：$Y_{\max} = \text{EI}-\text{es} = 0-(+72)\mu\text{m} = -72\mu\text{m}$。

满足过盈量在 $-0.074\sim-0.023\,\text{mm}$ 范围内。

（2）各种配合的特征和应用

1）间隙配合。属于间隙配合的基本偏差代号有 a~h（或 A~H）共 11 种。其中，基准孔与基本偏差代号 a 的轴组成的配合间隙最大。各种间隙配合间隙程度、应用特点及实例见表 2-20。

表 2-20 各种间隙配合间隙程度、应用特点及实例（以基孔制为例）

| 配合代号 | 应用特点及实例 |
|---|---|
| H/a<br>H/b<br>H/c | 配合得到很大的间隙,可用于工作条件较差的农业机械等,此时受力变形大,如起重机吊钩配合;为了便于装配而需要大间隙的配合,如用于管道法兰连接,优先配合为 H11/c11;较高等级的配合 H8/c7 用于轴在高温下工作的紧密配合,如内燃机气门导杆与衬套的配合 |
| H/d | 配合一般用于 IT7~IT11 级,适用于松的转动配合,如密封盖、滑轮、空转带轮等与轴的配合,也用于大直径滑动轴承配合,如汽轮机、球磨机、轧辊成形和重型弯曲机以及其他重型机械中的一些滑动轴承。优先配合为 H9/d9,用于自由转动或只有滑动的配合,如活塞环和活塞环槽宽的配合 |
| H/e | 配合多用于 IT7~IT9 级,适用于要求有明显间隙、易于转动的支承配合,如大跨距或多支点支承等配合。高等级的适用于大直径、高速、重载支承,如涡轮发动机、大电动机的支承以及内燃机主要轴承、凸轮轴轴承等配合。推荐配合为 H8/e8,如张紧链轮与轴的配合 |
| H/f | 配合多用于 IT6~IT8 级的一般转动配合,当温度影响不大时,被广泛用于普通润滑油(或润滑脂)润滑的支承,如齿轮箱、小电动机、泵等的转轴与滑动轴承的配合。推荐的配合为 H8/f7,如手表秒表轴与中心管的配合 |
| H/g | 配合多用于 IT5~IT7 级,配合间隙很小,制造成本高,除很轻负荷的精密装置外,不推荐用于转动配合,最适合不回转的精密滑动配合,也用于插销等定位配合,如精密连杆、轴承、活塞及滑阀等。优先配合为 H7/g6,如拖拉机曲轴和连杆大头孔的配合、凸轮机构中导杆与衬套的配合、精密机床的主轴与轴承、分度头轴颈与轴承的配合等 |
| H/h | 配合多用于 IT4~IT11 级,广泛用于无相对转动的零件,作为一般的定位配合。若无温度、变形影响,也用于精密滑动配合。优先配合为 H7/h6、H8/h7、H9/h9、H11/h11,均为间隙定位配合,零件可自由拆装而工作时一般相对静止。如定心凸缘的配合、螺旋搅拌器轴和桨叶的配合、剖分式滑动轴承壳体的定位配合、起重机吊车的链轮与轴的配合 |

2) 过渡配合。属于过渡配合的基本偏差代号主要是 js、j、k、m、n（或 JS、J、K、M、N），适用于 IT4~IT7 级。这类配合一般根据经验确定，选用时应考虑孔与轴的定心要求、装拆的经常性和方便性、承受载荷的大小和类型。对于定心要求较高而不经常拆卸的，选用较紧的配合；定心要求不高而又经常拆卸，以及易损部件，选用较松的配合；承受大转矩或动载荷的结合部位，选用较紧的配合；而在拆卸不方便处，可选用较松的配合。过渡配合经常加连接件（键、销等），以提高传递载荷的能力。各种过渡配合的程度、应用特点及实例见表 2-21。

表 2-21 各种过渡配合的程度、应用特点及实例（以基孔制为例）

| 配合代号 | 应用特点及实例 |
|---|---|
| H/js<br>H/j | 配合为平均稍有间隙的过渡配合。用于要求间隙比 h 轴小并略有过盈的定位配合,加连接件可传递一定静载荷,可用木锤装配。推荐的配合为 H7/js6,用于较精确的定位,如齿圈与钢制轮辐的配合、齿轮与轴的配合 |
| H/k | 配合为平均间隙接近于零的配合,加连接件可传递一定的载荷,一般用木锤装配。优先配合为 H7/k6,用于精确定位,如齿轮与轴的配合 |
| H/m | 配合为平均具有很小过盈的配合,用于能抗振的精密定位,加键能传递较大的载荷,一般用木锤装配,但在最大过盈时,要求相当的压入力,如发动机活塞与活塞销的配合 |
| H/n | 配合的平均过盈比 H/m 配合稍大,通常用于精确定位或紧密组件配合,加键能传递大转矩或冲击性载荷,一般大修时才拆,用锤或压力机装配。优先配合为 H7/n6,如蜗轮青铜轮缘与轮辐的配合、定位销与销孔的配合、内燃机气门衬套与气缸盖的配合 |

3）过盈配合。属于过盈配合的基本偏差代号有 p～zc（或 P～ZC）共 12 种，适用于 IT5～IT7 级。各种过盈配合的过盈程度、应用特点及实例见表 2-22。

表 2-22　各种过盈配合的过盈程度、应用特点及实例（以基孔制为例）

| 配合代号 | 应用特点及实例 |
|---|---|
| H/p<br>H/r | 配合为轻型过盈配合，它主要用于定位精度很高、零件有足够刚性、受冲击载荷的定位配合，可以用锤打或压力机装配，只宜在大修时拆卸。优先配合为 H7/p6，如卷扬机绳轮与齿轮的配合 |
| H/s<br>H/t | 配合为中型过盈配合，多用于 IT6、IT7 级，它用于钢和铁制零件的永久性和半永久性结合，依靠过盈产生的结合力，可以直接传递中等载荷，一般用压力机装配，如铸铁轮与轴的配合，柱、销、轴、套等压入孔中的配合，也有用冷轴或热套法装配的。优先配合为 H7/s6，如联轴器与轴的配合为 H7/t6、空气压缩机连杆小头与衬套的配合、内燃机气门座圈与气缸盖配合为 H6/t5 |
| H/u<br>H/v | 配合为重型过盈配合，适用于传递和承受大的转矩和动载荷，完全依靠过盈产生的结合力保证牢固连接的配合，通常采用冷轴或热套法装配以保证过盈量均匀。如火车车轮轮毂与轮芯、轮芯与车轴都采用优先配合 H7/u6 |
| H/x<br>H/y<br>H/z | 配合为特重型过盈配合。由于过盈量更大，采用这样的配合要慎重，必须经试验后才能应用，一般不推荐 |

## 2.6.5　尺寸精度设计实例

尺寸精度设计直接影响机械产品的使用精度、性能和加工成本，是机械设计中的重要部分，它的设计内容包括：首先进行配合制的选择，其次进行公差等级的选择，最后选择配合种类，写出各处配合的配合代号。下面举例加以说明。

如图 2-25 所示的刮板运输机的安全连接器，其工作轴是由链轮 1 通过安全销 3，轴套 2 和键带动，当工作转矩超过允许值，安全销即被剪断，以免驱动装置损坏，如电动机烧毁。安全连接器中共有 6 处孔、轴需确定其公差与配合：①处所示的配合面链轮内孔与轴套外圆柱面；②处所示的轴套内孔与工作轴外圆柱面；③处所示的链轮、轴套内孔分别与衬套外圆柱面；④处所示的是两衬套内孔分别与安全销的外圆柱面。它们的公称尺寸分别是①处 ϕ95mm，②处 ϕ65mm，③处 ϕ26mm，④处 ϕ16mm。

首先分析一下安全连接器的用途及使用要求：动力由链传动输入，链轮 1 转动，带动安全销 3 同步转动，安全销 3 另一端因安装在轴套 2 的衬套 4 的孔内，周向力会推动衬套 4 及轴套 2，轴套 2 通过键联接带动工作轴转动，完成了动力传递。当安全连接器正常工作时，各结合件之间没有运动，处于相对静止状态，应考虑中等载荷下传动的平稳性，由安全连接器引起的冲击、振动、噪声要小，链轮 1 内孔和轴套 2 外圆柱面安装时有定心要求，尽量减少它们之间的间隙量。当有意外情况发生时，导致工作轴转矩过大，因为安全销是传动件，在链轮 1 和轴套 2 的结合端面上，受到的剪切应力超过其设计允许值，于是被剪断，链轮 1 和轴套 2 必须空转，使外载荷不能传递到驱动装置，对电动机起到安全保护作用。当安全销被剪断后，应立即采取措施，先关闭电动机，然后设法取出断销，再装入新销，让安全连接器重新工作。安全连接器上的卡环 5 设计使机构结构紧凑，也使装拆方便。由于链轮 1、轴套 2 有相对运动，必须存在的间隙使它们安装后不能定心，安装误差会导致安全销不能顺利装入两衬套孔。安全销和两衬套孔应采用一紧一松的不同配合性质。

经过上述分析可知，在①处的链轮孔与轴套外圆柱面有定心要求，正常工作状态处于相对静止，安全销被剪断后，结合件之间有短时间的相对运动，没有特殊情况，一般选择基孔制，中等公差等级，并选择小间隙配合 $\phi 95H8/g7$，以提高结构刚度，使传动平稳；在②处，轴套和工作轴之间有较高的定心精度要求，利用连接件传递转矩，更换安全销时需要拆卸，宜选择基孔制，中等公差等级，过渡配合 $\phi 65H8/n7$；在③处，考虑零件互换性，两处配合可以相同，工作时，结合件之间相对静止，但装配时，薄壁衬套容易产生变形，宜选择基孔制、中等公差等级，过渡配合 $\phi 26H8/p7$；在④处，安全销外圆柱面与两个衬套孔构

图 2-25　安全连接器
1—链轮　2—轴套　3—安全销
4—衬套　5—卡环

成的两处配合，工作时结合件相对静止，但两处配合性质不同，考虑安全销制造方便，选择基轴制，中等精度，链轮处衬套与安全销的配合选择较紧的过渡配合 $\phi 16N8/h7$，避免工作时安全销的脱落，并方便从衬套中取出断销，轴套处衬套与安全销配合选择间隙配合 $\phi 16C8/h7$，大间隙补偿了链轮与轴套的安装误差，便于安全销的装配。综上所述：①处 $\phi 95H8/g7$；②处 $\phi 65H8/n7$；③处 $\phi 26H8/p7$、$\phi 26H8/p7$；④处 $\phi 16N8/h7$、$\phi 16C8/h7$。

注意：公差与配合的选择结果不是唯一的，它与很多因素有关，如工作温度、材料强度、载荷情况、运动速度、表面粗糙度、几何误差大小、生产批量等，应根据实际情况做适当调整。

## 项目 1：尺寸测量

**任务要求**：测量塞规直径和气缸孔直径。

**任务分析**：塞规属于计量器具，气缸孔属于较高精度的内孔，故宜采用相对法进行测量。外尺寸测量推荐立式光学计（分辨率为 0.001mm），内尺寸测量推荐使用内径百分表（分辨率为 0.01mm），公称尺寸由量块进行组合来实现。

**实施方案**（供参考）：

1）选择塞规的通、止端其一，以量块组合作为标准量（塞规公称尺寸），采用立式光学计分三个截面、两个方向测量塞规的直径，并根据塞规精度要求进行合格性判断。

2）以量块组合作为标准量（气缸孔公称尺寸），采用内径百分表分三个截面、两个方向测量气缸孔的直径，并根据气缸孔精度要求进行合格性判断。

**特别提示**：

复习相关术语定义、合格性判定条件等知识，预习实验指导书（或通过网络查阅仪器使用说明），观看在线课程视频中的教师讲解和操作示范。

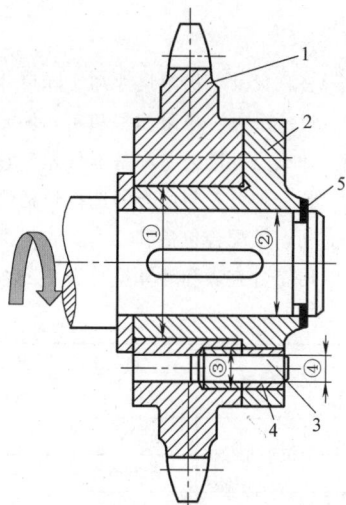

43

## 思考题与练习

2.1  公称尺寸、极限尺寸和实际尺寸有何区别与联系。

2.2  尺寸公差、极限偏差和实际偏差有何区别与联系。

2.3  什么是标准公差和基本偏差？它们与公差带有何关系。

2.4  孔、轴公差与配合的选择包括哪三方面的内容。

2.5  孔、轴配合包括哪三大类。三类配合的孔和轴公差带的相对位置各有何特点。

2.6  请结合查表和计算填写表 2-23 空格中的数值（单位：$\mu$m）。

**表 2-23  题 2.6 表**

| 组号 | 配合代号 | 孔、轴公差带代号 | 基本偏差 | 标准公差 | 另一极限偏差 | 极限间隙或过盈 | 配合公差 | 配合性质 |
|---|---|---|---|---|---|---|---|---|
| 1 | $\phi50S7/h6$ | $\phi50S7$ | | | | | | |
| | | $\phi50h6$ | | | | | | |
| 2 | $\phi48H8/js7$ | $\phi48H8$ | | | | | | |
| | | $\phi48js7$ | | | | | | |
| 3 | $\phi35H9/d9$ | $\phi35H9$ | | | | | | |
| | | $\phi35d9$ | | | | | | |

2.7  设孔、轴配合的公差尺寸和使用要求如下：

1）$D = \phi60$mm，$X_{max} = +68\mu$m，$X_{min} = +25\mu$m。

2）$D = \phi20$mm，$X_{max} = +6\mu$m，$Y_{max} = -28\mu$m。

3）$D = \phi40$mm，$Y_{max} = -62\mu$m，$Y_{min} = -13\mu$m。

采用基孔制，结合计算公式和查表确定孔和轴的公差等级、公差带代号，并画出孔、轴公差带示意图。

2.8  已知基孔制孔、轴配合的公称尺寸为 $\phi50$mm，孔公差为 $25\mu$m，轴公差为 $16\mu$m，最大间隙为 $+23\mu$m，试确定孔、轴的极限偏差、配合公差及另一极限间隙（或过盈），并画出孔、轴公差带示意图。

2.9  已知基孔制配合 $\phi40H8\left(^{+0.039}_{0}\right)/m7\left(^{+0.034}_{+0.009}\right)$，试确定配合性质不变的基轴制配合中孔和轴的上、下极限偏差，孔和轴的公差及配合公差、极限间隙或过盈，并画出孔、轴公差带图。

2.10  如图 2-26 所示为钻模的一部分。钻模板 4 上有衬套 2，快换钻套 1 要求在工作中能迅速更换，当快换钻套 1 以其铣成的缺边对正钻套螺钉 3 后可以直接装入衬套 2 的孔中，再顺时针旋转一个角度，钻套螺钉 3 的下端面就盖住快换钻套 1 的另一缺口面。这样钻削时，快换钻套 1 便不会因为切屑排出产生的摩擦力而使其退出衬套 2 的孔外。当钻孔后更换快换钻套 1 时，可将快换钻套 1 逆时针旋转一个角度后直接取下，换上另一个孔径不同的快换钻套而不必将钻套螺钉 3 取下。当需加工工件上的 $\phi12$mm 孔时，试采用类比法选择衬套 2 与钻模板 4 的公差配合、钻孔时快换钻套 1 与衬套 2 及内孔与麻花钻的公差与配合。

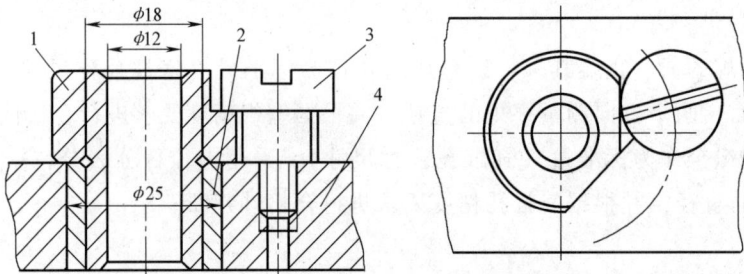

图 2-26  钻模上的钻模板、衬套与快换钻套的配合

1—快换钻套  2—衬套  3—钻套螺钉  4—钻模板

# 第3章

# 几何公差与误差检测

## 3.1 概　　述

　　机械零件在加工过程中，由于受机床、夹具、刀具和工件所组成的工艺系统本身存在的各种误差，以及加工过程中的受力变形、振动、磨损等各种因素的影响，零件的实际几何要素与理想几何要素在形状、方向和位置上存在一定的差异，这种差异就是几何误差。为了保证零件的互换性和功能要求，进而保证机械产品的使用性能和寿命，需要给出相应的几何公差来限制零件几何要素的几何误差。正确给定几何公差是机械精度设计的重要内容。为了保证零件的互换性和功能要求，我国已发布了一系列国家标准：GB/T 1182—2018《产品几何技术规范（GPS）　几何公差 形状、方向、位置和跳动公差标注》、GB/T 18780.1—2002《产品几何量技术规范（GPS）　几何要素　第1部分：基本术语和定义》、GB/T 1184—1996《形状和位置公差　未注公差值》、GB/T 4249—2018《产品几何技术规范（GPS）　基础概念，原则和规则》、GB/T 16671—2018《产品几何技术规范（GPS）　几何公差　最大实体要求（MMR）、最小实体要求（LMR）和可逆要求（RPR）》、GB/T 17851—2010《产品几何技术规范（GPS）几何公差基准和基准体系》等，以正确确定和标注几何公差。在几何误差检测方面，我国也发布了一系列国家标准和机械工业标准，如 GB/T 1958—2017《产品几何技术规范（GPS）　几何公差　检测与验证》、GB/T 8069—1998《功能量规》和直线度、平面度、圆度、同轴度误差等的检测标准等，以正确检测和评定几何误差。

## 3.2　几何要素和几何公差的特征项目

### 3.2.1　零件几何要素及其分类

　　机械零件都是由若干点、线、面组合而成的，这些构成零件的点、线、面统称为几何要素，简称要素。如图3-1所示的两个零件就是由多种几何要素构成的。几何公差的研究对象就是构成零件的几何要素。

　　为了便于研究和分析问题，几何要素可以按不同的特征进行分类。

　　1）几何要素按结构特征，可以分为组成要素和导出要素。

　　组成要素（轮廓要素）是指零件的表面或表面上的点、线或面，如图3-1a所示零件上的球面1、圆锥面2、环状端平面3、圆柱面4和圆锥面、圆柱面的素线6，以及图3-1b所示零件上的相互平行的两个平面9。组成要素中，按是否具有定形尺寸可分为尺寸要素和非尺寸要素。尺寸要素是由一定大小的线性尺寸或角度尺寸确定的几何形状。尺寸要素可以是圆柱面、球面、两平行对应面、圆锥面或楔形面。如图 3-1 中的球面 1、圆锥面 2、圆柱面 4 和两平行平面 9。非尺寸要素是不具有定形尺寸的几何形状，如图 3-1a 中的环状端平面 3。

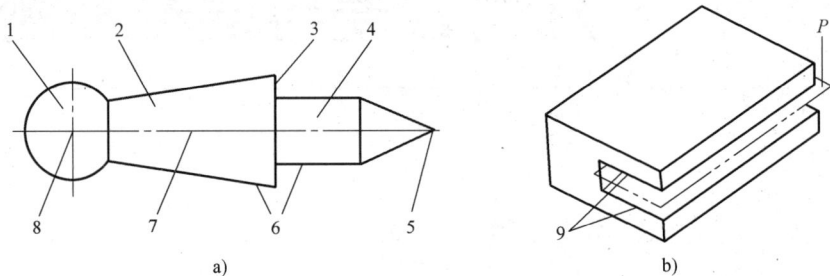

图 3-1　零件几何要素

a）点、线、面　b）中心平面

1—球面　2—圆锥面　3—环状端平面　4—圆柱面　5—圆锥顶点

6—素线　7—轴线　8—球心　9—两平行平面　P—中心平面

导出要素（中心要素）是指由一个或几个组成要素得到的中心点、中心线或中心平面。如图 3-1a 所示零件上的圆柱面 4 的轴线 7、球面 1 的球心 8 和图 3-1b 所示两平行平面 9 的中心平面 $P$。导出要素依存于对应的组成要素，离开了对应的组成要素，便不存在导出要素。例如没有组成要素球面 1 和圆柱面 4，就没有相应的导出要素球心 8 和轴线 7。

2）几何要素按存在状态，可以分为公称要素、实际（组成）要素和拟合要素。

公称要素又称为理想要素，是指由技术制图或其他方法确定的理论正确要素。公称要素可分为公称组成要素和公称导出要素（图 3-2a）。零件图上表示的要素均为公称要素，它不存在任何误差。

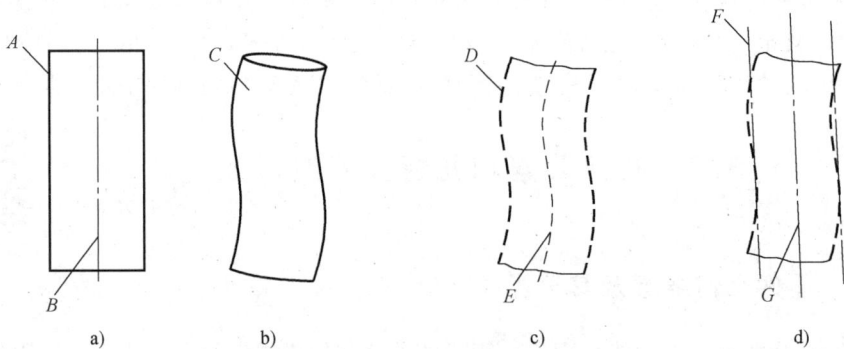

图 3-2　几何要素定义之间的相互关系

a）制图　b）工件　c）提取（工件的替代）　d）拟合（工件的替代）

A—公称组成要素　B—公称导出要素　C—实际要素　D—提取组成要素

E—提取导出要素　F—拟合组成要素　G—拟合导出要素

实际（组成）要素是指加工后的实际零件上存在的组成要素（图 3-2b）。在测量和评定几何误差时，通常以提取要素代替实际要素，没有实际导出要素。

提取组成要素是指按规定方法，由实际（组成）要素提取有限数目的点所形成的实际

（组成）要素的近似替代（图 3-2c）。提取导出要素是由一个或几个提取组成要素得到的中心点、中心线或中心面，如提取圆柱面的导出中心线为提取中心线，两相对提取平面的导出中心面称为提取中心面（图 3-2c）。

拟合组成要素是指按规定方法，由提取组成要素形成的并具有理想形状的组成要素（图 3-2d）。拟合导出要素是由一个或几个拟合组成要素导出的中心线、轴线或中心平面（图 3-2d）。

3）几何要素按检测关系，可以分为被测要素和基准要素。

被测要素是指图样上给出了几何公差要求的要素，是被检测的对象。

基准要素是指零件上用来建立基准并实际起作用的实际（组成）要素。基准是用来定义公差带的方向和（或）位置的一个（组）方位要素，它是理想要素。

4）几何要素按功能关系，可以分为单一要素和关联要素。

单一要素是指按本身功能要求而仅给出形状公差要求的被测要素。

关联要素是指对基准有功能关系而给出方向、位置或跳动公差的被测要素。

### 3.2.2 几何公差特征项目及符号

国家标准规定几何公差分为形状公差、方向公差、位置公差和跳动公差四大类，共有 19 个几何特征项目，它们的名称和符号见表 3-1。其中，形状公差没有基准要求；方向公差、位置公差和跳动公差一般情况下有基准要求。没有基准要求的线、面轮廓度公差属于形状公差，而有基准要求的线、面轮廓度公差则属于方向、位置公差。

表 3-1　几何公差的分类、特征项目及符号

| 公差类型 | 几何特征 | 符号 | 有无基准 | 公差类型 | 几何特征 | 符号 | 有无基准 |
|---|---|---|---|---|---|---|---|
| 形状公差 | 直线度 | — | 无 | 位置公差 | 同心度（用于中心点） | ◎ | 有 |
| | 平面度 | ▱ | 无 | | 同轴度（用于轴线） | ◎ | 有 |
| | 圆度 | ○ | 无 | | 对称度 | ═ | 有 |
| | 圆柱度 | ⌀ | 无 | | 位置度 | ⊕ | 有或无 |
| | 线轮廓度 | ⌒ | 无 | | 线轮廓度 | ⌒ | 有 |
| | 面轮廓度 | ⌓ | 无 | | 面轮廓度 | ⌓ | 有 |
| 方向公差 | 平行度 | ∥ | 有 | 跳动公差 | 圆跳动 | ↗ | 有 |
| | 垂直度 | ⊥ | 有 | | 全跳动 | ↗↗ | 有 |
| | 倾斜度 | ∠ | 有 | | | | |
| | 线轮廓度 | ⌒ | 有 | | | | |
| | 面轮廓度 | ⌓ | 有 | | | | |

# 3.3 几何公差的标注方法

## 3.3.1 几何公差框格和基准符号

零件要素的公差要求应按规定的方法标注在图样上。对单一要素提出的形状公差要求，采用几何公差框格给出。对关联要素提出的几何公差要求，则需要采用几何公差框格和基准符号给出。

（1）几何公差框格 用几何公差框格标注几何公差时，公差要求注写在由两格或多格组成的矩形框格内，一般为水平绘制。形状公差框格由两格组成，框格中的内容，从左到右第一格填写几何特征符号，第二格填写用以毫米为单位表示的公差值和有关符号，如图 3-3 所示。如果公差带为圆形或圆柱形，公差值前应加注符号 "$\phi$"（图 3-3c）；如果公差带为圆球形，公差值前应加注符号 "$S\phi$"（图 3-3d）。方向、位置和跳动公差等有基准代号，公差框格有三格、四格和五格等几种，从第三格起填写被测要素的基准字母和有关符号（图 3-3b、c 和 d）。

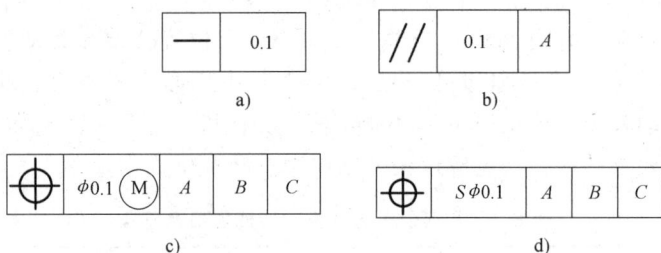

图 3-3 几何公差框格

（2）基准符号 与被测要素相关的基准用一个大写字母表示。字母标注在基准方格内，用细实线与一个涂黑的或空白的三角形相连以表示基准（图 3-4），表示基准的字母还应标注在公差框格内。涂黑的和空白的基准三角形含义相同。基准在图样上用英文大写字母表示。为了避免混淆和误解，基准字母不得采用 $E$、$F$、$I$、$J$、$L$、$M$、$O$、$P$、$R$ 九个字母。方框必须水平放置，方框中的字母必须水平书写，细实线允许折弯一次。

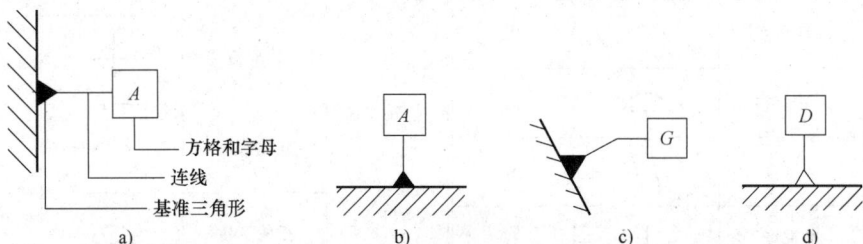

图 3-4 基准符号

a）水平绘制 b）垂直绘制 c）倾斜绘制 d）空白的基准三角形

## 3.3.2 被测要素的标注方法

用指引线将公差框格和被测要素相连。指引线引自框格的任意一侧，垂直于框格，终端带一箭头，且指向几何公差带的宽度方向（图3-5a和b）或直径方向（图3-5c）。指引线引向被测要素时允许弯折，通常只允许弯折一次。

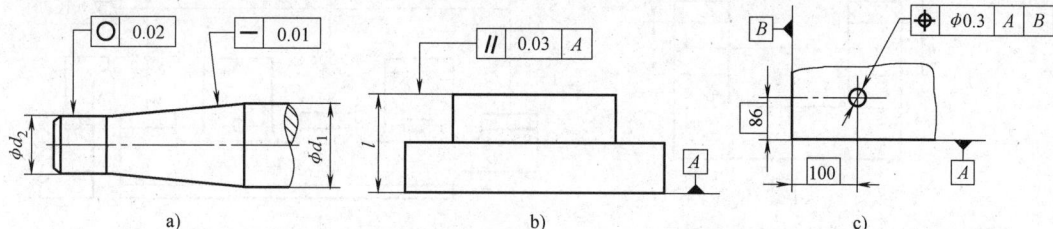

图3-5  被测要素几何公差框格指引线箭头的指向

a)、b) 指向公差带的宽度方向  c) 指向圆形公差带的直径方向

（1）被测组成要素（轮廓要素）的标注方法  当被测要素为组成要素时，指引线的箭头应指向该要素的轮廓线或其延长线，并且必须与尺寸线明显错开（图3-6a和b）。对于被测表面，还可以用带点的引出线把该表面引出，引出线的水平线功能上相当于轮廓线的延长线，指引线的箭头指向引出线的水平线（图3-6c）。

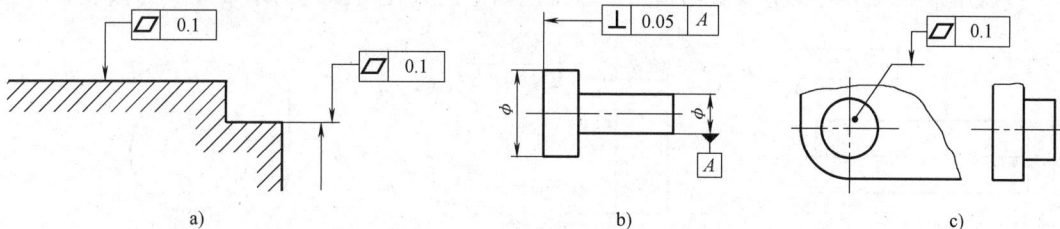

图3-6  被测组成要素的标注示例

a) 指引线箭头置于轮廓线上  b) 指引线箭头置于轮廓线的延长线上  c) 指引线箭头置于带点的引出线的水平线上

（2）被测导出要素（中心要素）的标注方法  当被测要素为导出要素时，指引线箭头应位于相应尺寸线的延长线上（图3-7）。

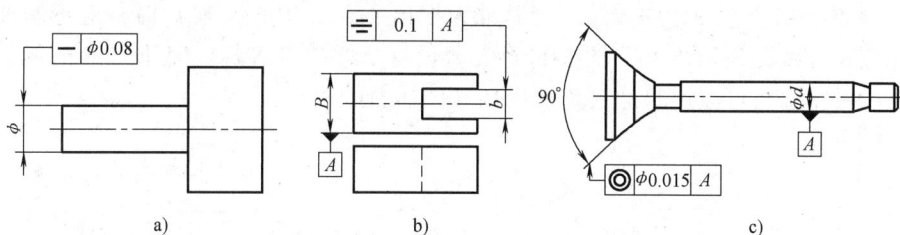

图3-7  被测导出要素的标注示例

a) 被测圆柱轴线  b) 被测中心平面  c) 被测圆锥轴线

（3）公共被测要素的标注方法  若干个分离的同类要素给出单一公差带时，如公共轴线、公共平面和公共中心平面等由几个同类被测要素构成的公共被测要素，应采用一个公差框格标注，用一个公差带同时控制这几个同类被测要素。在公差值后面加注公共公差带符号CZ，由该框格的一端引出一条指引线，并从该指引线引出几条带箭头的连线，分别指向这几个同类被测要素。例如，图3-8中两个孔的轴线要求共线而构成公共被测轴线，图3-9中

三个平面要求共面而构成的公共被测平面。

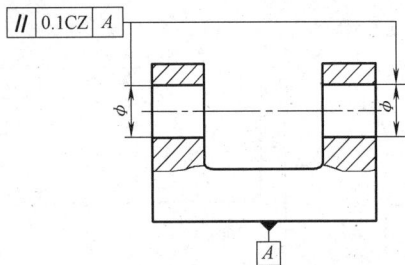

图 3-8　公共被测轴线标注示例　　　　图 3-9　公共被测平面标注示例

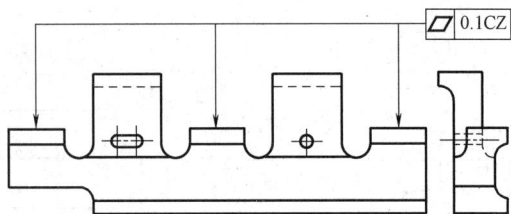

### 3.3.3　基准的标注方法

图样上基准要标注基准符号，并按下列方法进行标注。

（1）基准组成要素的标注方法　当基准为组成要素（轮廓要素）时，应把基准三角形放置在要素的轮廓线或其延长线上，并且与尺寸线明显错开（图 3-10a 和 b）。对于基准表面，可以用带点的引出线把该表面引出，基准三角形放置在引出线的水平线上（图 3-10c）。

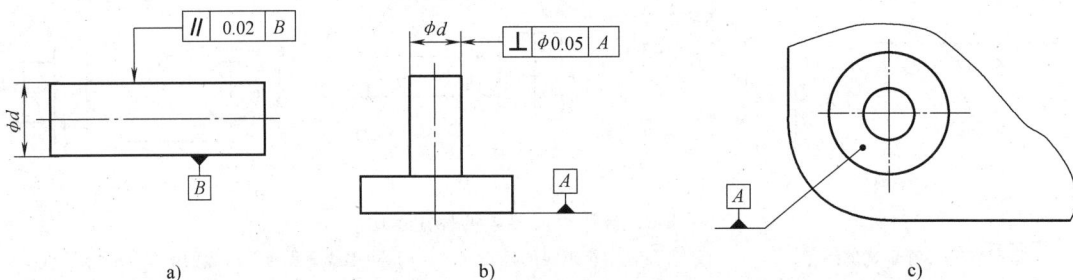

a)　　　　　　　　　　　　b)　　　　　　　　　　　　c)

图 3-10　基准组成要素标注中基准三角形的底边的放置位置示例

a）放置在轮廓线上　b）放置在轮廓线的延长线上　c）放置在带点的引出线的水平线上

（2）基准导出要素的标注方法　当基准为导出要素（中心要素）时，应把基准三角形放置在相应尺寸线的延长线上（图 3-11a）。若没有足够的位置标注基准尺寸的两个尺寸箭头，则其中一个箭头可以用基准三角形代替（图 3-11b）。

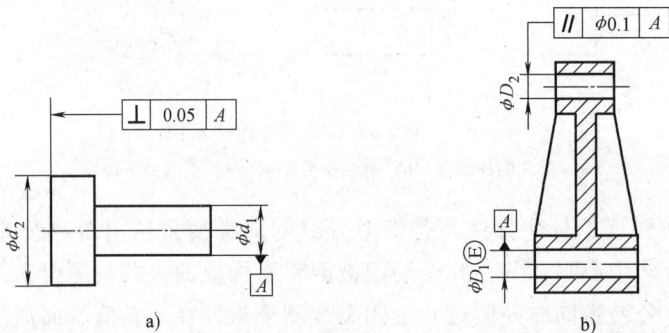

a)　　　　　　　　　　　　　　　　　　b)

图 3-11　基准导出要素标注中基准符号的基准三角形的放置位置示例

a）基准符号的细实线位于尺寸线的延长线上　b）尺寸线的一个箭头用基准符号的基准三角形代替

当基准为圆锥轴线时，基准三角形应放置在圆锥直径尺寸线的延长线上（图 3-12a）。若圆锥采用角度标注，则基准三角形应放置在对应圆锥的角度尺寸线的延长线上（图 3-12b）。

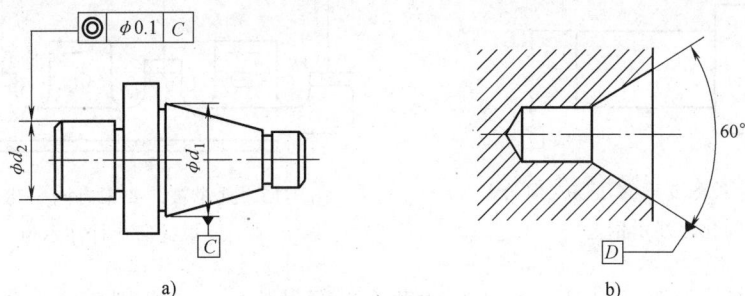

图 3-12　对基准圆锥轴线标注基准符号

a）圆锥注出最大圆锥直径　b）圆锥注出角度

（3）公共基准的标注方法　对于由两个同类要素构成的公共基准，如公共基准轴线、公共基准中心平面，应对这两个同类要素分别标注基准符号（采用两个不同的基准字母），在公差框格中用一字线隔开这两个基准字母，来代表此公共基准（图 3-13）。

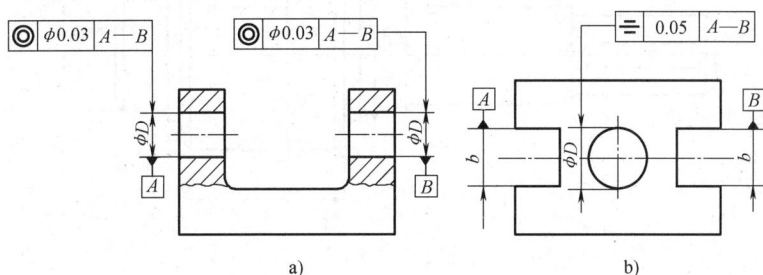

图 3-13　公共基准标注示例

a）公共基准轴线　b）公共基准中心平面

## 3.3.4　几何公差的简化标注方法

某些情况下，为了减少图样上几何公差框格或指引线的数量，可以简化几何公差的标注，使图样简洁明了。

（1）同一被测要素有几项几何公差要求　同一被测要素有几项几何公差要求时（指引线的位置和方向都相同），标注时可以将这几项要求的公差框格重叠，共用一条指引线指向被测要素。图 3-14 所示的标注表示对左端面有垂直度公差和平面度公差要求。

（2）几个被测要素有同一几何公差带要求　若几个分离的同类被测要素具有相同的结构和公差值，则可以共用一个公差框格。标注时，由公差框格的一端引出一条指引线，并从该指引线引出几条带箭头的连线，分别指向这几个同类被测要素。如图 3-15 所示，三个不要求共面的被测平面的平面度公差值均为 0.1mm。

（3）几个同型被测要素有相同几何公差带要求　多个相同的被测要素具有相同几何公差要求时，可以只对其中一个要素绘制公差框格，必须对被测要素的数量加以说明，标注在

51

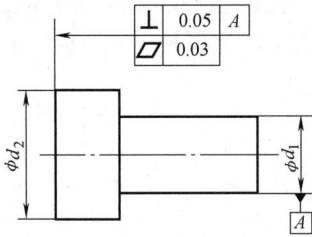

图 3-14　同一被测要素的几项几何公差
简化标注示例

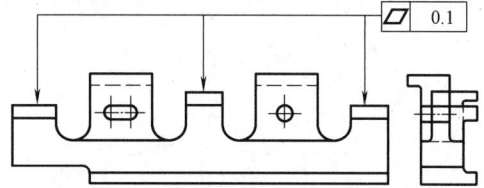

图 3-15　几个被测要素有同一几何公差带
要求的简化标注示例

公差框格的上方。如图 3-16 所示齿轮轴的两个轴颈结构和尺寸分别相同，公差框格上方的 $2×\phi d$ 表示两个轴颈具有相同的圆柱度公差和径向圆跳动公差要求。

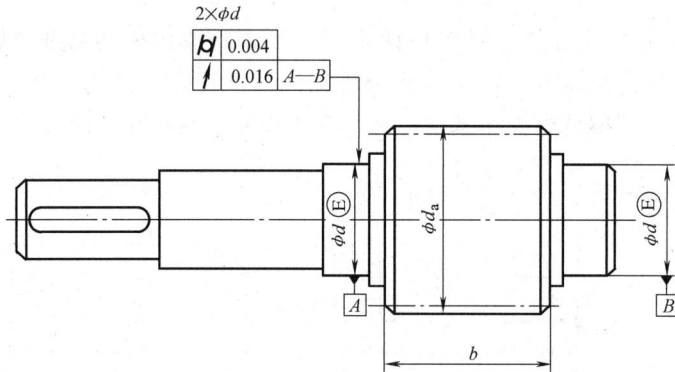

图 3-16　两个轴颈有相同几何公差带要求

# 3.4　几何公差带

## 3.4.1　几何公差带的特征

几何公差是指实际被测要素对图样上给定的理想形状、理想方向或理想位置的允许变动量。形状公差是指实际单一要素的形状所允许的变动量。方向、位置和跳动公差是指实际关联要素相对于基准的方向或位置所允许的变动量。

几何公差带是由一个或几个理想的几何线或面所限定的、由线性公差值表示其大小的区域。几何公差带是用来限制实际被测要素变动的区域，这个区域可以是平面区域或空间区域。实际被测要素只要能全部落在给定的公差带内，就表明该实际被测要素合格。

几何公差带具有形状、大小、方向和位置 4 个特性。几何公差带的形状取决于被测要素的几何形状、给定的几何特征和标注形式。表 3-2 列出了几何公差带的九种主要形状。几何公差带的大小用其宽度或直径来表示，由给定的公差值决定。几何公差带的方向和位置则由给定的几何特征和标注形式确定。

表 3-2    几何公差带的九种主要形状

| 形 状 | 说 明 | 形 状 | 说 明 |
|---|---|---|---|
| | 两平行直线之间的区域 | | 一个圆柱面内的区域 |
| | 两等距曲线之间的区域 | | 两同轴圆柱面之间的区域 |
| | 两同心圆之间的区域 | | 一个圆内的区域 |
| | 一个圆内的区域 | | 两平行平面之间的区域 |
| | 一个圆球面内的区域 | | 两等距曲面之间的区域 |

## 3.4.2 基准

基准是用来定义被测要素几何位置关系的参考对象，应具有理想形状（有时还应具有理想方向）。

（1）基准的种类　基准按组成状态可分为单一基准、公共基准和三基面体系。

单一基准是指由一个要素建立的基准。例如图 3-10b 所示，由一个平面建立的基准；又如图 3-11a 所示，由一条轴线建立的基准。

公共基准是指由两个或多个同类基准建立的一个独立的基准，又称组合基准。例如图 3-17 所示同轴度示例中，由两个直径皆为 $\phi d_1$ 的圆柱面的轴线 $A$ 和 $B$ 建立了一个公共基准轴线 $A—B$。

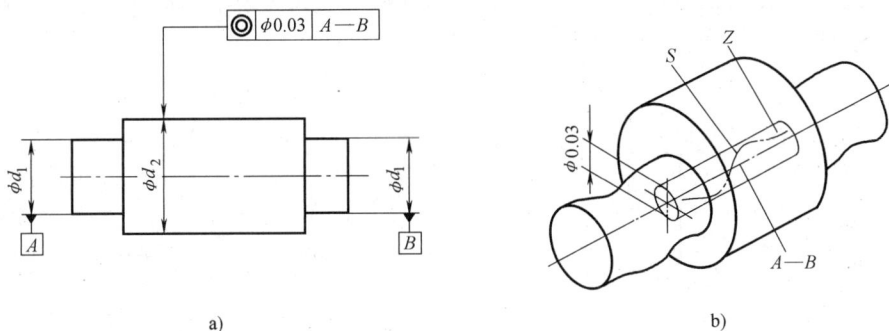

a)                                          b)

图 3-17    同轴度

a) 图样标注    b) 公共基准轴线

S—实际被测轴线    Z—圆柱形公差带

　　基准体系是由两个或三个单独的基准构成的组合，用来确定被测要素的几何位置关系。定向公差通常仅需要一个或两个基准，而定位公差则常需要由三个相互垂直的平面组成的三基面体系，此时要根据功能要求确定各基准的先后顺序。如图 3-18 所示，三个互相垂直的平面构成了一个三基面体系，它们按功能要求分别称为第一基准平面、第二基准平面、第三基准平面（基准的顺序）。第二基准平面垂直于第一基准平面；第三基准平面垂直于第一基准平面，且垂直于第二基准平面。在标注时，几何公差框格第三格中填写第一基准的字母，第四格和第五格中分别填写第二基准和第三基准的字母，填写顺序与这些字母在字母表中的顺序无关。如图 3-19 中，第三格中的字母 C 代表第一基准，第四格中的字母 A 代表第二基准，第五格中的字母 B 代表第三基准。

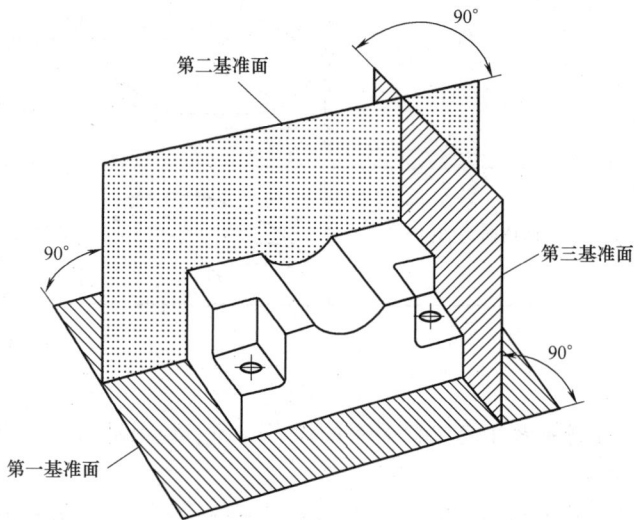

图 3-18　三基面体系

　　（2）基准的体现　实际零件上的基准要素不可避免地存在加工误差，它们通常表现为中凹、中凸或锥形等形状误差，多个基准要素之间还会存在方向误差。若基准要素存在较大加工误差，则难以直接用来确定实际关联要素的方位。在加工和检测中，基准通常用形状精度足够高的表面来模拟体现。如图 3-20 所示，将基准要素放置在形状精度较高的平台上，在两表面之间加上距离适当的支承，使它们之间的最大距离为最小，那么这个平台就可以作为模拟基准平面。

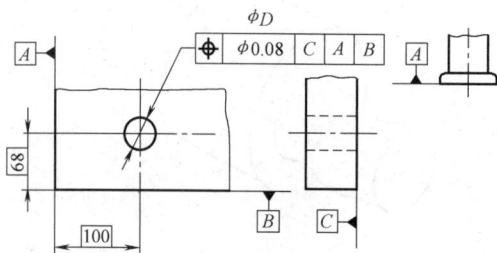

图 3-19　三基面体系标注　　　　　　　图 3-20　基准要素存在形状误差

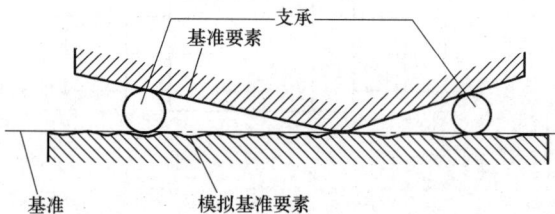

　　基准体系中，基准要素不仅存在形状误差，它们之间还存在方向误差。在模拟体现基准

时，还应该考虑基准的顺序。如图 3-21a 所示，当平面 $B$ 为第一基准时，应首先保证实际基准平面 $B$ 与模拟平板之间的贴合质量。如图 3-21b 所示，若平面 $A$ 为第一基准，则首先保证实际基准平面 $A$ 与模拟平板之间的贴合质量。

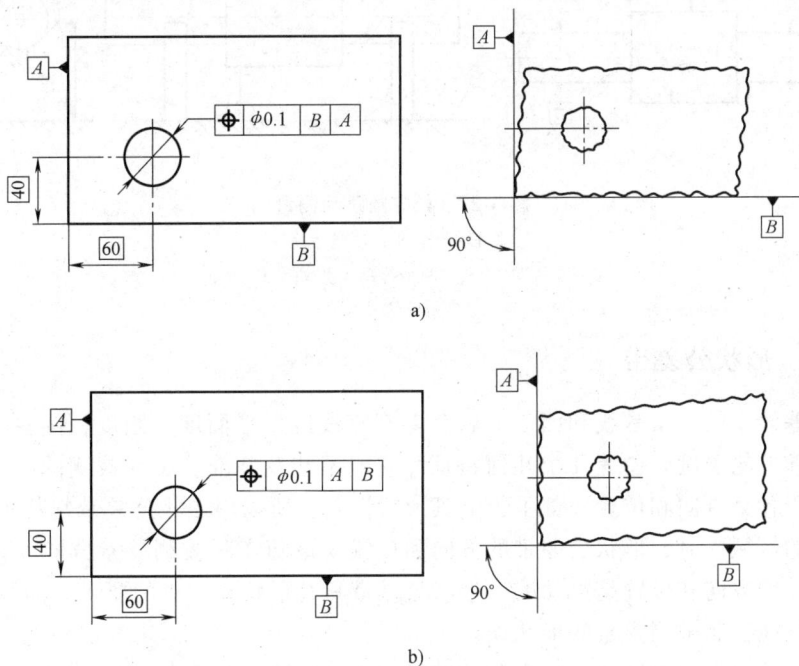

图 3-21　基准要素存在形状误差和方向误差

a) 平面 $B$ 为第一基准　b) 平面 $A$ 为第一基准

　　通常，基准平面可用平台、平板的工作面来模拟体现（图 3-20），孔的基准轴线可用与孔成无间隙配合的心轴或可膨胀式心轴的轴线来模拟体现（图 3-22），轴的基准轴线可用 V 形块来体现（图 3-23），三基面体系中的基准平面可用平板和方箱的工作面来模拟体现。

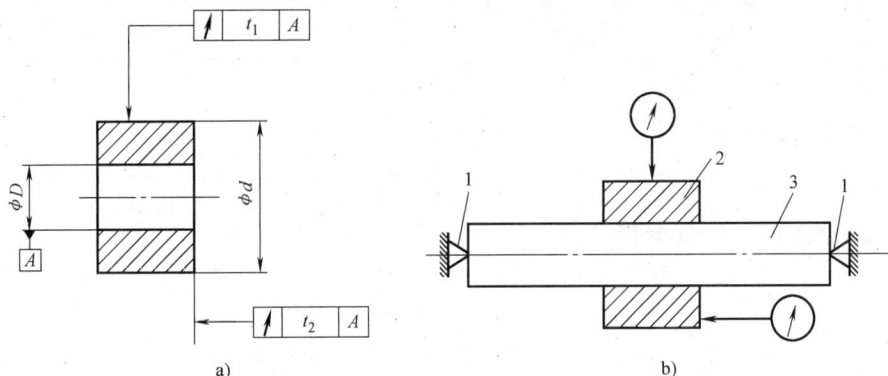

图 3-22　径向和轴向圆跳动测量

a) 图样标注　b) 测量示意图

1—顶尖　2—被测零件　3—心轴

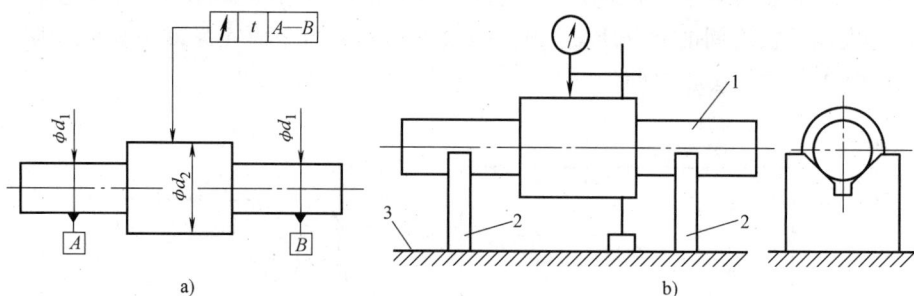

图 3-23　径向圆跳动测量

a）图样标注　b）测量示意图

1—被测零件　2—两个等高 V 形块　3—平板

### 3.4.3　形状公差带

　　形状公差涉及的要素是线和面。形状公差有直线度、平面度、圆度、圆柱度和不带基准的轮廓度公差等几个几何特征。它们不涉及基准，实际被测的线或面不管处于什么方向和位置，都不影响其形状误差，所以用形状公差带判断实际被测要素是否位于它的区域内时，形状公差带的方向和位置应该随实际被测要素方向和位置而变动，即形状公差带的方向和位置是浮动的。形状公差带只有形状和大小的要求，而没有方向和位置的要求，只能控制被测要素的形状误差。

　　直线度、平面度、圆度和圆柱度公差带的定义和标注示例见表 3-3。

表 3-3　直线度、平面度、圆度和圆柱度公差带的定义和标注示例

| 几何特征 | 公差带的定义 | 标注示例和解释 |
|---|---|---|
| 直线度公差 | 公差带为在给定平面内和给定方向上，间距等于公差值 $t$ 的两平行直线所限定的区域<br><br>$a$—任一距离 | 在任一平行于图示投影面的平面内，上表面的实际线应限定在间距等于 0.1mm 的两平行直线之间<br> |
| | 在给定方向上，公差带为间距等于公差值 $t$ 的两平行平面所限定的区域<br> | 实际棱线应限定在间距等于 0.1mm 的两平行平面之间<br> |

56

（续）

| 几何特征 | 公差带的定义 | 标注示例和解释 |
|---|---|---|
| 直线度公差 | 在任意方向上，公差带为直径等于公差值 $\phi t$ 的圆柱面所限定的区域 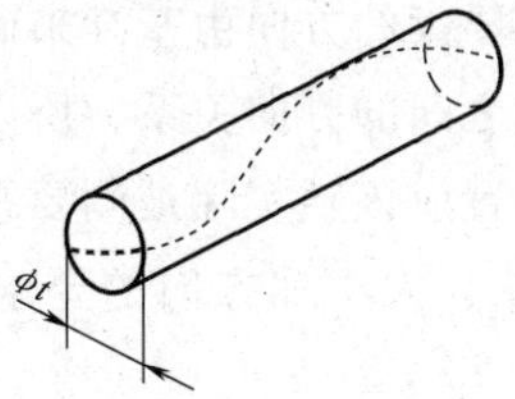 | 外圆柱面的实际轴线应限定在直径等于 $\phi 0.08$mm 的圆柱面内 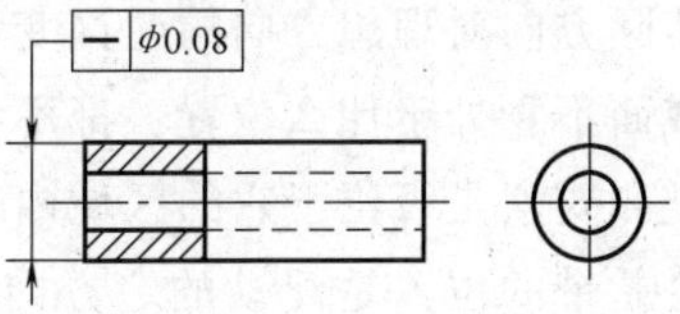 |
| 平面度公差 | 公差带为间距等于公差值 $t$ 的两平行平面所限定的区域 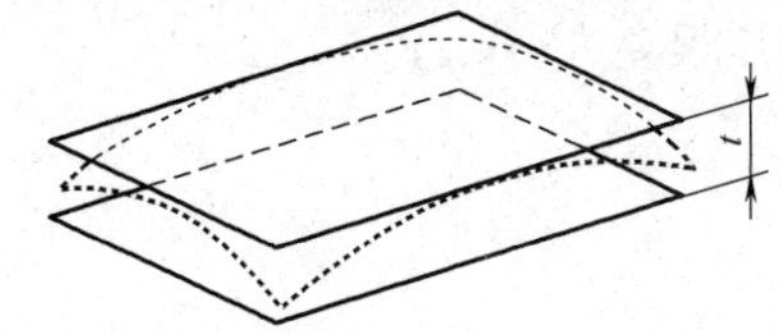 | 实际表面应限定在间距等于 0.08mm 的两平行平面之间 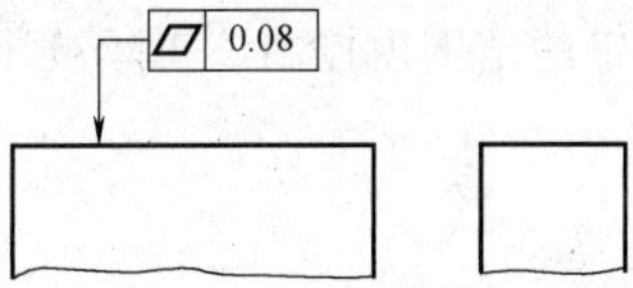 |
| 圆度 | 公差带为在给定横截面内，半径差等于公差值 $t$ 的两同心圆所限定的区域<br><br>$a$—任一横截面 | 在圆柱面的任意横截面内，实际圆周应限定在半径差等于 0.03mm 两共面同心圆之间<br><br>在圆锥面的任意横截面内，实际圆周应限定在半径差等于 0.1mm 的两共面同心圆之间 |
| 圆柱度公差 | 公差带为半径差等于公差值 $t$ 的两同轴圆柱面所限定的区域 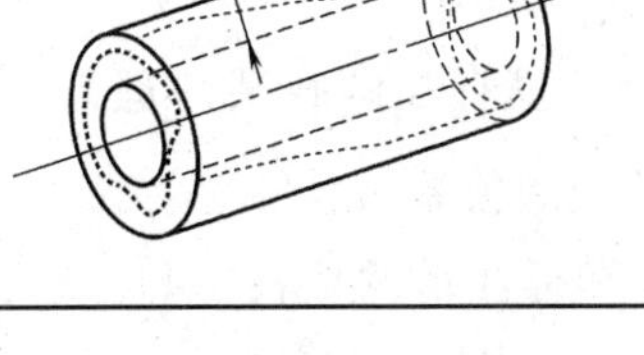 | 实际圆柱面应限定在半径差等于 0.1mm 的两同轴线圆柱面之间 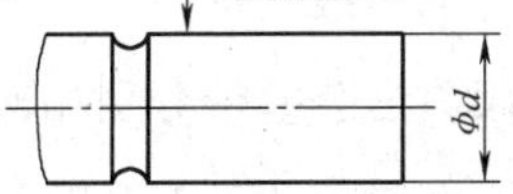 |

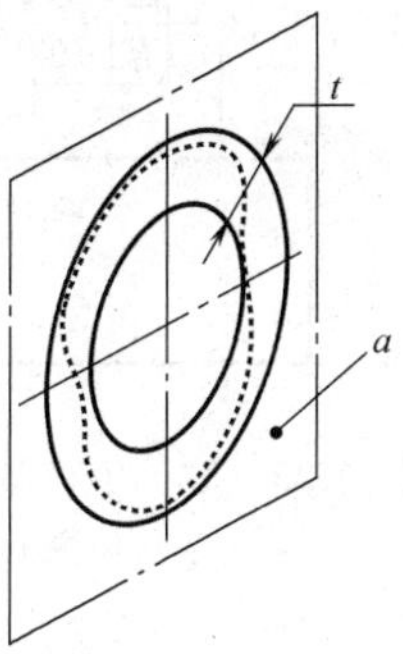

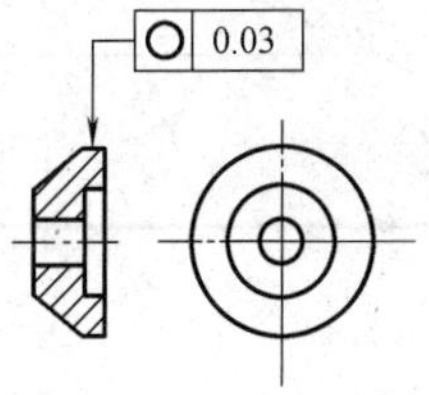

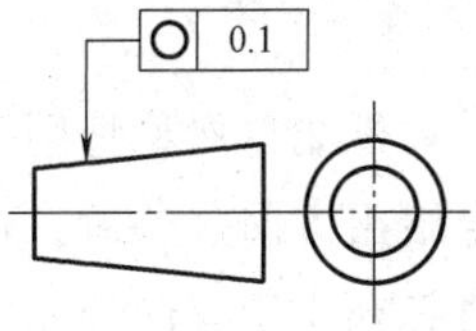

57

### 3.4.4 方向公差带

方向公差涉及的要素是线和面。方向公差有平行度、垂直度、倾斜度和带基准的轮廓度公差等几个几何特征。方向公差是指实际关联要素相对于基准的实际方向对理想方向的允许变动量，这个理想要素的方向由基准来确定。因为实际被测的线或面不管处于什么位置，都不会影响其与基准之间的方向关系，所以用方向公差带判断实际被测要素是否位于它的区域内时，公差带的位置应该随实际被测要素的位置而变动，即方向公差带的位置是浮动的。方向公差带只有形状、大小和方向的要求，而没有位置的要求，只能控制被测要素的形状误差和方向误差。

例如，图 3-25 所示的平行度公差要求，公差带为平行于基准平面 $A$ 的两平行平面（图 3-24），但可以随实际被测要素的位置上下浮动（实际尺寸 $l$ 可以在尺寸公差范围内浮动），既控制实际被测要素的平行度误差（面对面的平行度误差），又自然地在 $t = 0.025\text{mm}$ 平行度公差带的范围内控制该实际被测要素的平面度误差 $f$ $(f \leqslant t)$。

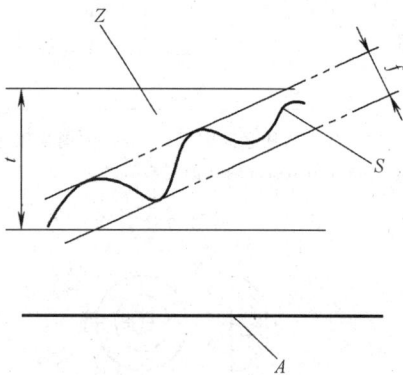

图 3-24　平行度公差带
$A$—基准平面　$t$—平行度公差值　$Z$—平行度公差带
$S$—实际被测要素　$f$—平面度误差

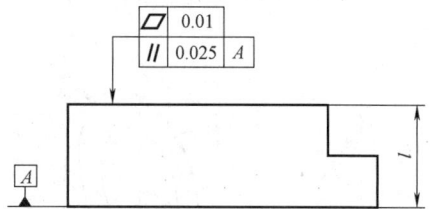

图 3-25　对一个被测要素同时给出方向
公差和形状公差示例

方向公差带能自然地把同一被测要素的形状误差控制在方向公差带范围内。因此，对某一被测要素给出方向公差后，仅在对其形状精度有进一步要求时，才另行给出形状公差，而形状公差值必须小于方向公差值。如图 3-25 所示，对被测表面给出 0.025mm 平行度公差和 0.01mm 平面度公差。

平行度、垂直度和倾斜度公差的被测要素和基准各有平面和直线之分。因此，它们的公差各有被测平面相对于基准平面（面对面）、被测直线相对于基准平面（线对面）、被测平面相对于基准直线（面对线）和被测直线相对于基准直线（线对线）等四种形式。平行度、垂直度和倾斜度公差带分别相对于基准保持平行、垂直和倾斜某一理论正确角度 $\boxed{\alpha}$（把角度值围以方框表示的没有公差而绝对准确的角度）的关系。

典型平行度、垂直度和倾斜度公差带的定义和标注示例见表 3-4。

**表 3-4 典型平行度、垂直度和倾斜度公差带的定义和标注示例**

| 几何特征 | | 公差带的定义 | 标注示例和解释 |
|---|---|---|---|
| 平行度公差 | 面对面平行度公差 | 公差带为间距等于公差值 $t$ 且平行于基准平面的两平行平面所限定的区域<br><br><br><br>$a$—基准平面 | 实际表面应限定在间距等于 0.01mm 且平行于基准平面 $D$ 的两平行平面之间<br><br> |
| | 线对面平行度公差 | 公差带为间距等于公差值 $t$ 且平行于基准平面的两平行平面所限定的区域<br><br><br><br>$a$—基准平面 | 被测孔的实际轴线应限定在间距等于 0.01mm 且平行于基准平面 $B$ 的两平行平面之间<br><br> |
| | 面对线平行度公差 | 公差带为间距等于公差值 $t$ 且平行于基准轴线的两平行平面所限定的区域<br><br><br><br>$a$—基准轴线 | 实际表面应限定在间距等于 0.1mm 且平行于基准轴线 $C$ 的两平行平面之间<br><br> |
| | 线对线平行度公差 | 任意方向上 | 公差带为直径等于公差值 $\phi t$ 且轴线平行于基准轴线的圆柱面所限定的区域<br><br><br><br>$a$—基准轴线 | 被测孔的实际轴线应限定在直径等于 $\phi 0.03$mm 且平行于基准轴线 $A$ 的圆柱面内<br><br> |

（续）

| 几何特征 | | | 公差带的定义 | 标注示例和解释 |
|---|---|---|---|---|
| 平行度公差 | 线对线平行度公差 | 互相垂直的方向上 | 公差带为互相垂直的间距分别等于公差值 $t_1$ 和 $t_2$，且平行于基准轴线的两组平行平面所限定的区域<br><br>$a$—基准轴线 | 被测孔的实际轴线应限定在间距分别等于 0.2mm 和 0.1mm，在给定的相互垂直方向上且平行于基准轴线 $A$ 的两组平行平面之间 |
| 垂直度公差 | 面对面垂直度公差 | | 公差带为间距等于公差值 $t$ 且垂直于基准平面的两平行平面所限定的区域<br><br>$a$—基准平面 | 实际表面应限定在间距等于 0.08mm 且垂直于基准平面 $A$ 的两平行平面之间 |
| | 面对线垂直度公差 | | 公差带为间距等于公差值 $t$ 且垂直于基准轴线的两平行平面所限定的区域<br><br>$a$—基准轴线 | 实际表面应限定在间距等于 0.08mm 且垂直于基准轴线 $A$ 的两平行平面之间 |

（续）

| 几何特征 | | 公差带的定义 | 标注示例和解释 |
|---|---|---|---|
| 垂直度公差 | 线对线垂直度公差 | 公差带为间距等于公差值 $t$ 且垂直于基准轴线的两平行平面所限定的区域 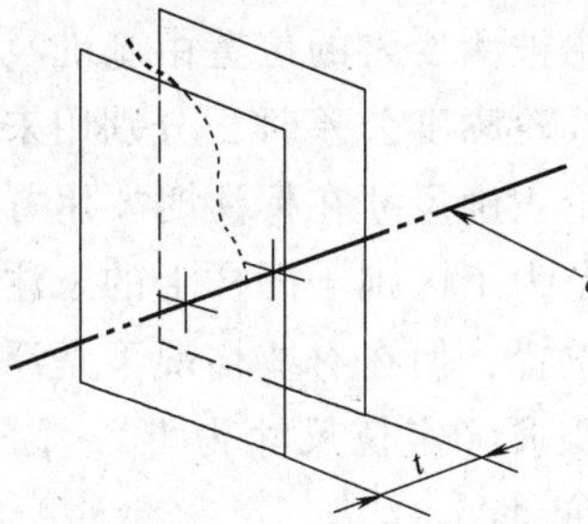<br><br>$a$—基准轴线 | 被测孔的实际轴线应限定在间距等于 0.06mm 且垂直于基准轴线 $A$ 的两平行平面之间 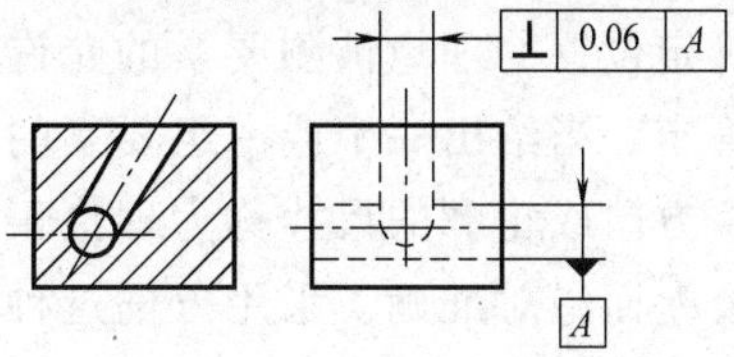<br><br>⊥ \| 0.06 \| $A$ |
| | 线对面垂直度公差 | 在任意方向上，公差带为直径等于公差值 $\phi t$ 且轴线垂直于基准平面的圆柱面所限定的区域 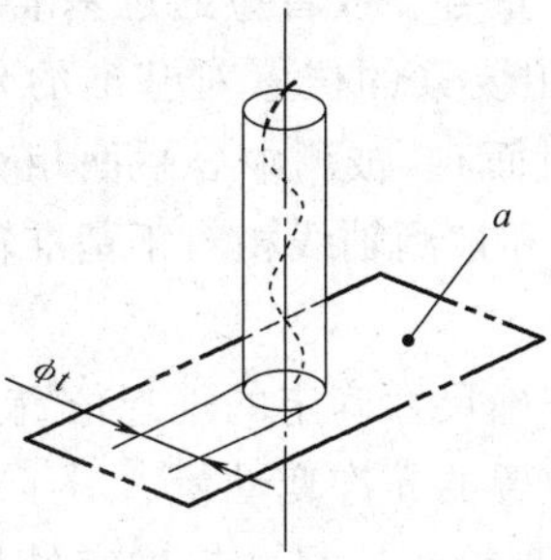<br><br>$a$—基准平面 | 被测圆柱面的实际轴线应限定在直径等于 $\phi 0.01$mm 且轴线垂直于基准平面 $A$ 的圆柱面内 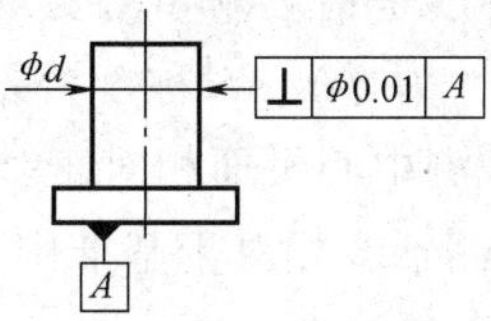<br><br>$\phi d$　⊥ \| $\phi 0.01$ \| $A$ |
| 倾斜度公差 | 面对面倾斜度公差 | 公差带为间距等于公差值 $t$ 的两平行平面所限定的区域。该两平行平面按给定角度倾斜于基准平面 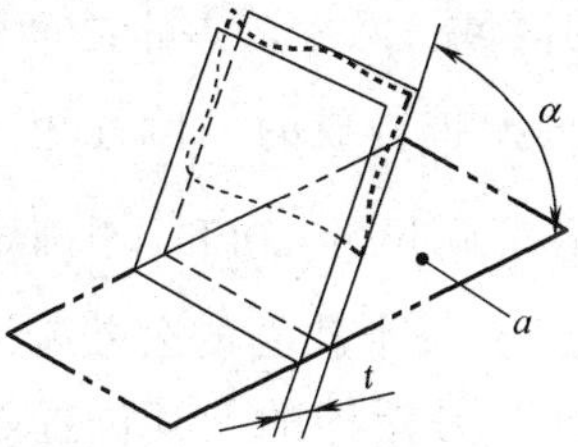<br><br>$a$—基准平面 | 实际表面应限定在间距等于 0.08mm 的两平行平面之间。该两平行平面按理论正确角度 40° 倾斜于基准平面 $A$ 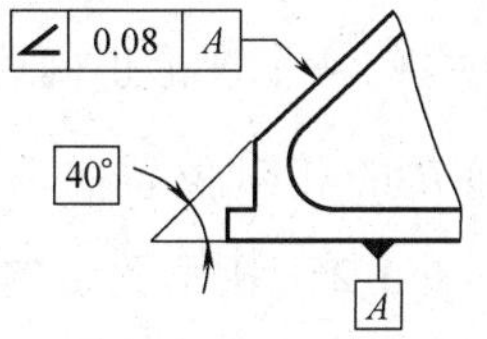<br><br>∠ \| 0.08 \| $A$　40° |
| | 线对线倾斜度公差 | 被测直线与基准直线在同一平面上公差带为间距等于公差值 $t$ 的两平行平面所限定的区域。该两平行平面按给定角度倾斜于基准轴线 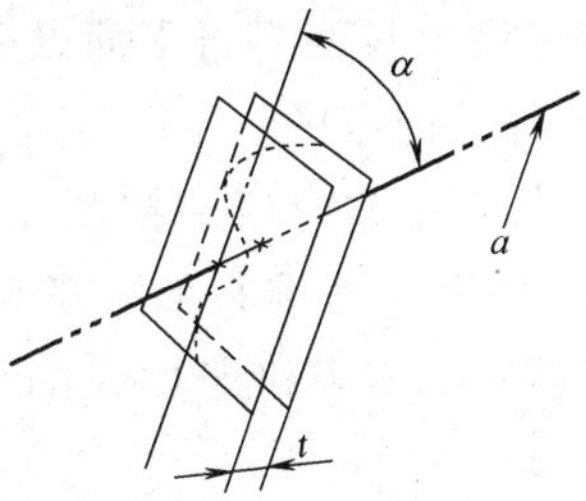<br><br>$a$—基准轴线 | 被测孔的实际轴线应限定在间距等于 0.08mm 的两平行平面之间。该两平行平面按理论正确角度 60° 倾斜于公共基准轴线 $A$—$B$ 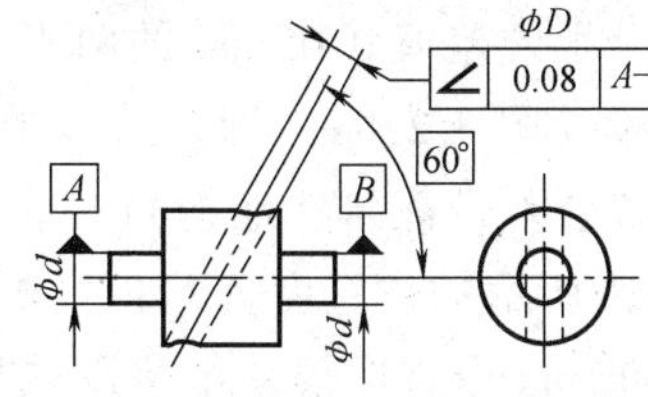<br><br>$\phi D$　∠ \| 0.08 \| $A$—$B$　60° |

61

### 3.4.5　位置公差带

位置公差涉及的要素是点、线和面。位置公差有同心度、同轴度、对称度、位置度和带基准的轮廓度公差等几何特征。位置公差是实际被测要素对具有确定位置的理想被测要素的允许变动量，理想被测要素的位置由基准及理论正确尺寸或角度确定。当给出一个或一组要素的位置、方向或轮廓度公差时，分别用来确定其理论正确位置、方向或轮廓的尺寸称为理论正确尺寸。理论正确尺寸在标注时要用方框围起来，表示没有公差而绝对准确，采用方框这种形式表示，是为了区别于图样上的未注公差尺寸。位置公差一般涉及基准，位置公差带一般具有确定的位置，但在有些情况下是浮动的。

同心度是指被测点应与基准点重合的精度要求（定位尺寸为零）。同心度公差是指实际被测点对基准点（被测点的理想位置）的允许变动量。

同轴度是指被测轴线应与基准轴线重合的精度要求（定位尺寸为零）。同轴度公差是指实际被测轴线对基准轴线（被测轴线的理想位置）的允许变动量。

对称度是指被测导出要素应与基准导出要素重合，或者应通过基准导出要素的精度要求（定位尺寸为零）。对称度公差是指实际被测导出要素的位置对基准的允许变动量。对称度公差有被测中心平面相对于基准中心平面（面对面）、被测中心平面相对于基准轴线（面对线）、被测轴线相对于基准中心平面（线对面）和被测轴线相对于基准轴线（线对线）四种形式。

位置度是指被测要素应位于由基准和理论正确尺寸确定的理想位置上的精度要求。位置度公差是指被测要素所在的实际位置对其理想位置的允许变动量。对于尺寸和结构分别相同的几个被测要素（称为成组要素，如孔组），用理论正确尺寸按确定的几何关系把它们联系在一起作为一个整体而构成的几何图框，来给出它们的理想位置。

如图 3-26a 所示的图样标注，矩形布置的八孔组有位置度公差要求（有基准），每个孔心的公差带都为直径为公差值 $\phi0.1\mathrm{mm}$ 的圆内的区域，八个公差带之间的相对位置关系由保持垂直关系的 4 个理论正确尺寸 30 确定，八个公差带构成的"刚性矩形几何图框"与基准平面 A 和 B 的相对位置关系分别由定位的理论正确尺寸 20 和 15 确定（位置固定）（图 3-26b）。图 3-26c 所示孔组的位置度公差没有基准，每个孔心的公差带之间的相对位置是固定的，但八个公差带构成的"刚性矩形几何图框"是浮动的，其位置随该工件的实际要素而定（图 3-26d）。

如图 3-27a 所示的图样标注的位置度公差，理想被测平面应位于平行于基准平面 A 且至该基准平面的距离（定位尺寸）为理论正确尺寸 $l$ 的理想位置 $P_0$ 上（图 3-27b）。公差带应是间距等于公差值 $0.05\mathrm{mm}$ 的两平行平面之间的区域，且两平行平面以理想被测平面为中心对称分布（图 3-27b），即该公差带的方向和位置都是固定的。

位置公差带能自然地把同一被测要素的形状误差和方向误差控制在位置公差带范围内。如图 3-27 所示的位置度公差带，既控制实际被测平面对基准平面 A 的位置度误差，又自然地在 $0.05\mathrm{mm}$ 位置度公差带范围内控制该实际被测平面对基准平面 A 的平行度误差和它本身的平面度误差。

因此，对某一被测要素给出位置公差后，通常对该要素不再给出方向公差和形状公差。

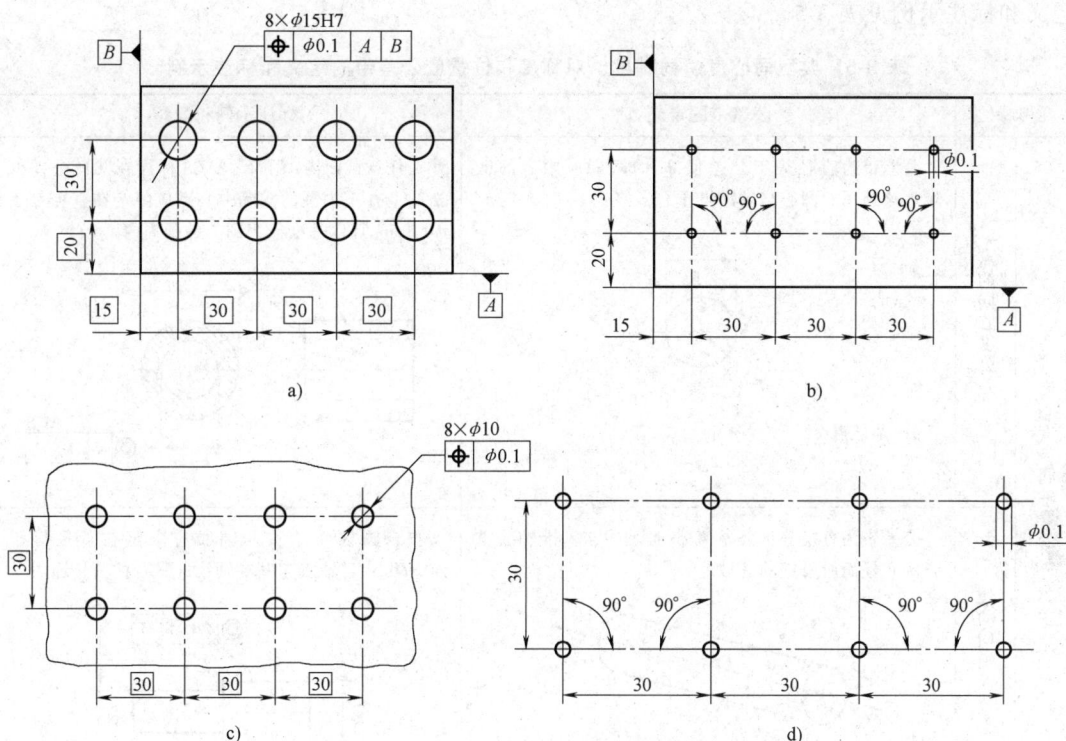

图 3-26　矩形布置孔组的位置度公差带示例

a）有基准的孔组位置度标注　b）有基准的孔组位置度公差带

c）无基准的孔组位置度标注　d）无基准的孔组位置度公差带

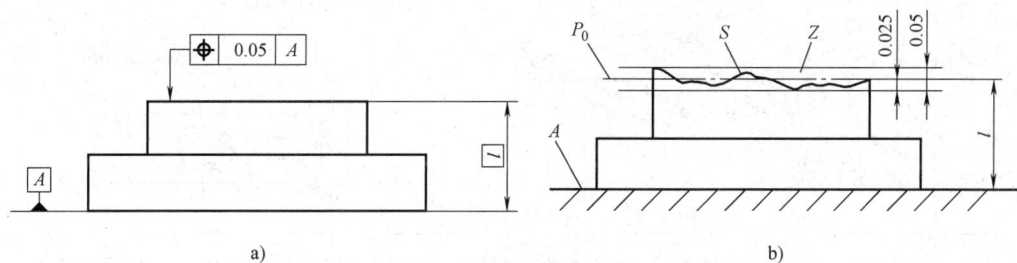

图 3-27　平面的位置度公差带

a）图样标注　b）两平行平面形状的公差带

$S$—实际被测要素　$Z$—公差带　$P_0$—被测表面的理想位置

仅在对其方向精度或（和）形状精度有进一步要求时，才另行给出方向公差或（和）形状公差，且方向公差值必须小于位置公差值，形状公差值必须小于方向公差值。如图 3-28 所示，对被测平面同时给出 0.05mm 位置度公差、0.03mm 平行度公差和 0.01mm 平面度公差。

典型同心度、同轴度、对称度和位置度公差带的

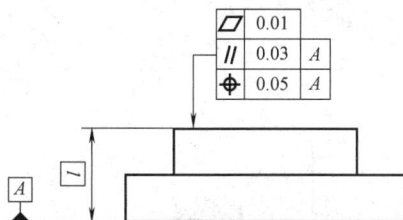

图 3-28　对一个被测要素同时给出
位置、方向和形状公差

63

定义和标注示例见表 3-5。

**表 3-5 典型同心度、同轴度、对称度和位置度公差带的定义和标注示例**

| 几何特征 | | 公差带的定义 | 标注示例和解释 |
|---|---|---|---|
| 同心度与同轴度公差 | 点的同心度公差 | 公差带为直径等于公差值 $\phi t$ 的圆周所限定的区域。该圆周的圆心与基准点重合<br><br>$a$—基准点 | 在任意截面内(用符号 ACS 标注在几何公差框格的上方),内圆的实际中心点应限定在直径等于 $\phi 0.1mm$ 且以基准点为圆心的圆周内<br><br>ACS<br>⊚ $\phi 0.1$ \| $A$ |
| | 线的同轴度公差 | 公差带为直径等于公差值 $\phi t$ 且轴线与基准轴线重合的圆柱面所限定的区域<br><br>$a$—基准轴线 | 被测圆柱面的实际轴线应限定在直径等于 $\phi 0.04mm$ 且轴线与基准轴线 $A$ 重合的圆柱面内<br><br>⊚ $\phi 0.04$ \| $A$ |
| 对称度公差 | 面对面对称度公差 | 公差带为间距等于公差值 $t$ 且对称于基准中心平面的两平行平面所限定的区域<br><br>$a$—基准中心平面 | 两端为半圆的被测槽的实际中心平面应限定在间距等于 0.08mm 且对称于公共基准中心平面 $A$—$B$ 的两平行平面之间<br><br>≡ \| 0.08 \| $A$—$B$ |
| | 面对线对称度公差 | 公差带为间距等于公差值 $t$ 且对称于基准轴线的两平行平面所限定的区域<br><br>$a$—基准轴线<br>$P_0$—通过基准轴线的理想平面 | 宽度为 $b$ 的被测键槽的实际中心平面应限定在间距为 0.05mm 的两平行平面之间。该两平行平面对称于基准轴线 $B$,即对称于通过基准轴线 $B$ 的理想平面 $P_0$<br><br>≡ \| 0.05 \| $B$ |

（续）

| 几何特征 | | 公差带的定义 | 标注示例和解释 |
|---|---|---|---|
| 位置度公差 | 点的位置度公差 | 公差带为直径等于公差值 $S\phi t$ 的圆球所限定的区域。该圆球中心的理论正确位置由基准平面 $A$、$B$、$C$ 和理论正确尺寸 $x$、$y$ 确定<br><br><br><br>$a$、$b$、$c$—基准平面 $A$、$B$、$C$ | 实际球心应限定在直径等于 $S\phi 0.3\text{mm}$ 的圆球内。该圆球的中心应处于由基准平面 $A$、$B$、$C$ 和理论正确尺寸 30mm、25mm 确定的理论正确位置上<br><br> |
| | 线的位置度公差 | 公差带为直径等于公差值 $\phi t$ 的圆柱面所限定的区域。该圆柱面的轴线的理论正确位置由基准平面 $C$、$A$、$B$ 和理论正确尺寸 $x$、$y$ 确定<br><br><br><br>$a$、$b$、$c$—基准平面 $A$、$B$、$C$ | 被测孔的实际轴线应限定在直径等于 $\phi 0.08\text{mm}$ 的圆柱面内；该圆柱面的轴线应处于由基准平面 $C$、$A$、$B$ 和理论正确尺寸 100mm、68mm 确定的理论正确位置上<br><br> |
| | 面的位置度公差 | 公差带为间距等于公差值 $t$ 且对称于被测表面理论正确位置的两平行平面所限定的区域。该理论正确位置由基准平面、基准轴线和理论正确尺寸 $L$、理论正确角度 $\alpha$ 确定<br><br><br><br>$a$—基准平面　$b$—基准轴线 | 实际表面应限定在间距等于 0.05mm 且对称于被测表面理论正确位置的两平行平面之间。该理论正确位置由基准平面 $A$、基准轴线 $B$ 和理论正确尺寸 15mm、理论正确角度 105° 确定<br><br> |

## 3.4.6　轮廓度公差带

轮廓度公差涉及的要素是曲线和曲面，分别对应线轮廓度公差和面轮廓度公差两个几何特征。它们的理想被测要素的形状需要用理论正确尺寸和理论正

确角度来确定。轮廓度公差带的形状是以理想被测要素为中心的两条等距曲线之间的区域（线轮廓度）或两个等距曲面之间的区域（面轮廓度）。轮廓度公差又分为无基准要求和有基准要求两种。前者为形状公差，其公差带的方向和位置是浮动的；而后者为方向或位置公差，其公差带的方向或位置是固定的。

线轮廓度、面轮廓度公差带的定义和标注示例见表3-6。

表 3-6　线轮廓度、面轮廓度公差带的定义和标注示例

| 几何特征 | 公差带的定义 | 标注示例和解释 |
|---|---|---|
| 无基准的线轮廓度公差 | 公差带为直径等于公差值 $t$、圆心位于被测要素理论正确几何形状上的一系列圆的两包络线所限定的区域 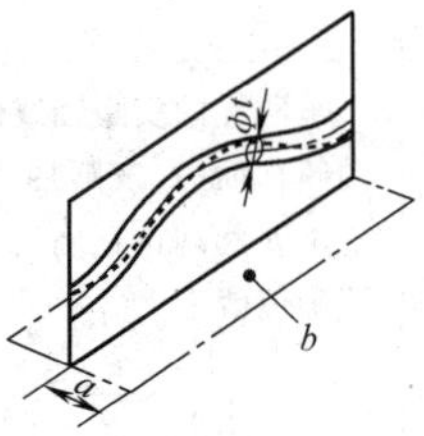<br><br>$a$—任一距离<br>$b$—垂直于右图视图所在平面 | 在任一平行于图示投影面的截面内，实际轮廓线应限定在直径等于 0.04mm、圆心位于被测要素理论正确几何形状上的一系列圆的两等距包络线之间 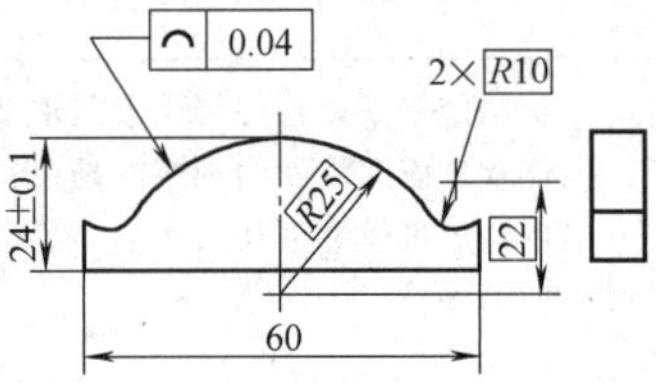 |
| 相对于基准体系的线轮廓度公差 | 公差带为直径等于公差值 $t$、圆心位于由基准平面 $A$ 和基准平面 $B$ 确定的被测要素理论正确几何形状上的一系列圆的两包络线所限定的区域 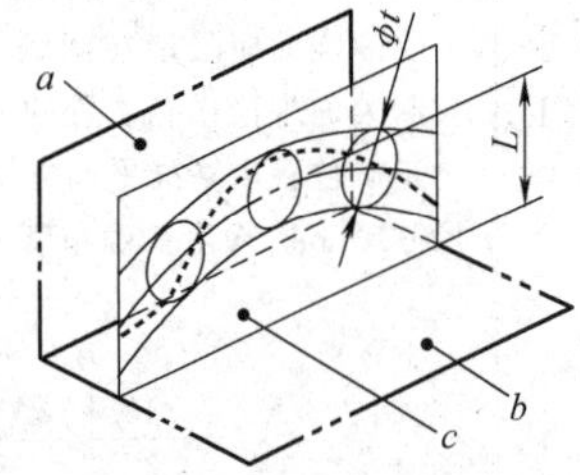<br><br>$a$、$b$—基准平面 $A$、基准平面 $B$<br>$c$—平行于基准平面 $A$ 的平面 | 在任一平行于图示投影面的截面内，实际轮廓线应限定在直径等于 0.04mm、圆心位于由基准平面 $A$ 和基准平面 $B$ 确定的被测要素理论正确几何形状上的一系列圆的两等距包络线之间 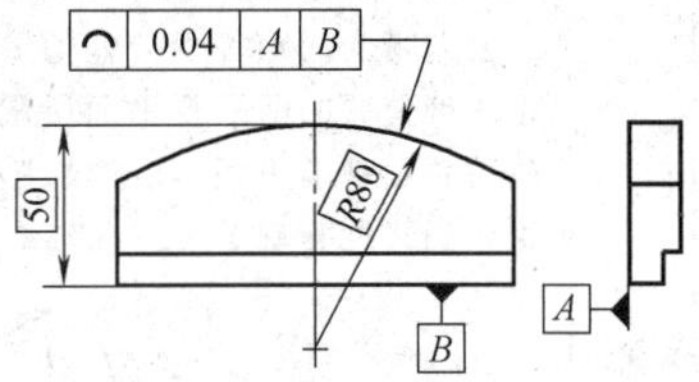 |
| 无基准的面轮廓度公差 | 公差带为直径等于公差值 $t$、球心位于被测要素理论正确几何形状上的一系列圆球的两包络面所限定的区域 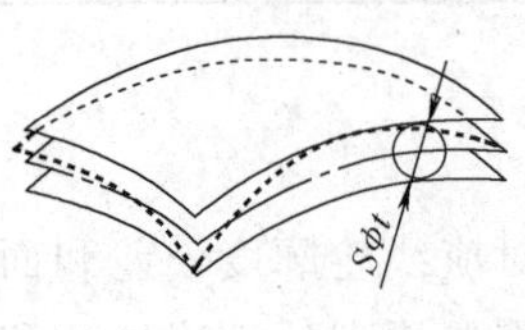 | 实际轮廓面应限定在直径等于 0.02mm、球心位于被测要素理论正确几何形状上的一系列圆球的两等距包络面之间 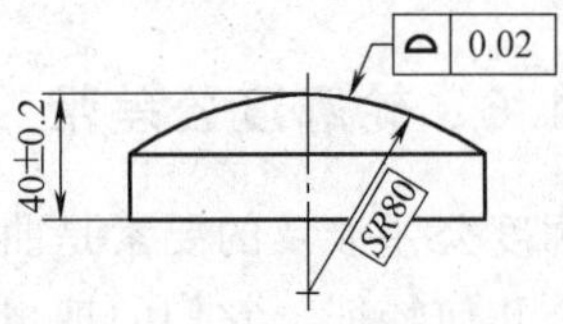 |

（续）

| 几何特征 | 公差带的定义 | 标注示例和解释 |
|---|---|---|
| 相对于基准体系的面轮廓度公差 | 公差带为直径等于公差值 $t$、球心位于由基准平面 $A$ 确定的被测要素理论正确几何形状上的一系列圆球的两包络面所限定的区域<br><br>$a$—基准平面 $A$　$L$—理论正确几何图形的顶点至基准平面 $A$ 的距离 | 实际轮廓面应限定在直径等于 0.1mm、球心位于由基准平面 $A$ 确定的被测要素理论正确几何形状上的一系列圆球的两等距包络面之间 |

### 3.4.7　跳动公差带

跳动公差是按特定的测量方法定义的位置公差，用于控制回转体表面的实际轮廓相对于基准轴线的位置误差。跳动公差涉及的被测要素为圆柱面、圆形端平面、环状端平面、圆锥面和曲面等，涉及的基准为轴线。跳动公差有圆跳动公差和全跳动公差两个几何特征。

圆跳动是指实际被测要素在无轴向移动的条件下绕基准轴线旋转一转过程中，由位置固定的指示表在给定的测量方向上对该实际被测要素测得的最大与最小示值之差，圆跳动公差的标注和圆跳动的测量如图 3-22 和图 3-23 所示。根据跳动测量方向不同，圆跳动可分为径向圆跳动、轴向圆跳动和斜向圆跳动。

全跳动是指实际被测要素在无轴向移动的条件下绕基准轴线连续旋转过程中，指示表与实际被测要素做相对直线运动，指示表在给定的测量方向上对该实际被测要素测得的最大与最小示值之差。全跳动可分为径向全跳动和轴向全跳动。

跳动公差带不仅有形状和大小的要求，还有方向和位置的要求，即公差带的方向和位置是固定的。跳动公差带能综合控制被测要素相对于基准的方向误差、位置误差和被测要素的形状误差。例如，径向圆跳动公差带能综合控制被测要素的圆度误差和被测要素的导出要素与基准的同轴度误差；径向全跳动公差带能综合控制被测要素的圆柱度误差和被测要素的导出要素与基准的同轴度误差。采用跳动公差时，若综合控制被测要素不能满足功能要求，则可进一步给出相应的形状公差，但形状公差值必须小于对应的跳动公差值，如图 3-29 所示。

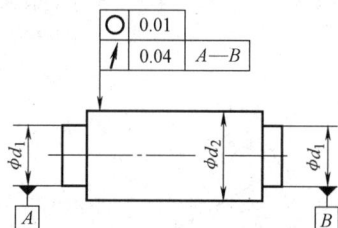

图 3-29　跳动公差和形状公差同时标注示例

典型跳动公差带的定义和标注示例见表 3-7。

表 3-7　典型跳动公差带的定义和标注示例

| 几何特征 | | 公差带的定义 | 标注示例和解释 |
|---|---|---|---|
| 圆跳动公差 | 径向圆跳动公差 | 公差带为在任一垂直于基准轴线的横截面内、半径差等于公差值 $t$、圆心在基准轴线上的两同心圆所限定的区域<br><br>$a$—基准轴线　$b$—横截面 | 在任一垂直于基准轴线 $A$ 的横截面内,被测圆柱面的实际圆周应限定在半径差等于 0.1mm 且圆心在基准轴线 $A$ 上的两同心圆之间 |
| | 轴向圆跳动公差 | 公差带为与基准轴线同轴线的任一直径的圆柱截面上,间距等于公差值 $t$ 的两个等径圆所限定的圆柱面区域<br><br>$a$—基准轴线　$b$—公差带　$c$—任意直径 | 在与基准轴线 $D$ 同轴线的任一直径的圆柱截面上,实际圆周应限定在轴向距离等于 0.1mm 的两个等径圆之间 |
| | 斜向圆跳动公差 | 公差带为与基准轴线同轴线的某一圆锥截面上,间距等于公差值 $t$ 的直径不相等的两个圆所限定的圆锥面区域。除非另有规定,测量方向应垂直于被测表面<br><br>$a$—基准轴线　$b$—圆锥截面　$c$—公差带 | 在与基准轴线 $C$ 同轴线的任一圆锥截面上,实际线应限定在素线方向间距等于 0.1mm 的直径不相等的两个圆之间 |
| 全跳动公差 | 径向全跳动公差 | 公差带为半径差等于公差值 $t$ 且轴线与基准轴线重合的两个圆柱面所限定的区域<br><br>$a$—基准轴线 | 被测圆柱面的整个实际表面应限定在半径差等于 0.1mm,且轴线与公共基准轴线 $A$—$B$ 重合的两个圆柱面之间 |

（续）

| 几何特征 | | 公差带的定义 | 标注示例和解释 |
|---|---|---|---|
| 全跳动公差 | 轴向全跳动公差 | 公差带为间距等于公差值 $t$ 且垂直于基准轴线的两平行平面所限定的区域<br><br><br><br>$a$—基准轴线　$b$—被测表面 | 实际端表面应限定在间距等于 0.1mm 且垂直于基准轴线 $D$ 的两平行平面之间<br><br> |

# 3.5　公差原则

零件几何要素既有尺寸公差的要求，又有几何公差的要求。一般情况下，同一要素的几何公差和尺寸公差彼此独立，但在一定条件下，两者可以相互影响，因此有必要研究两者之间的关系。确定几何公差与尺寸公差之间的相互关系应遵循的原则称为公差原则。公差原则分为独立原则（同一要素的尺寸公差与几何公差彼此无关的公差要求）和相关要求（同一要素的尺寸公差与几何公差相互有关的公差要求），而相关要求又分为包容要求、最大实体要求、最小实体要求和可逆要求。设计时，应从功能要求（配合性质、装配互换及其他功能要求等）出发，来合理地选用适当的公差原则。

## 3.5.1　有关公差原则的术语及定义

（1）体外作用尺寸　由于零件实际要素存在几何误差，仅依据实际尺寸的关系来判断孔、轴的结合关系，是不够全面的。例如，孔、轴配合 $\phi50H7/h6$ 属于最小间隙为零的间隙配合，但实际尺寸合格的孔和轴装配是否间隙配合，还受到几何误差的影响，如图 3-30 所示，假设加工后孔为理想形状，且实际尺寸为 50mm，而轴的实际尺寸虽然处处也为 50mm，且横截面的形状正确，但是存在轴线直线度误差，那么两者装配后不是就"零碰零"的间隙配合，而是有过盈的配合。那么，同时考虑孔或轴的实际尺寸和形状误差（有时还有方向、位置误差）的影响，它们的综合结果用某种包容实际孔或实际轴的理想面的直径（或宽度）来表示，该直径（或宽度）称为体外作用尺寸。

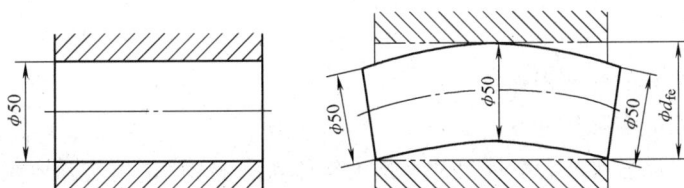

图 3-30　理想孔与轴线弯曲的轴装配

1）单一要素的体外作用尺寸。外表面（轴）的体外作用尺寸 $d_{fe}$ 是指在被测外表面（轴）的给定长度上，与实际被测外表面体外相接的最小理想面（最小理想孔）的直径（或宽度），如图 3-31a 所示。内表面（孔）的体外作用尺寸 $D_{fe}$ 是指在被测内表面（孔）的给定长度上，与实际被测内表面体外相接的最大理想面（最大理想轴）的直径（或宽度），如图 3-31b 所示。

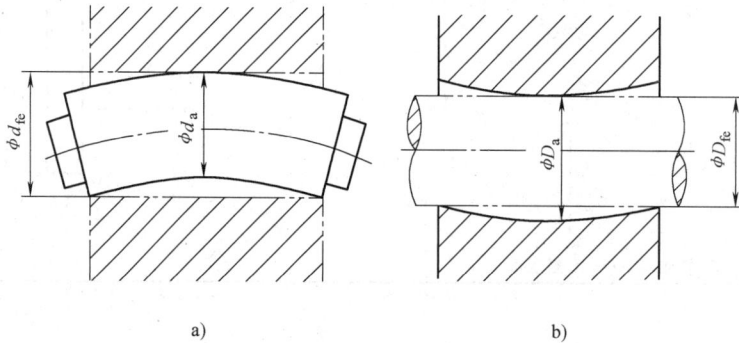

图 3-31　单一要素的体外作用尺寸

a）轴的体外作用尺寸　b）孔的体外作用尺寸

2）关联要素的体外作用尺寸。关联要素的体外作用尺寸除满足单一要素体外作用尺寸的要求外，该理想面的轴线（或中心平面）必须与基准保持图样上给定的几何关系。如图 3-32 所示，被测轴的体外作用尺寸 $d_{fe}$ 是指在被测轴的配合面全长上，与实际被测轴体外相接的最小理想孔 $K$ 的直径，而该理想孔的轴线必须垂直于基准平面 $G$。

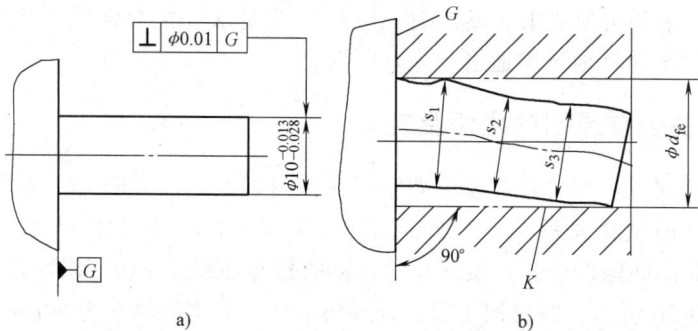

图 3-32　关联要素轴的体外作用尺寸

a）图样标注　b）最小理想孔的轴线垂直于基准平面

体外作用尺寸按下式计算

$$d_{fe} = d_a + f \tag{3-1}$$

$$D_{fe} = D_a - f \tag{3-2}$$

式中　$f$——被测要素的几何误差；

$d_a$ 和 $D_a$——轴和孔的实际尺寸。

（2）最大实体状态和最大实体尺寸　最大实体状态 MMC 是指实际要素的局部尺寸在给定长度上处处位于极限尺寸且使其具有实体最大（即材料量最多）时的状态。实际要素在最大实体状态下的极限尺寸称为最大实体尺寸 MMS。外表面（轴）和内表面（孔）的最大实体尺寸分别用符号 $d_M$ 和 $D_M$ 表示

$$d_M = d_{max} \tag{3-3}$$
$$D_M = D_{min} \tag{3-4}$$

（3）最小实体状态和最小实体尺寸　最小实体状态 LMC 是指实际要素的局部尺寸在给定长度上处处位于极限尺寸且使具有实体最小（即材料量最少）时的状态。实际要素在最小实体状态下的极限尺寸称为最小实体尺寸 LMS。外表面（轴）和内表面（孔）的最小实体尺寸分别用符号 $d_L$ 和 $D_L$ 表示

$$d_L = d_{min} \tag{3-5}$$
$$D_L = D_{max} \tag{3-6}$$

（4）最大实体实效状态和最大实体实效尺寸　考虑到轴或孔的导出要素的形状公差或方向、位置公差，还有最大实体实效状态。

最大实体实效状态 MMVC 是指实际要素在给定长度上处于最大实体状态（具有最大实体尺寸），且其对应导出要素的几何误差等于图样上标注的几何公差时的综合极限状态（该几何公差的数值加注了符号Ⓜ，如图 3-33 所示）。最大实体实效状态下的体外作用尺寸称为最大实体实效尺寸 MMVS。

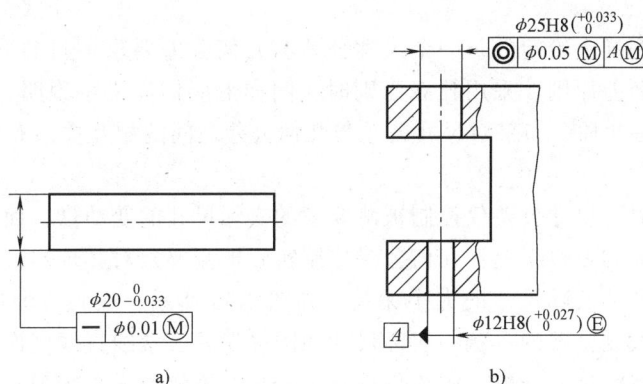

图 3-33　带Ⓜ的几何公差标注示例
a）单一要素　b）关联要素

被测要素的最大实体实效尺寸是最大实体尺寸与标注了符号Ⓜ的几何公差的综合结果。外表面（轴）和内表面（孔）的最大实体实效尺寸分别用符号 $d_{MV}$ 和 $D_{MV}$ 表示，按下列公式计算

$$d_{MV} = d_M + t\text{Ⓜ} \tag{3-7}$$
$$D_{MV} = D_M - t\text{Ⓜ} \tag{3-8}$$

（5）边界　边界是由设计给定的具有理想形状的极限包容面（极限圆柱面或两平行平面）。边界用来控制被测要素的实际尺寸和几何误差的综合结果。单一要素的边界没有方位的约束，而关联要素的边界应与基准保持图样上给定的几何关系。边界的直径或宽度称为边界尺寸。外表面（轴）的边界相当于一个具有理想形状的内表面（孔），轴的边界尺寸用符号 $BS_s$ 表示；内表面（孔）的边界相当于一个具有理想形状的外表面（轴），孔的边界尺寸

用符号 $BS_h$ 表示。被测轴和被测孔的边界分别用环规和塞规模拟体现，如图 3-34 所示。

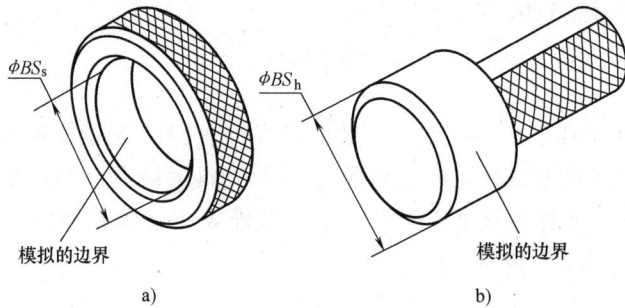

图 3-34　边界的模拟

a）环规　b）塞规

最大实体边界 MMB 是指最大实体状态的理想形状的极限包容面，边界尺寸为最大实体尺寸。最大实体实效边界 MMVB 是指最大实体实效状态对应的极限包容面，边界尺寸为最大实体实效尺寸。根据设计要求，可以给出不同的边界。当要求某要素遵守特定的边界时，该要素的实际轮廓不得超出这特定的边界。

### 3.5.2　独立原则

独立原则是指图样上给定的每一个尺寸公差与几何公差要求各自独立，分别满足各自要求的公差原则。采用独立原则时，图样上应标注文字说明：公差原则按 GB/T 4249—2018。如果对尺寸公差与几何公差之间的相互关系有特定要求，应在图样上规定。

采用独立原则时，尺寸公差仅控制被测要素的实际尺寸的变动量，而不控制该要素本身的形状误差或要素间的方位误差；几何公差控制实际被测要素对其理想形状、方向或位置的变动量，而与该要素的实际尺寸的大小无关。如图 3-35 所示，按独立原则注出尺寸公差和圆度公差、素线直线度公差的示例，实际尺寸和圆度误差、素线直线度误差都合格，该零件才合格，其中只要有一项不合格，则该零件就不合格。被测要素采用独立原则时，其实际尺寸用两点法测量，其几何误差使用普通计量器具来测量。

独立原则是产品设计中处理尺寸公差和几何公差关系的主要原则和基本原则，可以应用于各种功能要求。

（1）尺寸公差与几何公差需要分别满足要求的要素例如，印刷机或印染机的滚筒（图 3-36a）圆柱度精度要求较严，而滚筒尺寸（直径 $d$）精度要求较松。在这种情况下，应该采用独立原则，规定严格的圆柱度公差 $t$ 和较大的尺寸公差，以获得最佳的技术经济效益。再如，通油孔（图 3-36b）为了保证通油量，其尺寸（直径）精度较

图 3-35　按独立原则标注公差示例

严，而该孔的轴线弯曲并不影响油的流量，采用独立原则，规定较严格的尺寸公差和较松的轴线直线度公差是经济合理的。

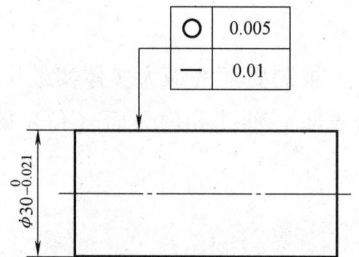

（2）除配合要求外，还有极高几何精度要求的要素　例如，汽车空气压缩机连杆的小头孔（图 3-37），为了保证它与活塞销之间接触均匀，要求该孔圆柱度公差 0.003mm。若用

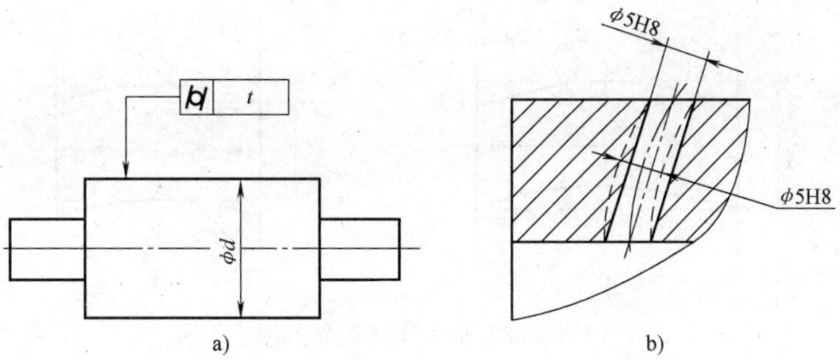

图 3-36 独立原则的应用示例
a）滚筒 b）通油孔

尺寸公差控制只允许这样小的形状误差，将造成尺寸加工极为困难。如果采用不完全互换中的分组装配法，给将该孔的尺寸公差放大至 0.015mm。这样，该孔的尺寸公差相对较大，而圆柱度公差则相对较小，该孔的尺寸公差和圆柱度公差按独立原则给出，就经济合理了。

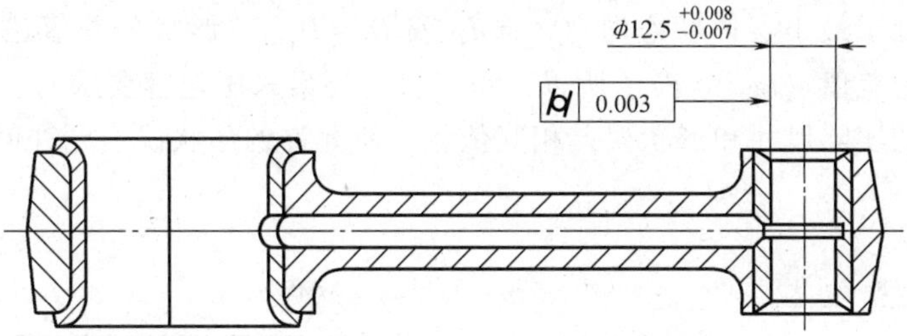

图 3-37 连杆

（3）未注尺寸公差的要素 未注尺寸公差的要素一般没有配合性质等特殊要求，它们的尺寸公差与几何公差的关系应采用独立原则。

### 3.5.3 包容要求

包容要求适用于单一尺寸要素（如圆柱面、对应的两平行平面）。包容要求表示该被测要素的实际轮廓不得超越其最大实体边界，并且实际尺寸不得超出最小实体尺寸。图 3-38 所示为轴和孔的最大实体边界示例，当轴或孔遵守包容要求时，其实际轮廓 $S$（实际尺寸和形状误差的综合结果）应控制在最大实体边界范围内，且其实际尺寸 $d_a$ 或 $D_a$ 应不超出最小实体尺寸。

采用包容要求的尺寸要素应在其尺寸极限偏差或公差带代号之后加注符号Ⓔ，如图 3-39a所示。

采用了包容要求的要素，应满足下列要求：

对于轴：$d_{fe} \leqslant d_M$ 且 $d_a \geqslant d_L$。

对于孔：$D_{fe} \geqslant D_M$ 且 $D_a \leqslant D_L$。

根据包容要求的合格条件，结合式（3-1）和式（3-2）得

对于轴：$f_{形状} \leqslant d_M - d_a$ 且 $d_L \leqslant d_a \leqslant d_M$。

对于孔：$f_{形状} \leqslant D_a - D_M$ 且 $D_M \leqslant D_a \leqslant D_L$。 (3-9)

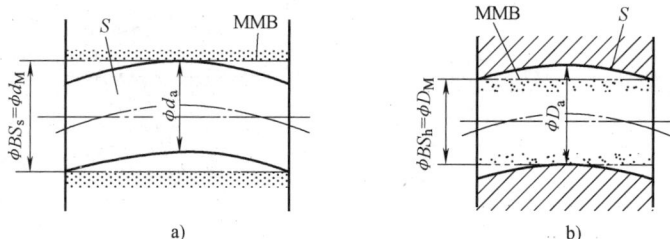

图 3-38　最大实体边界示例

a）轴　b）孔

因为形状误差是由形状公差控制的，所以有：

对于轴：$t_{形状} = d_M - d_a$ 且 $d_L \leqslant d_a \leqslant d_M$。

对于孔：$t_{形状} = D_a - D_M$ 且 $D_M \leqslant D_a \leqslant D_L$。 　　　　　　（3-10）

由式（3-10）可知，当轴或孔处于最大实体状态时（$d_a = d_M$ 或 $D_a = D_M$），$t_{形状} = 0$，即不允许存在形状误差（$f_{形状} = 0$）；当实际尺寸偏离最大实体尺寸时，形状公差就等于这个偏离量；当轴或孔处于最小实体状态时（$d_a = d_L$ 或 $D_a = D_L$），形状公差值达到了最大的偏离量，也就是尺寸公差值（$t_{形状} = T$）。所以，单一尺寸要素采用包容要求时，在最大实体边界范围内，该要素的实际尺寸和形状误差相互依赖，所允许的形状误差允许值取决于实际尺寸的大小。

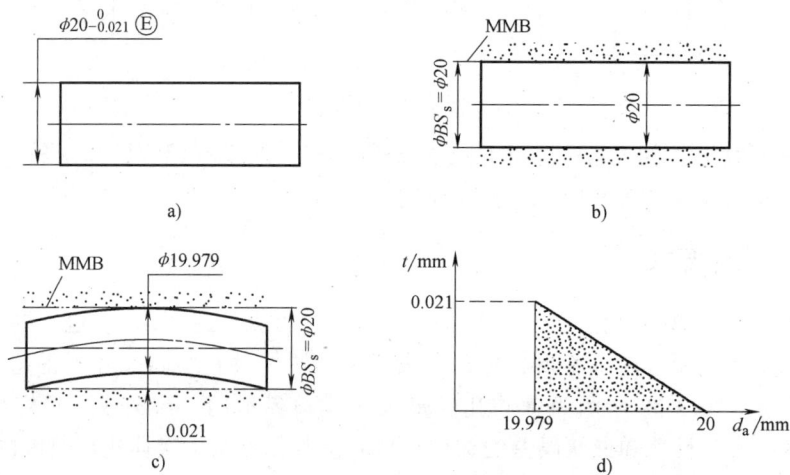

图 3-39　包容要求的解释

a）图样标注　b）轴处于最大实体状态　c）轴处于最小实体状态　d）动态公差图

如图 3-39a 的图样标注所示，单一尺寸要素轴的实际轮廓不得超过边界尺寸 $BS_s$ 为 20mm 的最大实体边界，即轴的体外作用尺寸应不大于 20mm 的最大实体尺寸，且轴的实际尺寸应不小于 19.979mm 的最小实体尺寸。当轴处于最大实体状态时，不允许存在形状误差（图 3-39b）；当轴处于最小实体状态时，其轴线直线度误差允许值可达到 0.021mm（如图 3-39c 所示，设轴横截面形状正确）。如果只考虑轴的直线度误差，根据式（3-9）和式（3-10），可以绘出直线度公差 $t$ 随实际尺寸 $d_a$ 变化的动态公差图（图 3-39d）。其中阴影部分表

示实际尺寸 $d_a$ 和相应直线度误差 $f$ 的合格区域，对应式（3-9）；实线段部分表示直线度公差 $t$ 随实际尺寸 $d_a$ 的变化曲线，对应式（3-10）。

包容要求常用于保证孔与轴的配合性质，特别是配合公差较小的精密配合要求，用最大实体边界保证所需要的最小间隙或最大过盈，防止配合过紧。例如，$\phi20H7$（$^{+0.021}_{0}$）Ⓔ孔与 $\phi20h6$（$^{0}_{-0.013}$）Ⓔ轴的间隙配合中，所需要最小间隙为零的间隙配合性质是通过孔和轴各自遵守最大实体边界来保证的，不会因为孔和轴的形状误差而产生过盈。

按包容要求标注的单一尺寸要素，所允许的几何公差最大能达到尺寸公差。若对该要素的形状精度有更高的要求，还可以进一步给出形状公差要求，但给出的形状公差值必须小于给出的尺寸公差值。如图 3-40 所示的与滚动轴承内圈配合的轴颈，按包容要求给出了尺寸公差，同时又给出了限制性的圆柱度公差要求。

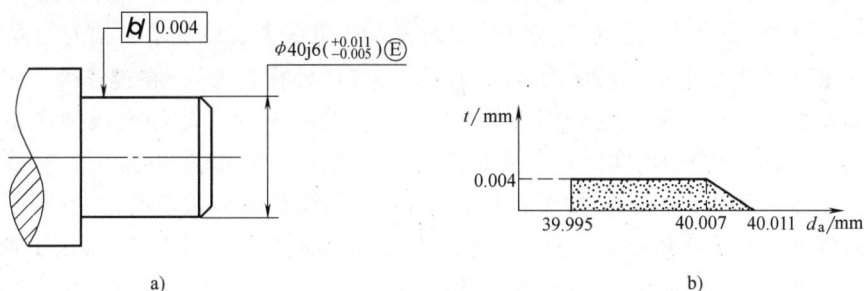

图 3-40　采用包容要求并限制最大形状误差值的示例

a）图样标注　b）动态公差图

单一尺寸要素采用包容要求时，应该用光滑极限量规的通规模拟最大实体边界，来检验该要素的实际轮廓是否在最大实体边界范围内；止规则体现两点法测量，判断该要素的实际尺寸是否超出最小实体尺寸。

### 3.5.4　最大实体要求

最大实体要求适用于导出要素。最大实体要求是指要求被测要素的实际轮廓（实际尺寸和几何误差的综合结果）不得超出最大实体实效边界，并且该要素的实际尺寸不得超出最大、最小实体尺寸范围。

最大实体要求既可用于被测导出要素，又可用于基准导出要素。

（1）最大实体要求应用于被测要素　最大实体要求应用于被测要素时，在零件图样上的标注是在几何公差框格内的几何公差值后面加注Ⓜ，如图 3-41a 和图 3-42a 所示。

最大实体要求应用于被测要素的应满足下列要求：

对于轴：$d_{fe} \leqslant d_{MV}$ 且 $d_L \leqslant d_a \leqslant d_M$。

对于孔：$D_{fe} \geqslant D_{MV}$ 且 $D_M \leqslant D_a \leqslant D_L$。

下面对几种最大实体要求应用于被测要素的图样，做进一步解释如下：

根据最大实体要求的合格条件，结合式（3-7）和式（3-8），得

对于轴：$f_{几何} \leqslant d_M - d_a + t_Ⓜ$ 且 $d_L \leqslant d_a \leqslant d_M$。

对于孔：$f_{几何} \leqslant D_a - D_M + t_Ⓜ$ 且 $D_M \leqslant D_a \leqslant D_L$。

$$(3-11)$$

因为几何误差是由几何公差控制的，所以有：

对于轴：$t_{几何} = d_M - d_a + t_{\textcircled{M}}$ 且 $d_L \leq d_a \leq d_M$。

对于孔：$t_{几何} = D_a - D_M + t_{\textcircled{M}}$ 且 $D_M \leq D_a \leq D_L$。 (3-12)

由式（3-12）可知，当轴或孔处于最大实体状态时（$d_a = d_M$ 或 $D_a = D_M$），几何公差值就等于几何公差框格中给出的带$\textcircled{M}$的几何公差值（$t_{几何} = t_{\textcircled{M}}$）；当实际尺寸偏离最大实体尺寸时，几何公差值就等于这个偏离量加上带$\textcircled{M}$的几何公差值（偏离量补偿给几何公差值）；当轴或孔处于最小实体状态时（$d_a = d_L$ 或 $D_a = D_L$），尺寸公差全部补偿给几何公差，也就是 $t_{几何} = T + t_{\textcircled{M}}$。所以，最大实体要求应用于被测要素时，在最大实体实效边界范围内，该要素的实际尺寸和几何误差相互依赖，所允许的几何误差值取决于实际尺寸的大小。

图 3-41 所示为最大实体要求应用于单一尺寸要素的示例。单一要素的最大实体实效边界没有基准，可以随要素的实际轮廓方向和位置而浮动。图 3-41a 所示的图样标注表示 $\phi20_{-0.021}^{0}$ mm 轴的轴线直线度公差与尺寸公差的关系采用最大实体要求。轴的边界尺寸 $BS_s$，即轴的最大实体实效尺寸 $d_{MV} = 20.01$ mm ［按式（3-7）计算获得］。在遵守最大实体实效边界的条件下，当轴的实际尺寸处处都为最大实体尺寸 20mm 时，轴线直线度误差允许值为 0.01mm（图 3-41b）；当轴的实际尺寸处处都为最小实体尺寸 19.979mm 时，轴线直线度误差允许值可以增大到 0.031mm（如图 3-41c 所示，设轴横截面形状正确），它等于图样上标注的轴线直线度公差值 0.01mm 与轴尺寸公差值 0.021mm 之和。图 3-41d 给出了轴线直线度误差允许值 $t$ 随轴的实际尺寸 $d_a$ 变化的规律的动态公差图。其中阴影部分表示实际尺寸 $d_a$ 和相应直线度误差 $f$ 的合格区域，对应式（3-11）；实线段部分表示直线度公差 $t$ 随实际尺寸 $d_a$ 的变化曲线，对应式（3-12）。

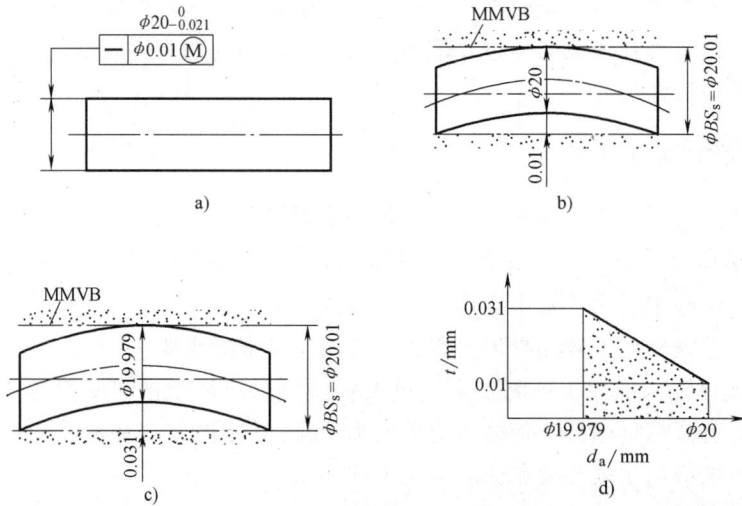

图 3-41　最大实体要求应用于单一尺寸要素的示例及其解释
a）图样标注　b）轴处于最大实体状态　c）轴处于最小实体状态　d）动态公差图

图 3-42 为最大实体要求应用于关联尺寸要素的示例。关联要素的最大实体实效边界应与基准保持图样上给定的几何关系，如图 3-42b 所示的最大实体实效边界应垂直于基准平面 $A$。图 3-42a 的图样标注表示 $\phi50_{0}^{+0.13}$ mm 孔的轴线对基准平面 $A$ 的垂直度公差与尺寸公差的

关系采用最大实体要求。孔的边界尺寸 $BS_h$，即孔的最大实体实效尺寸 $D_{MV}=49.92mm$ [按式（3-8）计算获得]。在遵守最大实体实效边界的条件下，当孔的实际尺寸处处都为最大实体尺寸 50mm 时，轴线垂直度误差允许值为 0.08mm（图 3-42b）；当孔的实际尺寸处处都为最小实体尺寸 50.13mm 时，轴线垂直度误差允许值可以增大到 0.21mm（图 3-42c），它等于图样上标注的轴线垂直度公差值 0.08mm 与孔尺寸公差值 0.13mm 之和。图 3-42d 给出了轴线垂直度误差允许值 $t$ 随孔实际尺寸 $D_a$ 变化的规律的动态公差图。其中阴影部分表示实际尺寸 $D_a$ 和相应轴线垂直度误差 $f$ 的合格区域，对应式（3-11）；实线段部分表示轴线垂直度公差 $t$ 随实际尺寸 $D_a$ 的变化曲线，对应式（3-12）。

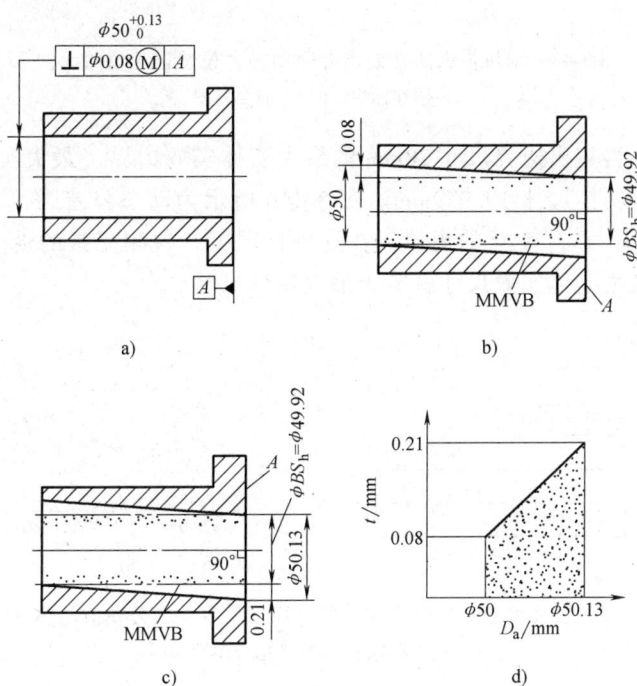

图 3-42　最大实体要求应用于关联尺寸要素的示例及其解释

a）图样标注　b）孔处于最大实体状态　c）孔处于最小实体状态　d）动态公差图

对被测要素采用最大实体要求，若尺寸公差值补偿给几何公差值过多，导致几何误差过大而影响几何精度的功能要求，则可以增加对最大几何误差值的限制。如图 3-43a 所示，上公差框格按最大实体要求标注，50mm 孔的轴线垂直度公差值 0.08Ⓜmm；下公差框格规定孔的轴线垂直度误差允许值应不大于 0.12mm。因此，无论孔的实际尺寸偏离其最大实体尺寸到什么程度，其轴线垂直度误差值也不得大于 0.12mm。图 3-43b 所示为轴线垂直度误差允许值 $t$ 随孔的实际尺寸 $D_a$ 变化的规律的动态公差图。

（2）零几何公差的最大实体要求应用于被测要素　图 3-44a、图 3-45a 所示图例，是最大实体要求应用于被测要素的特例，在几何公差框格中的几何公差值用 "0Ⓜ" 或 "$\phi$0Ⓜ" 的形式注出。下面对单一尺寸要素和关联尺寸要素的要求，用两个示例加以说明。

图 3-44a，对轴线给出了零直线度公差 "$\phi$0Ⓜ"，为单一尺寸要素的零几何公差的最大实体要求。这时标注的 "$\phi$0Ⓜ" 与包容要求的标注 "$\phi20_{-0.021}^{\quad 0}$ mmⒺ" 意义相同：单一尺寸

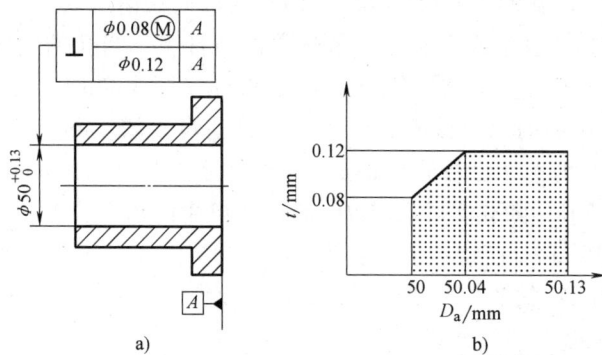

图 3-43　采用最大实体要求并限制最大位置误差值的示例

a）图样标注　b）动态公差图

要素轴的实际轮廓不得超出边界尺寸 20mm 的最大实体实效边界（最大实体边界）；轴的实际尺寸应不小于最小实体尺寸 19.979mm。图 3-44b 所示为动态公差图，表示轴线直线度误差允许值 $t$ 随轴实际尺寸 $d_a$ 变化的规律。在这种情况下，被测要素的最大实体实效边界就是最大实体边界，最大实体实效尺寸就等于最大实体尺寸。

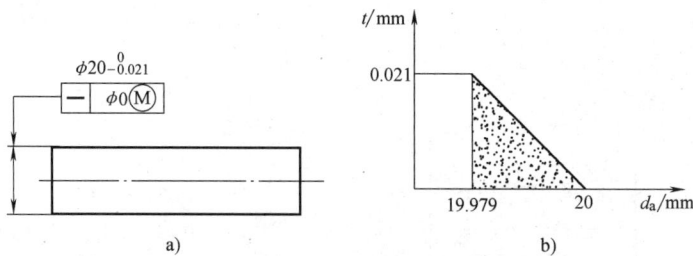

图 3-44　单一尺寸要素采用最大实体要求而标注零几何公差值示例及其解释

a）图样标注　b）动态公差图

如图 3-45a 所示，对轴线给出了零垂直度公差 "$\phi 0 \text{ⓜ}$"，为关联尺寸要素的零几何公差的最大实体要求。该图样标注表示：关联尺寸要素孔的实际轮廓不得超出边界尺寸 50mm 的最大实体实效边界；孔的实际尺寸应不大于 50.13mm 的最小实体尺寸。图 3-45b 为动态公差图，表示孔轴线垂直度误差允许值 $t$ 随孔实际尺寸 $D_a$ 变化的规律。在这种情况下，被测

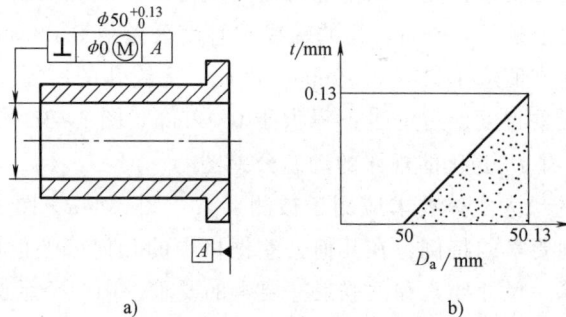

图 3-45　关联尺寸联要素采用最大实体要求而标注零几何公差值示例及其解释

a）图样标注　b）动态公差图

要素的最大实体实效尺寸就等于最大实体尺寸，但最大实体实效边界应垂直于基准平面 *A*，这与最大实体边界是有区别的。

（3）最大实体要求应用于基准　最大实体要求应用于基准时，应把符号Ⓜ标注在被测要素的几何公差框格中的基准字母之后，如图 3-46 所示，表示被测要素的方向、位置公差与基准的尺寸公差相关。最大实体要求适用于基准为导出要素。

最大实体要求应用于基准的含义包括如下几个方面：

1）基准要素的实际轮廓受相应的边界控制。当基准注有几何公差，且几何公差值后面标注符号Ⓜ时（图 3-46a），基准要素的边界为最大实体实效边界，边界尺寸为最大实体实效尺寸。在这种情况下，基准符号应标注在形成该最大实体实效边界的几何公差框格的下方。

当基准没有标注几何公差（图 3-46b），或者注有几何公差，但其后没有符号Ⓜ时，基准要素的边界为最大实体边界，边界尺寸为最大实体尺寸。

2）在一定的条件下，允许基准的尺寸公差补偿被测要素的方向、位置公差。基准要素实际轮廓处于遵守的边界的范围内，当基准要素的体外作用尺寸等于边界的尺寸时，该基准要素不能浮动；当基准要素的体外作用尺寸偏离边界的尺寸时，允许该基准要素在这边界范围内浮动，浮动量的大小等于体外作用尺寸与边界尺寸两者的差值；当基准要素的体外作用尺寸等于其最小实体尺寸时，浮动量可达到其尺寸公差值。基准要素的浮动，实质上就是允许基准的尺寸公差补偿被测要素的方向、位置公差，前提是基准要素和被测要素的实际轮廓都不得超出各自应遵守的边界，并且基准要素的实际尺寸应在其最大、最小实体尺寸（极限尺寸）范围内。

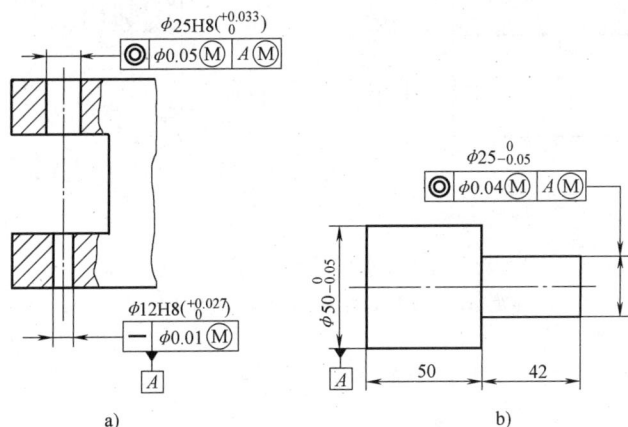

图 3-46　基准要素的边界示例

a）基准要素的边界为最大实体实效边界　b）基准要素的边界为最大实体边界

（4）可逆要求用于最大实体要求　可逆要求是最大实体要求的附加要求。可逆要求是指在不影响零件功能的前提下，当被测轴线、被测中心平面等被测导出要素的几何误差值小于图样上标注的几何公差值时，允许对应被测尺寸要素的尺寸公差值大于图样上标注的尺寸公差值。可逆要求用于最大实体要求时，应在被测要素几何公差框格中的公差值后面加注双重符号ⓂⓇ（图 3-47a）。

可逆要求用于最大实体要求时，在被测要素的实际轮廓不超出其最大实体实效边界的条件下，允许被测要素的尺寸公差补偿其几何公差，反过来也允许被测要素的几何公差补偿其尺寸公差。当被测要素的几何误差值等于图样上标注的几何公差值时，被测要素的实际尺寸不允许超出其最大实体尺寸（图 3-47b）；当被测要素的几何误差值小于图样上标注的几何公差值，允许被测要素的实际尺寸超出其最大实体尺寸，最大超出量等于标注的几何公差与实际几何误差的差值；当被测要素的几何误差值等于 0 时，被测要素的实际尺寸允许等于其最大实体实效尺寸（图 3-47c）。图 3-47d 给出的实例中，表达上述关系的几何误差允许值的动态公差图。

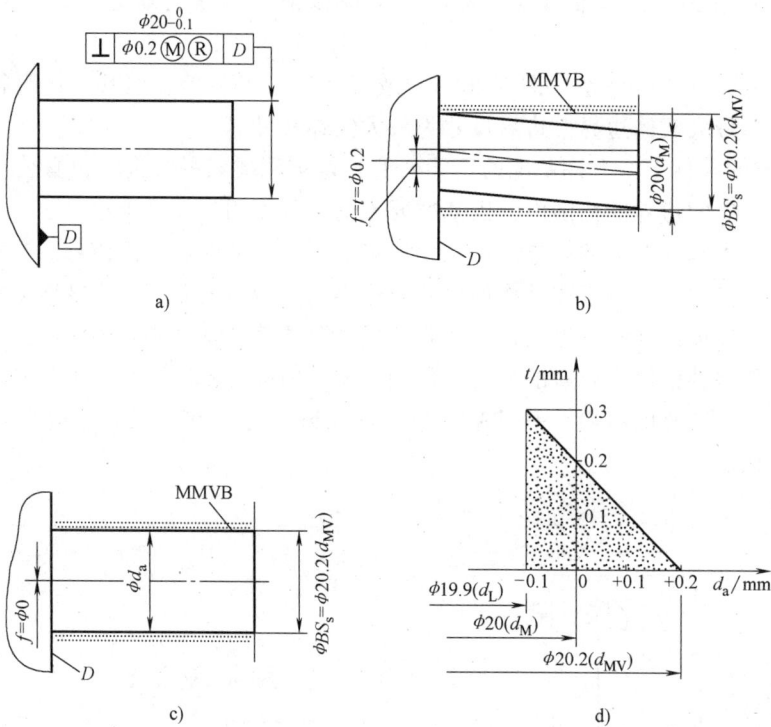

图 3-47　可逆要求用于最大实体要求的示例
a）图样标注　b）轴处于最大实体状态　c）轴线垂直度误差为零　d）动态公差图

可逆要求用于最大实体要求时，应满足下列要求：

对于轴：$d_{fe} \leqslant d_{MV}$ 且 $d_L \leqslant d_a \leqslant d_{MV}$。

对于孔：$D_{fe} \geqslant D_{MV}$ 且 $D_{MV} \leqslant D_a \leqslant D_L$。

（5）最大实体要求的主要应用范围及检验　最大实体要求通常应用于保证装配互换性的场合。例如，用螺栓或螺钉连接的圆盘零件上圆周布置的通孔，其孔组轴线的位置度公差广泛采用最大实体要求，可以充分利用图样上给出的通孔尺寸公差来补偿其位置度公差，获得最佳的技术经济效益。

最大实体要求应用于被测要素时，应该使用功能量规的检验部分模拟体现被测要素的最大实体实效边界，来检验被测要素的实际轮廓；其实际尺寸采用两点法测量，来确定其是否超出极限尺寸。

### 3.5.5 最小实体要求

(1) 有关最小实体要求的术语及定义

1) 体内作用尺寸。外表面 (轴) 的体内作用尺寸 $d_{fi}$ 是指在被测要素的给定长度上，与实际外表面体内相接的最大理想面的直径或宽度 (图 3-48a)。内表面 (孔) 的体内作用尺寸 $D_{fi}$ 是指在被测要素的给定长度上，与实际内表面体内相接的最小理想面的直径或宽度 (图 3-48b)。对于关联尺寸要素，该理想面的轴线或中心平面必须与基准保持图样上给定的几何关系。

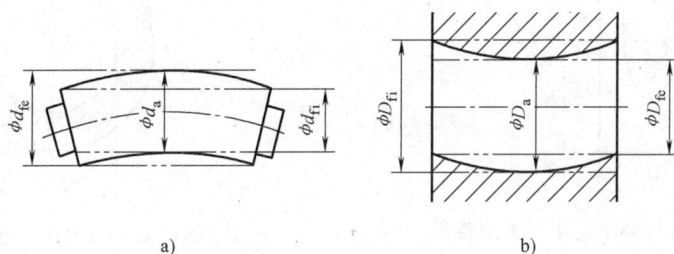

图 3-48 单一尺寸要素的体外、体内作用尺寸

a) 轴的体外、体内作用尺寸  b) 孔的体外、体内作用尺寸

2) 最小实体实效状态和最小实体实效尺寸。最小实体实效状态 LMVC 是指实际要素在给定长度上处于最小实体状态，且对应导出要素的几何误差等于图样上标注的几何公差 (该几何公差的数值后面加注了符号Ⓛ) 时的综合极限状态。最小实体实效尺寸 LMVS 是指尺寸要素的最小实体尺寸与其导出要素的几何公差 (形状、方向或位置) 共同作用产生的尺寸，即最小实体实效状态下的体内作用尺寸。外表面 (轴) 和内表面 (孔) 的最小实体实效尺寸分别用符号 $d_{LV}$ 和 $D_{LV}$ 表示。按下列公式计算

$$d_{LV} = d_L - tⓁ \tag{3-13}$$
$$D_{LV} = D_L + tⓁ \tag{3-14}$$

3) 最小实体边界和最小实体实效边界。最小实体边界 LMB 是指边界尺寸为最小实体尺寸的边界。最小实体实效边界 LMVB 是指边界尺寸为最小实体实效尺寸的边界。关联尺寸要素的最小实体实效边界应与基准保持图样上给定的几何关系。

(2) 最小实体要求应用于被测要素和基准的含义 最小实体要求 LMR 适用于导出要素，是指用最小实体实效边界 LMVB 来控制被测要素的实际轮廓，且实际尺寸位于最大、最小实体尺寸 (极限尺寸) 范围内。

1) 最小实体要求应用于被测要素。最小实体要求应用于被测要素时，应在被测要素几何公差框格中公差值后面标注符号Ⓛ，如图 3-49 所示。这表示图样上标注的几何公差值是被测要素处于最小实体状态下给出的公差值，在被测要素的实际轮廓不超出其最小实体实效边界的条件下，允许被测要素的尺寸公差补偿其几何公差，并且该要素的实际尺寸应在其最大、最小实体尺寸 (极限尺寸) 范围内。最小实体要求应用于被测要素应满足下列要求

对于轴：$d_{fi} \geqslant d_{LV}$ 且 $d_L \leqslant d_a \leqslant d_M$。

对于孔：$D_{fi} \leqslant D_{LV}$ 且 $D_M \leqslant D_a \leqslant D_L$。

2) 最小实体要求应用于基准。最小实体要求应用于基准时，用符号Ⓛ标注在被测要素

的几何公差框格中的基准字母之后（图 3-50）。这表示在基准要素遵守的最小实体边界的范围内，当基准要素的体内作用尺寸偏离这边界的尺寸时，允许基准的尺寸公差补偿被测要素的方向、位置公差，前提是基准要素和被测要素的实际轮廓都不得超出各自应遵守的边界，并且基准要素的实际尺寸应在其最大、最小实体尺寸（极限尺寸）范围内。

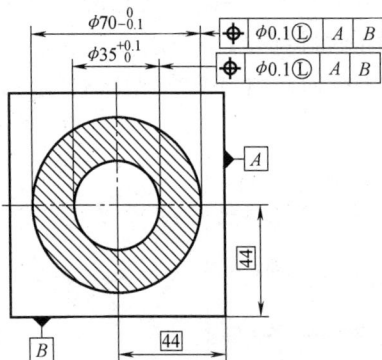

图 3-49 最小实体要求应用于被测要素

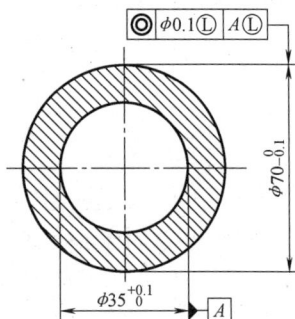

图 3-50 最小实体要求应用基准的标注示例

（3）可逆要求用于最小实体要求 可逆要求是最小实体要求的附加要求。图样上标注时，应在被测要素几何公差框格中的公差值后面标注双重符号ⓁⓇ（图 3-51）。这表示在被测要素的实际轮廓不超出其最小实体实效边界的条件下，允许被测要素的尺寸公差补偿其几何公差，也允许被测要素的几何公差补偿其尺寸公差。可逆要求用于最小实体要求时，应满足下列要求：

对于轴：$d_{fi} \geq d_{LV}$ 且 $d_{fi} \leq d_a \leq d_M$。

对于孔：$D_{fi} \leq D_{LV}$ 且 $D_M \leq D_a \leq D_{fi}$。

（4）最小实体要求的应用与检测 最小实体要求主要用于保证最小壁厚处的导出要素，如孔心的圆柱凸台、带孔的小垫圈等。通过控制被测要素不得超越最小实体实效边界，来保证最小壁厚尺寸。

最小实体要求的检验，理论上需要用最小实体实效边界从被测要素的体内来包容被测要素的实际轮廓，检

图 3-51 可逆要求用于最小实体要求

验实际轮廓是否超越边界，而模拟体现最小实体实效边界的量规不可能进入被测要素的体内，所以目前没有检验用的量规。对于采用最小实体要求的要素，其几何误差使用普通计量器具来测量，其实际尺寸则用两点法测量。

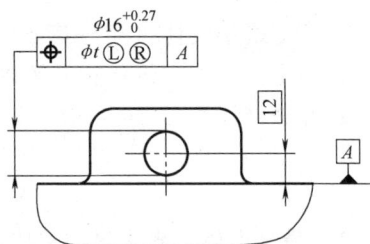

## 3.6 几何精度设计

零件的几何精度对产品的工作性能和寿命有很大的影响，而且还关系着零件加工的难易程度、生产效率和经济效益，正确合理地设计几何精度，对保证产品的功能要求以及提高技术经济效益十分重要。一般来说，对零件上几何精度有特殊要求的要素，应在图样上注出几何公差。对几何精度没有特殊要求的要素则占大多数，由于采用一般加工工艺就能够满足，在图样上不必注出它们的几何公差，而采用公差值较大的未注几何公差控制即可，以简化图

样标注用。

几何精度的设计一般包括下列内容：几何特征项目的选择、基准的选择、公差原则的选择和几何公差值的选择。

### 3.6.1　几何特征项目的选择

几何特征项目的选择主要从被测要素的几何形状、功能要求、检测的方便性和几何特征本身的特点等几方面来考虑。

1）考虑被测要素的几何形状。例如，零件要素为点，则可以选择同心度或位置度等公差；零件要素为轴线，则可选择直线度、平行度、垂直度、倾斜度、位置度、同轴度等公差；零件要素为圆柱面，则可选择圆度、圆柱度、直线度、相对素线间平行度和跳动等公差；零件要素为平面，则可选择平面度、素线直线度、平行度、位置度等公差。

2）考虑被测要素的功能要求。例如，减速器齿轮轴的两个支承轴颈，它们是齿轮轴在减速器箱体上的安装基准，功能上要求它们同轴线，考虑到两个轴颈长度较小、相距跨度较大，可以规定它们分别对其公共轴线的同轴度公差或径向圆跳动公差；另外，这两个轴颈与轴承内圈相配合，考虑配合的均匀性，可以再规定圆柱度公差。再如，轴承盖在装配时，为了保证其上所有螺钉的可装配性，需规定螺孔轴线的位置度公差。

3）考虑零件检测的方便性。在满足功能要求的前提下，应该结合现有的检测条件，考虑检测的可能性和经济性，选用检测简便的几何特征项目。有些几何公差虽然概念不同，但却有密切的联系，有些是单项公差、有些是综合公差，在一定的条件下，也可以相互替代应用。例如，在圆度精度比较高的情况下，可以用径向圆跳动公差代替同轴度公差；对于轴类零件，可以用径向全跳动或径向圆跳动同时控制同轴度、圆柱度或圆度误差；可以用圆度公差、直线度公差、相对素线之间的平行度公差，这三项来代替圆柱度公差。

### 3.6.2　基准的选择

在确定被测要素的方向、位置公差的同时，必须确定基准。根据需要，可以采用单一基准、公共基准或三基面体系。基准的选择主要根据零件在机器上的安装位置、作用、结构特点以及加工和检测要求等。基准通常应具有较高的形状精度，它的长度较大、面积较大、刚度较大。通常基准选择可从以下几方面来考虑。

从功能方面考虑，基准应该是零件在机器上的安装基准或工作基准。如主要配合面、支承表面、导向表面和安装定位面等。例如，轴类零件常以两个支承轴颈的公共轴线为回转轴线，应选其为基准。

从加工工艺方面考虑，一般选择零件加工时在夹具中定位要素作为基准。例如，轴类零件通常将轴两端的中心孔作为定位基准，箱体类零件在加工常选长度较长、面积较大、刚度较好的平面作为定位基准，可以选择这些定位要素作为基准。

从检测方面考虑，应选择在计量器具中定位要素作为基准。

另外，由两个或两个以上的基准构成基准体系时，要考虑各基准对零件使用要求影响的程度，确定基准的顺序。基准的顺序要能满足装配要求。例如，在图 3-52a 中，要求控制 10mm 轴线对基准 $A$ 和 $D$ 的位置度。如果装配时要求端面 $A$ 贴合紧密，且允许基准轴 $D$ 在孔中歪斜，则应以 $A$ 为第一基准（图 3-52b）；如果装配时要求基准轴 $D$ 与孔配合良好，端面 $A$ 可以局部接触，则应以 $D$ 为第一基准（图 3-52c）。

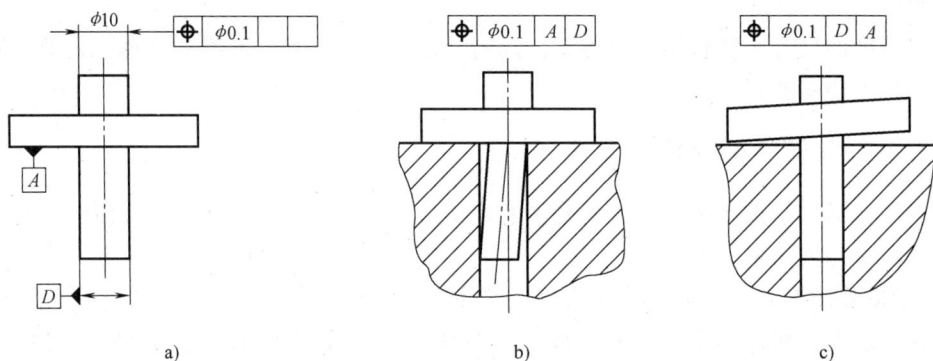

图 3-52　基准顺序的选择

a) 未定基准的先后　b) 先 A 后 D　c) 先 D 后 A

## 3.6.3　公差原则的选择

公差原则主要根据被测要素的功能要求、零件尺寸大小和检测的方便性来选择，并应考虑充分利用给出的尺寸公差带，还应考虑用被测要素的几何公差补偿其尺寸公差的可能性。按独立原则给出的几何公差值是固定的，而按相关要求给出的几何公差是可变的，在遵守给定边界的条件下，允许几何公差值增大。有时独立原则、包容要求和最大实体要求都能满足某种同一功能要求，但在选用它们时应注意到它们的经济性和合理性。例如，在需要保证配合的均匀性的场合，独立原则能直接控制几何误差，采用独立原则比采用包容要求更合理。对于保证最小壁厚不小于某个极限值和表面至理想中心的最大距离不大于某个极限值等功能要求，应该选用最小实体要求来满足。

表 3-8 列出了几种常用公差原则的应用场合和示例，供选择时参考。

表 3-8　常用公差原则选择参考表

| 公差原则 | 应用场合 | 应用示例 |
| --- | --- | --- |
| 独立原则 | 尺寸精度与几何精度需要分别满足要求 | 齿轮箱体孔的尺寸精度与两孔轴线的平行度；连杆活塞销孔的尺寸精度与圆柱度；滚动轴承内、外圈滚道的尺寸精度与形状精度 |
| | 尺寸精度与几何精度要求相差较大 | 对滚筒类零件尺寸精度的要求很低，对几何精度的要求较高；对平板的形状精度要求很高，对尺寸精度无要求；对冲模架的下模座尺寸精度无要求，而对上、下平面的平行度要求较高；对通油孔的尺寸精度有一定要求，对形状精度无要求 |
| | 尺寸精度与几何精度无联系 | 滚子链条的套筒或滚子内、外圆柱面的轴线同轴度与尺寸精度无联系；齿轮箱体孔的尺寸精度与孔轴线间的位置精度无联系；发动机连杆上孔的尺寸精度与孔轴线间的位置精度无联系 |
| | 保证运动精度 | 对导轨的形状精度要求严格，对尺寸精度的要求次要 |
| | 保证密封性 | 对气缸套的形状精度要求严格，对尺寸精度的要求次要 |
| | 未注公差 | 凡未注尺寸公差与未注几何公差的都采用独立原则，例如退刀槽、倒角、圆角等非功能要素 |

（续）

| 公差原则 | 应用场合 | 应用示例 |
|---|---|---|
| 包容要求 | 保证孔轴配合性质 | $\phi25H7$Ⓔ孔与$\phi25h6$Ⓔ轴的配合，可以保证配合的最小间隙等于零 |
| | 尺寸公差与几何公差间无严格比例关系要求 | 一般的孔与轴相配合，只要求体外作用尺寸（拟合尺寸）不超越最大实体尺寸，局部尺寸不超越最小实体尺寸 |
| 最大实体要求 | 被测导出（中心）要素 | 保证自由装配，如轴承盖上用于穿过螺钉的通孔，法兰盘上用于穿过螺栓的通孔 |
| | 基准导出（中心）要素 | 基准轴线或中心平面相对于理想边界的中心允许偏离时选用最大实体要求，如同轴度的基准轴线 |
| | 保证关联作用尺寸不超越最大实体尺寸 | 当关联要素的孔与轴有配合性质要求时，标注 0Ⓜ |

### 3.6.4　几何公差值的选择

几何公差值主要根据被测要素的功能要求和加工经济性等来选择，即在满足使用要求的前提下尽量选取较大的几何公差值。在零件图上，被测要素的几何精度要求有两种表示方法：一种是用几何公差框格单独注出几何公差值；另一种是按国家标准规定，统一给出未注几何公差（在技术要求中用文字说明）。

（1）注出几何公差的确定　几何公差值可以采用计算法或类比法确定。

计算法是指对于某些方向、位置公差值，可以用尺寸链分析计算来确定；对于用螺栓或螺钉连接两个零件或两个以上的零件上孔组的各个孔位置度公差，可以根据螺栓或螺钉与通孔间的最小间隙确定。

类比法是指将所设计的零件与具有同样功能要求且经使用表明效果良好且资料齐全的类似零件进行对比，经分析后确定所设计零件有关要素的几何公差值。

对已有专门标准规定的几何公差，例如与滚动轴承配合的轴颈和箱体孔（外壳孔）的几何公差、矩形花键的位置度公差、对称度公差以及齿轮坯的几何公差和齿轮箱体上两对轴承孔的公共轴线之间的平行度公差等，分别按各自的标准确定。

国家标准对直线度、平面度、圆度、圆柱度、平行度、垂直度、倾斜度、同轴度、对称度、圆跳动和全跳动公差 11 个几何特征分别规定了若干公差等级及对应的公差值（表 3-9 和表 3-10）。这 11 个几何特征中，对圆度和圆柱度的公差等级分别规定了 13 个公差等级，它们分别用阿拉伯数字 0、1、2、…、12 表示，其中 0 级最高，12 级最低。对其余 9 个几何特征的公差等级分别规定了 12 个公差等级，它们分别用阿拉伯数字 1、2、…、12 表示，其中 1 级最高，12 级最低。此外，还规定了位置度公差值数系（表 3-11）。

表 3-12 ~ 表 3-15 列出了直线度、平面度、圆度、圆柱度、平行度、垂直度、倾斜度、轴向跳动、同轴度、对称度、径向跳动公差 11 个几何特征的部分公差等级的应用场合及典型示例，供选择几何公差等级时参考。根据具体情况选定几何公差等级后，其公差数值就可在相应的国家标准表格中进行查取。

（2）未注几何公差的确定　图样上没单独注出几何公差的要素也有几何精度要求，但要求偏低，同一要素的未注几何公差与尺寸公差的关系采用独立原则。

表 3-9　直线度、平面度公差值，方向公差值，同轴度、对称度公差值和跳动公差值

| 直线度、平面度主参数[1]/mm | 公差等级 | | | | | | | | | | | |
|---|---|---|---|---|---|---|---|---|---|---|---|---|
| | 1 | 2 | 3 | 4 | 5 | 6 | 7 | 8 | 9 | 10 | 11 | 12 |
| | 直线度、平面度公差值/μm | | | | | | | | | | | |
| >25~40 | 0.4 | 0.8 | 1.5 | 2.5 | 4 | 6 | 10 | 15 | 25 | 40 | 60 | 120 |
| >40~63 | 0.5 | 1 | 2 | 3 | 5 | 8 | 12 | 20 | 30 | 50 | 80 | 150 |
| >63~100 | 0.6 | 1.2 | 2.5 | 4 | 6 | 10 | 15 | 25 | 40 | 60 | 100 | 200 |
| >100~160 | 0.8 | 1.5 | 3 | 5 | 8 | 12 | 20 | 30 | 50 | 80 | 120 | 250 |
| >160~250 | 1 | 2 | 4 | 6 | 10 | 15 | 25 | 40 | 60 | 100 | 150 | 300 |
| 平行度、垂直度、倾斜度主参数[2]/mm | 平行度、垂直度、倾斜度公差值/μm | | | | | | | | | | | |
| >25~40 | 0.8 | 1.5 | 3 | 6 | 10 | 15 | 25 | 40 | 60 | 100 | 150 | 250 |
| >40~63 | 1 | 2 | 4 | 8 | 12 | 20 | 30 | 50 | 80 | 120 | 200 | 300 |
| >63~100 | 1.2 | 2.5 | 5 | 10 | 15 | 25 | 40 | 60 | 100 | 150 | 250 | 400 |
| >100~160 | 1.5 | 3 | 6 | 12 | 20 | 30 | 50 | 80 | 120 | 200 | 300 | 500 |
| >160~250 | 2 | 4 | 8 | 15 | 25 | 40 | 60 | 100 | 150 | 250 | 400 | 600 |
| 同轴度、对称度、圆跳动、全跳动主参数[3]/mm | 同轴度、对称度、圆跳动、全跳动公差值/μm | | | | | | | | | | | |
| >18~30 | 1 | 1.5 | 2.5 | 4 | 6 | 10 | 15 | 25 | 50 | 100 | 150 | 300 |
| >30~50 | 1.2 | 2 | 3 | 5 | 8 | 12 | 20 | 30 | 60 | 120 | 200 | 400 |
| >50~120 | 1.5 | 2.5 | 4 | 6 | 10 | 15 | 25 | 40 | 80 | 150 | 250 | 500 |
| >120~250 | 2 | 3 | 5 | 8 | 12 | 20 | 30 | 50 | 100 | 200 | 300 | 600 |

① 对于直线度、平面度公差，棱线和回转表面的轴线、素线以其长度的公称尺寸作为主参数，矩形平面以其较长边、圆平面以其直径的公称尺寸作为主参数。

② 对于方向公差，被测要素以其长度或直径的公称尺寸作为主参数。

③ 对于同轴度、对称度公差和跳动公差，被测要素以其直径或宽度的公称尺寸作为主参数。

表 3-10　圆度、圆柱度公差值

| 主参数/mm | 公差等级 | | | | | | | | | | | | |
|---|---|---|---|---|---|---|---|---|---|---|---|---|---|
| | 0 | 1 | 2 | 3 | 4 | 5 | 6 | 7 | 8 | 9 | 10 | 11 | 12 |
| | 公差值/μm | | | | | | | | | | | | |
| >18~30 | 0.2 | 0.3 | 0.6 | 1 | 1.5 | 2.5 | 4 | 6 | 9 | 13 | 21 | 33 | 52 |
| >30~50 | 0.25 | 0.4 | 0.6 | 1 | 1.5 | 2.5 | 4 | 7 | 11 | 16 | 25 | 39 | 62 |
| >50~80 | 0.3 | 0.5 | 0.8 | 1.2 | 2 | 3 | 5 | 8 | 13 | 19 | 30 | 46 | 74 |
| >80~120 | 0.4 | 0.6 | 1 | 1.5 | 2.5 | 4 | 6 | 10 | 15 | 22 | 35 | 54 | 87 |
| >120~180 | 0.6 | 1 | 1.2 | 2 | 3.5 | 5 | 8 | 12 | 18 | 25 | 40 | 63 | 100 |

注：回转表面、球、圆以其直径的公称尺寸作为主参数。

表 3-11　位置度公差值数系（摘自 GB/T 1184—1996）

| 优先数系 | 1 | 1.2 | 1.5 | 2 | 2.5 | 3 | 4 | 5 | 6 | 8 |
|---|---|---|---|---|---|---|---|---|---|---|
| | $1\times10^n$ | $1.2\times10^n$ | $1.5\times10^n$ | $2\times10^n$ | $2.5\times10^n$ | $3\times10^n$ | $4\times10^n$ | $5\times10^n$ | $6\times10^n$ | $8\times10^n$ |

注：$n$ 为正整数。

表 3-12　直线度、平面度公差等级的应用实例

| 公差等级 | 应用举例 |
|---|---|
| 5 | 1 级平板，2 级宽平尺，平面磨床的纵导轨、垂直导轨、立柱导轨及工作台，液压龙门刨床和转塔车床床身导轨，柴油机进气、排气阀门导杆 |
| 6 | 普通机床导轨，如普通车床、龙门刨床、滚齿机、自动车床等的床身导轨和立柱导轨，柴油机壳体 |
| 7 | 2 级平板，机床主轴箱，摇臂钻床底座和工作台，镗床工作台，液压泵盖，减速器壳体结合面 |
| 8 | 机床传动箱体，交换齿轮箱体，车床溜板箱体，连杆分离面，汽车发动机缸盖与气缸体结合面，液压管件和法兰连接面 |
| 9 | 3 级平板，自动车床床身底面，摩托车曲轴箱体，汽车变速器壳体，手动机械的支承面 |

表 3-13　圆度、圆柱度公差等级的应用实例

| 公差等级 | 应用举例 |
|---|---|
| 5 | 一般计量仪器主轴、测杆外圆柱面，陀螺仪轴颈，一般机床主轴轴颈及主轴轴承孔，柴油机、汽油机活塞、活塞销，与 6 级滚动轴承配合的轴颈 |
| 6 | 仪表端盖外圆柱面，一般机床主轴及前轴承孔，泵、压缩机的活塞、气缸，汽油发动机凸轮轴，纺机锭子，减速器转轴轴颈，高速船用柴油机、拖拉机曲轴主轴颈，与 6 级滚动轴承配合的外壳孔，与 0 级滚动轴承配合的轴颈 |
| 7 | 大功率低速柴油机的曲轴轴颈、活塞、活塞销、连杆和气缸，高速柴油机箱体轴承孔，千斤顶或液压缸活塞，机车传动轴，水泵及通用减速器转轴轴颈，与 0 级滚动轴承配合的外壳孔 |
| 8 | 大功率低速发动机曲轴轴颈，压气机的连杆盖、连杆体，拖拉机的气缸、活塞，炼胶机冷铸轴辊，印刷机传墨辊，内燃机曲轴轴颈，柴油机凸轮轴轴颈、轴承孔，拖拉机、小型船用柴油机气缸套 |
| 9 | 空气压缩机缸体，液压传动筒，通用机械杠杆与拉杆用的套筒销，拖拉机的活塞环和套筒孔 |

表 3-14　平行度、垂直度、倾斜度、轴向跳动公差等级的应用实例

| 公差等级 | 应用举例 |
|---|---|
| 4,5 | 普通车床导轨、重要支承面，机床主轴轴承孔对基准的平行度，精密机床重要零件，计量仪器、量具、模具的基准面和工作面，机床主轴箱体重要孔，通用减速器壳体孔，齿轮泵的油孔端面，发动机轴和离合器的凸缘，气缸支承端面，安装精密滚动轴承的壳体孔的凸肩 |
| 6,7,8 | 一般机床的基准面和工作面，压力机和锻锤的工作面，中等精度钻模的工作面，机床一般轴承孔对基准的平行度，变速器箱体孔，主轴花键对定心表面轴线的平行度，重型机械滚动轴承端盖，卷扬机、手动传动装置中的传动轴，一般导轨，主轴箱体孔，刀架、砂轮架、气缸配合面对基准轴线以及活塞销孔对活塞轴线的垂直度，滚动轴承内、外圈端面对基准轴线的垂直度 |
| 9,10 | 低精度零件，重型机械滚动轴承端盖，柴油机、煤气发动机箱体曲轴孔、曲轴轴颈，花键轴和轴肩端面，带式运输机法兰盘等端面对基准轴线的垂直度，手动卷扬机及传动装置中轴承孔端面，减速器壳体平面 |

表 3-15　同轴度、对称度、径向跳动公差等级的应用实例

| 公差等级 | 应用举例 |
|---|---|
| 5,6,7 | 这是应用范围较广的公差等级。用于几何精度要求较高、尺寸的标准公差等级为 IT8 及高于 IT8 的零件。5 级常用于机床主轴轴颈，计量仪器的测杆，涡轮机主轴，柱塞泵转子，高精度滚动轴承外圈，一般精度滚动轴承内圈。7 级用于内燃机曲轴、凸轮轴、齿轮轴、水泵轴、汽车后轮输出轴、电动机转子、印刷机传墨辊的轴颈、键槽 |

（续）

| 公差等级 | 应用举例 |
|---|---|
| 8,9 | 常用于几何精度要求一般、尺寸的标准公差等级为 IT9~IT11 的零件。8 级用于拖拉机发动机分配轴轴颈，与 9 级精度以下齿轮相配的轴，水泵叶轮，离心泵体，棉花精梳机前后滚子，键槽等。9 级用于内燃机气缸套配合面，自行车中轴 |

　　方向公差可以控制同一要素的方向误差和形状误差，因此对于注出了方向公差的要素，就不用考虑它的未注形状公差。同样道理，对于注出了位置公差的要素，就不必考虑该要素的未注形状公差和未注方向公差。此外，对于采用相关要求的要素，要求该要素的实际轮廓不得超出给定的边界，因此所有未对该要素单独注出的几何公差都应遵守这边界。

　　国家标准对未注几何公差做了如下规定：直线度、平面度、垂直度、对称度和圆跳动以及同轴度的未注公差各分 H、K 和 L 三个公差等级，其中 H 级最高，L 级最低（表 3-16）。

　　圆度的未注公差值一般等于直径尺寸的公差值。圆柱度的未注公差不做规定，因为圆柱度误差由圆度、直线度和相对素线的平行度误差等三部分组成，其中每一项误差可分别由各自的注出公差或未注公差控制。平行度的未注公差值等于给出的尺寸公差值，或是直线度和平面度未注公差值中相应公差值取较大者。同轴度的未注公差值未做规定。在极限状况下，同轴度的未注公差可以和径向圆跳动的未注公差值相等。

　　未注几何公差值应根据零件的特点和生产单位的具体工艺条件，由生产单位自行选定，并在有关技术文件中予以明确。采用国家标准规定的未注几何公差值时，应在图样上标题栏附近或技术要求中按规定注出。例如，选用 K 级时标注：未注几何公差按 GB/T 1184—K。

表 3-16　直线度、平面度、垂直度、对称度和圆跳动的未注公差值　（单位：mm）

| 几何特征 | 公差等级 | 基本长度 | | | | | |
|---|---|---|---|---|---|---|---|
| | | ≤10 | >10~30 | >30~100 | >100~300 | >300~1000 | >1000~3000 |
| 直线度、平面度 | H | 0.02 | 0.05 | 0.1 | 0.2 | 0.3 | 0.4 |
| | K | 0.05 | 0.1 | 0.2 | 0.4 | 0.6 | 0.8 |
| | L | 0.1 | 0.2 | 0.4 | 0.8 | 1.2 | 1.6 |
| 垂直度 | H | | 0.2 | | 0.3 | 0.4 | 0.5 |
| | K | | 0.4 | | 0.6 | 0.8 | 1 |
| | L | | 0.6 | | 1 | 1.5 | 2 |
| 对称度 | H | | | 0.5 | | | |
| | K | | 0.6 | | | 0.8 | 1 |
| | L | | 0.6 | | 1 | 1.5 | 2 |
| 圆跳动 | H | | | 0.1 | | | |
| | K | | | 0.2 | | | |
| | L | | | 0.5 | | | |

## 3.6.5　几何精度设计实例

　　下面以圆柱齿轮减速器中的齿轮轴和轴套为例，说明几何公差的选择和标注。

　　例：图 3-53 所示为齿轮轴零件图。两个 $\phi40k6$ 轴颈分别与两个相同规格的 0 级滚动轴承内圈配合，$\phi30m7$ 轴头与带轮或其他传动件的孔配合，两个 48mm 轴肩的端面分别为这两个滚动轴承的轴向定位基准，并且这两个轴颈是齿轮轴在箱体上的安装基准。

参看图 1-1 所示的圆柱齿轮减速器，分析齿轮轴在整机中的装配关系和功能要求。如图 3-53 所示，两个 $\phi40k6$ 轴颈与滚动轴承相配合，为了保证指定的配合性质，对两个轴颈采用包容要求 Ⓔ。相配合滚动轴承的公差等级 0 级，按滚动轴承有关标准的规定，选取两个轴颈圆柱度公差值为 0.004mm。两个轴颈为装配基准，因此有同轴要求，按圆柱齿轮精度制国标的规定和小齿轮的精度等级，确定两个轴颈分别对它们的公共基准轴线 $A—B$ 的径向圆跳动公差值为 0.016mm。

为了保证滚动轴承在齿轮轴上的安装精度，按滚动轴承的公差等级 0 级，选取两个 48mm 轴肩的端面分别对公共基准轴线 $A—B$ 的轴向圆跳动公差值为 0.012mm。

为了保证 $\phi30m7$ 轴头与传动件孔的配合性质，轴头采用包容要求 Ⓔ。轴头与公共基准轴线 $A—B$ 有同轴要求，用类比法确定轴头对公共基准轴线 $A—B$ 的径向圆跳动公差值为 0.025mm。

为了避免键与轴头键槽、传动件轮毂键槽装配困难，应规定 $\phi30m7$ 轴头上键槽的对称度公差，通常按 8 级选取，确定 8N9 键槽相对轴头轴线 $C$ 的对称度公差值为 0.015mm。

齿轮轴上其余要素的几何精度都按未注几何公差标注：未注几何公差按 GB/T 1184—K。

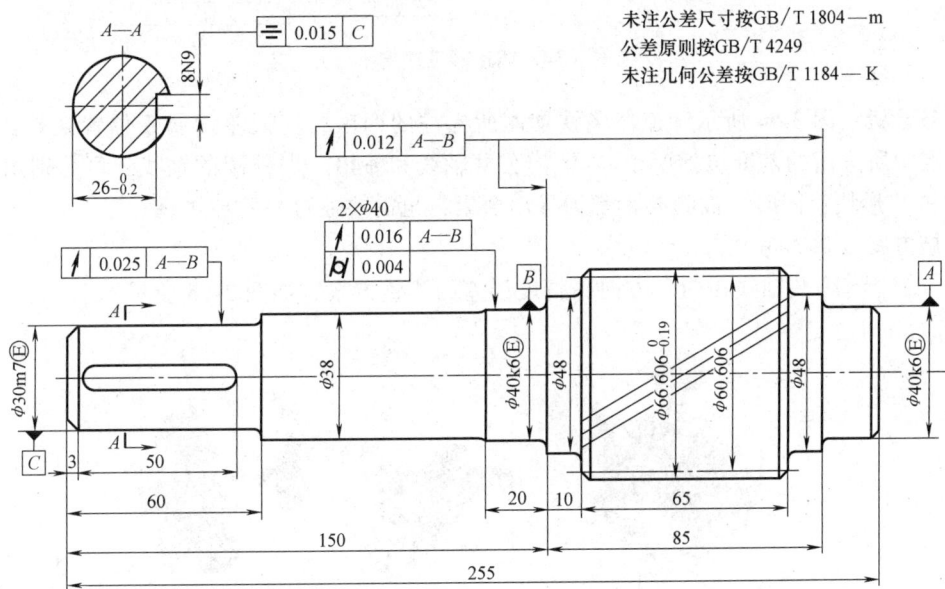

图 3-53　齿轮轴零件图

## 项目2：几何误差测量

**任务要求**：测量如图 3-54 所示调速器飞铁支座所标注的四项几何误差，分别是 ① $\phi7^{+0.022}_{0}$ 公共轴线在两个方向的平行度误差；② 24H11 内侧面对公共轴线 $C—D$ 的垂直度误差；③ $24^{+0.130}_{0}$ 两内侧面的中心平面对 $\phi40^{+0.018}_{+0.002}$ 轴线的对称度误差；④ $\phi19^{+0.021}_{0}$ 轴线对外圆 $\phi40^{+0.018}_{+0.002}$ 轴线的同轴度误差。

推荐使用的主要计量器具如下：

1）杠杆百分表。其主要技术规格为刻度值 0.01mm，示值范围±0.4mm。

2）平板。作为测量基准，用以放置测量工件和器具。

3）V 形块。模拟基准轴线和基准平面。

4）检验棒。模拟被测孔轴线。

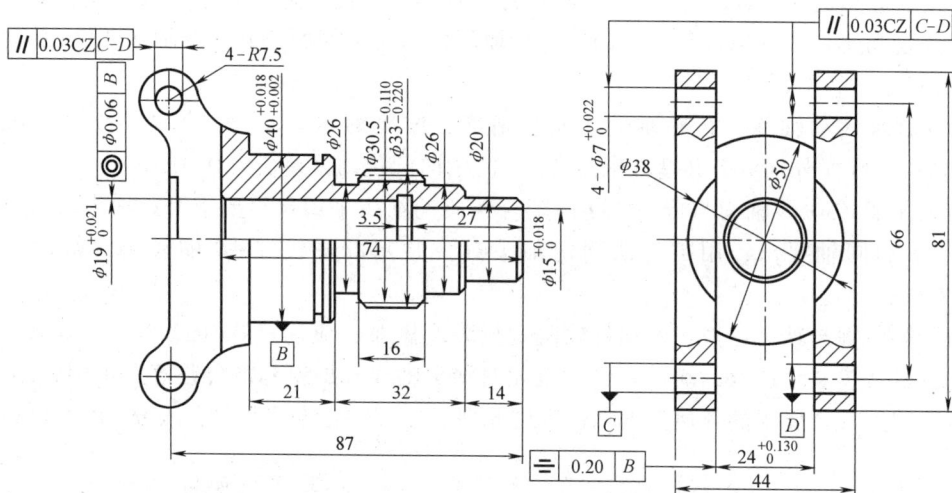

图 3-54　调速器飞铁支座

**任务分析**：图 3-54 所示调速器飞铁支座所标注的四项几何误差均属于位置误差，即都涉及基准。所采用的基准包括两个 $\phi7^{+0.022}_{0}$ 公共轴线和 $\phi40^{+0.018}_{+0.002}$ 外圆的轴线，可分别用 7mm 检验棒和 V 形块；同时，被测要素都为导出要素，也需要通过检验棒体现。

**实施方案**（供参考）：

1）$\phi7^{+0.022}_{0}$ 公共轴线在两个方向平行度误差的测量方案，如图 3-55 所示。

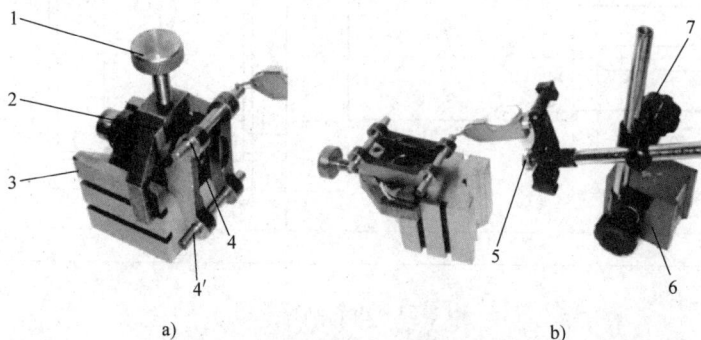

图 3-55　线对线平行度测量参考方案

a）垂直方向的平行度误差测量　b）水平方向的平行度误差测量

1—夹紧镙钉　2—铜片　3—V 形块　4、4′—检验棒

5—微调螺钉　6—表架　7—粗调锁紧螺钉

2）$24^{+0.130}_{0}$ 内侧面对公共轴线 C—D 或垂直度误差的测量方案，如图 3-56 所示。

3）$24^{+0.130}_{0}$ 两内侧面的中心平面对 $\phi40^{+0.018}_{+0.002}$ 轴线对称度误差的测量方案，如图 3-56 所示。

4）$\phi 19^{+0.021}_{0}$轴线对外圆 $\phi 40^{+0.018}_{+0.002}$轴线同轴度误差的测量方案，如图 3-57 所示。

图 3-56 垂直度和对称度测量参考方案

图 3-57 同轴度测量参考方案
1—定位装置 2—锁紧螺钉 3—小球

**特别提示：**

复习相关术语定义、公差带、几何要素模拟等知识，预习实验指导书（或通过网络查阅仪器使用说明），观看在线课程视频中的教师讲解和操作示范，尤其注意思考测量所得数据处理，即如何得出所测误差值。

## 思考题与练习

3.1 几何公差分哪几类？每一类包含哪几个几何特征项目？分别用什么符号表示？

3.2 形状公差带的方向和位置为什么是浮动的？

3.3 确定几何公差值时，同一被测要素的位置公差值、方向公差值与形状公差值间应保持何种关系？

3.4 何为公差原则与公差要求？说明它们的表示方法与应用场合。

3.5 几何公差的选择包括哪几方面的内容？何时选用未注几何公差？未注几何公差在图样上如何表示？

3.6 什么是最大实体状态、最大实体尺寸、最小实体状态、最小实体尺寸？

3.7 什么是最大实体实效状态、最大实体实效尺寸、最小实体实效状态、最小实体实效尺寸？最大实体实效尺寸如何计算？

3.8 什么是体外作用尺寸？体外作用尺寸是零件图上给定的，还是实际零件才有的指标？

3.9 几何误差测量中，基准平面、轴的基准轴线和孔的基准轴一般采用什么来模拟体现？

3.10 图 3-58 所示孔的几何公差要求有何异同？

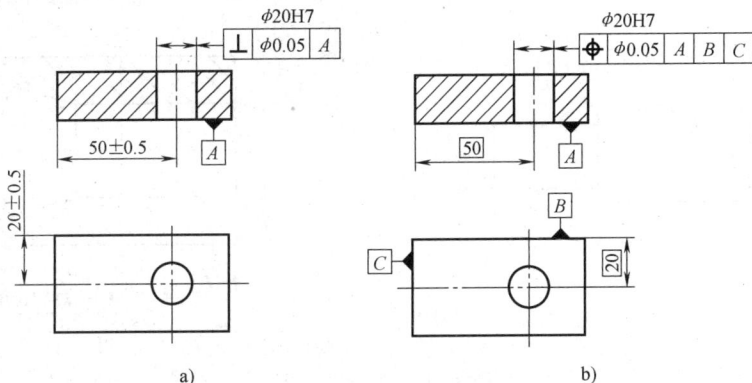

a)

b)

图 3-58 题 3.10 附图

3.11 将下列各项几何公差要求标注在图 3-59 上。

1）曲拐轴线对两个曲轴颈公共轴线的平行度公差为 0.02mm。

2）曲拐部分圆柱度公差为 0.01mm。

3）曲轴左端锥体对两个曲轴颈公共轴线的斜向圆跳动公差为 0.025mm。

4）曲轴左端键槽对锥体轴线的对称度公差为 0.025mm。

5）左右两个曲轴颈的圆柱度公差为 0.006mm。

6）左右两个曲轴颈对轴端两个中心孔的锥面部分公共轴线的径向圆跳动公差为 0.025mm。

中心孔B6
GB/T 145—2001

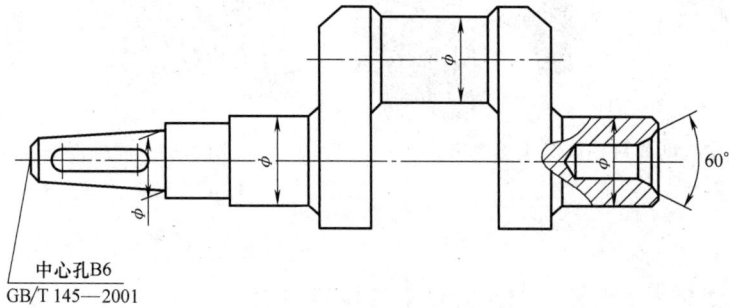

图 3-59　题 3.11 附图

3.12　将下列各项几何公差要求标注在图 3-60 上。

1）左端面的平面度公差为 0.01mm。

2）右端面对左端面的平行度公差为 0.04mm。

3）$\phi$70mm 孔采用 H7 并遵守包容要求，$\phi$210mm 外圆柱面采用 h7 并遵循独立原则。

4）$\phi$70mm 孔的轴线对左端面的垂直度公差为 0.02mm。

5）$\phi$210mm 外圆柱面的轴线对 $\phi$70mm 孔的同轴度公差为 $\phi$0.03mm。

6）4×$\phi$20H8 孔的轴线对左端面（第一基准）及 $\phi$70mm 孔的轴线的位置度公差为 0.15mm。被测轴线的位置度公差与 $\phi$20H8 孔的尺寸公差的关系采用最大实体要求，与基准孔的关系也采用最大实体要求。

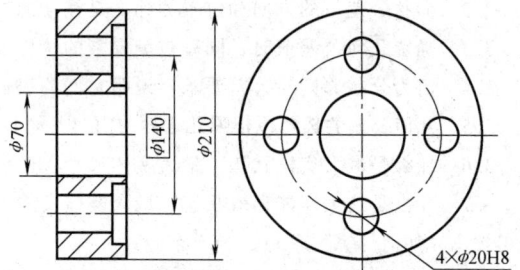

3.13　改正图 3-61 中几何公差标注的错误（不允许更改几何公差项目）。

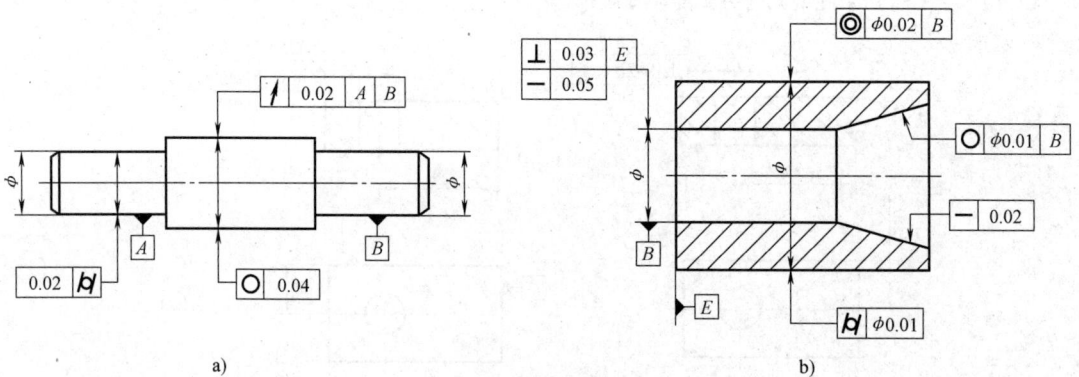

图 3-60　题 3.12 附图

a)

b)

图 3-61　题 3.13 附图
a）传动轴　b）锥套

3.14 试根据图 3-62 所示图样的标注，分别填写下表中的各项内容。

| 图号 | 最大实体尺寸 /mm | 最小实体尺寸 /mm | 采用的公差原则 或公差要求 | 边界名称及 边界尺寸/mm | MMC 时的几何 公差值/mm | LMC 时的几何 公差值/mm | 局部尺寸 合格范围/mm |
|---|---|---|---|---|---|---|---|
| a) | | | | | | | |
| b) | | | | | | | |
| c) | | | | | | | |
| d) | | | | | | | |
| e) | | | | | | | |
| f) | | | | | | | |

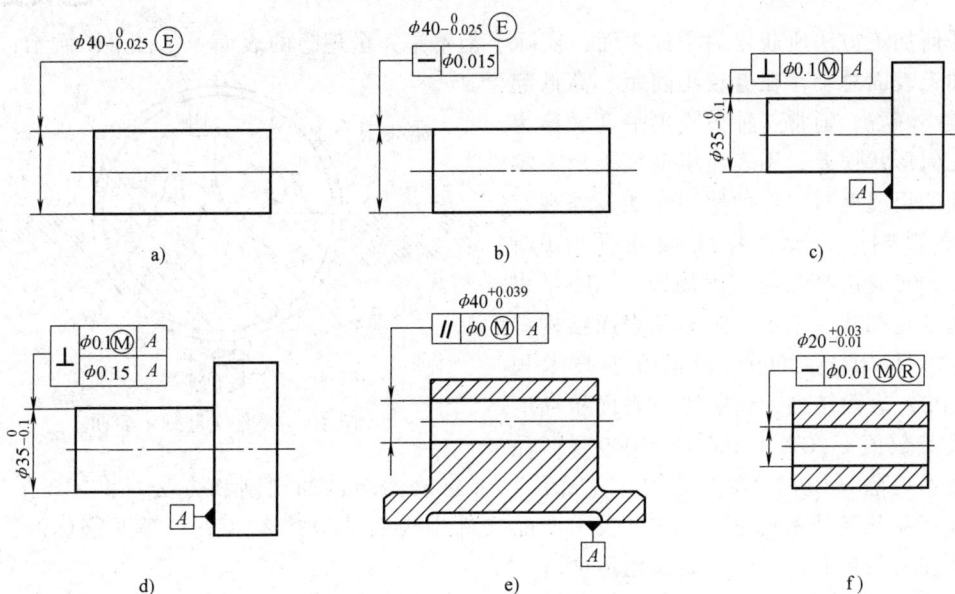

图 3-62 题 3.14 附图

# 第4章
# 表面粗糙度轮廓及其检测

## 4.1 概　述

　　任何加工方法所获得的零件表面，实际上都不是完全理想的表面。如图 4-1 所示，零件实际加工表面总会存在着较小间距、高低起伏的微小峰谷，通常这种微观不平度又称为微观几何形状误差，用表面粗糙度表示。零件表面的粗糙度对零件的使用性能及外观有着重要影响。为此，我国颁布了 GB/T 3505—2009《产品几何技术规范（GPS）表面结构　轮廓法　术语、定义及表面结构参数》、GB/T 1031—2009《产品几何技术规范（GPS）表面结构　轮廓法　表面粗糙度参数及其数值》、GB/T 10610—2009《产品几何技术规范（GPS）表面结构　轮廓法　评定表面结构的规则和方法》和 GB/T 131—2006《产品几何技术规范（GPS）技术产品文件中表面结构的表示法》等国家标准，保证正确标注、测量和评定零件表面粗糙度。

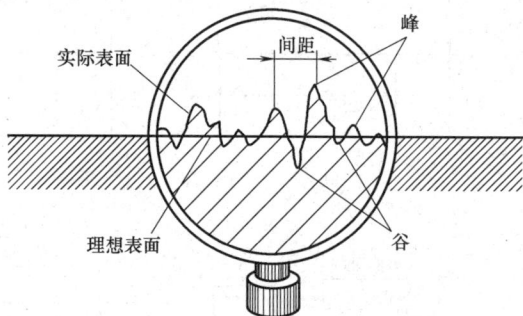

图 4-1　零件实际加工表面

### 4.1.1 表面粗糙度轮廓的界定

　　以机械加工所获得的零件表面为例，其表面粗糙度的形成主要是由于在切削过程中刀具和工件表面之间的摩擦、切屑分离时零件表面层金属的塑性变形以及工艺系统中的高频振动等因素而产生。同时，也存在着平面度误差这样的宏观形状误差。另外，零件表面上还存在着表面波纹度这样的中间形状误差，究其原因是在加工系统中由机床刀具工艺系统的强迫振动引起的，它介于微观和宏观形状误差之间。

　　要测量、评定零件表面粗糙度，必须有评估对象。所以，对加工后的零件表面，首先需要确定切削方向，如图 4-2 中的 $Y$ 方向；然后，用一个理想平面，垂直于切削方向和加工表面相交得到的交线，称它为实际表面轮廓，它是研究零件表面结构的评估对象。

　　如前所述，实际表面轮廓形状是复杂的，它由多种几何形状误差构成，如图 4-3 所示。根据轮廓上相邻两波峰或两波谷之间的间距，也就是波距 $\lambda$ 的大小划分为：间距 $\lambda < 1\text{mm}$ 的，属于表面粗糙度轮廓（微观几何形状误差）；$1\text{mm} < $ 间距 $\lambda < 10\text{mm}$ 的属于波纹度轮廓（介于微观形状误差和宏观形状误差之间）；间距 $\lambda > 10\text{mm}$ 的，属于形状误差（宏观形状误差）。

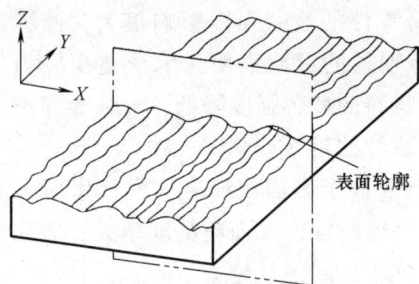

图 4-2 表面轮廓

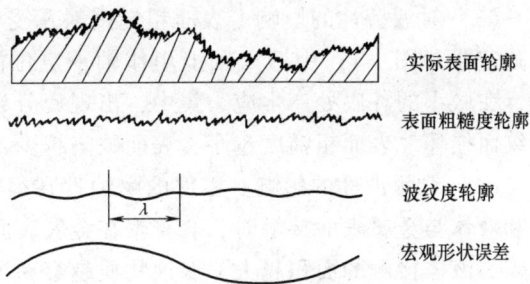

图 4-3 实际表面轮廓的形状和构成成分

## 4.1.2 表面粗糙度对零件使用性能和配合质量的影响

（1）对零件配合质量的影响 加工表面如果太粗糙，必然要影响配合表面的配合质量。如图 4-4 中活塞连杆机构，活塞销与活塞两端孔和连杆小头衬套孔的配合，其中活塞销与活塞两端孔形成过渡配合 M6/h5，活塞销与连杆形成间隙配合 H6/h5。对于有过盈量的配合，由于压入装配时，孔、轴表面上的微小峰被挤平而使有效过盈减小；对于间隙配合，工作过程中的孔、轴表面，微小峰被磨去，使间隙增大，因而会影响配合的稳定性。

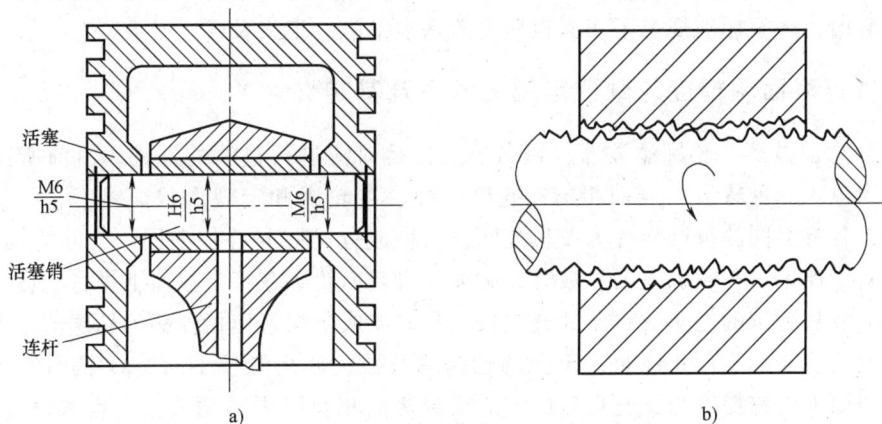

图 4-4 表面粗糙度对零件配合质量的影响
a）活塞销与活塞和连杆的配合 b）存在表面粗糙度的实际配合表面

（2）对耐磨性的影响 如图 4-5 所示，当两个零件表面相互接触时，实际上是两个表面轮廓的峰顶接触，粗糙度越大，有效接触面积越小。当它们做相对运动时，凸峰很快就会被磨掉。同时，被磨掉的金属微粒落在相配合的表面之间，还会加速磨损过程。以导杆和衬套形成间隙配合 $\phi60H7/g6$ 为例，导杆轴表面和衬套孔表面越粗糙，它们的磨损就越快。

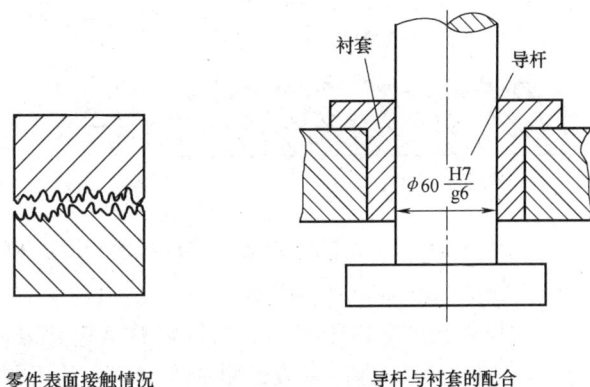

零件表面接触情况　　　　导杆与衬套的配合

图 4-5 表面粗糙度对耐磨性的影响

（3）对疲劳性的影响 表面粗糙度对承受交变载荷零件的疲劳强度影响很大。圆柱齿轮减速器（图1-1）中输入轴上用作轴承定位的轴肩与轴颈的过渡表面，承受交变应力作用，在微小的谷底处产生应力集中，出现疲劳裂纹，使材料的疲劳强度降低，导致表面产生裂纹而损坏。表面粗糙度越小，表面缺陷越少，零件耐疲劳性越好。

（4）对耐蚀性的影响 零件的耐蚀性在很大程度上取决于表面粗糙度。大气里所含气体和液体与金属表面接触时，会凝聚在金属表面上而使金属腐蚀。表面粗糙度越大，表面与气体、液体接触的面积越大，腐蚀物质越容易沉积于凹坑中，耐蚀性越差。

此外，表面粗糙度对零件的外观、胶合强度、表面光学性能、导电导热性能等也有很大影响。

因此，在零件精度设计中，合理提出零件表面粗糙度的技术要求是一项非常重要的内容。

## 4.2 表面粗糙度轮廓的评定参数

完工零件的表面粗糙度是否符合图样上提出的技术要求，必须由测量和评定它的结果来确定。同时，为了统一设计、工艺、检验等人员对表面粗糙度轮廓标准的正确掌握及应用，国家标准规定了表面粗糙度的基本术语、定义及评定参数。

### 4.2.1 表面粗糙度轮廓评定相关术语及其定义

（1）轮廓滤波器 轮廓滤波器，顾名思义，是对波进行过滤的器件。由前所述可知实际表面轮廓包含三种成分，表面粗糙度轮廓、波纹度轮廓和宏观形状误差，它们按间距 $\lambda$ 大小划分，各有不同的范围，称为波长范围，三种成分又同时叠加在同一实际表面轮廓上。因此，在测量评定三种轮廓上的参数时，必须先将表面轮廓在特定仪器上进行滤波，以便分离获得所需波长范围的轮廓。将轮廓分成长波和短波成分的特定仪器称为轮廓滤波器。轮廓滤波器抑制的波长称为截止波长。不同的轮廓滤波器，截止波长不同。$\lambda s$ 轮廓滤波器是确定存在于表面上的粗糙度与比它更短的波的成分之间相交界限的滤波器，也称短波滤波器。$\lambda c$ 轮廓滤波器是确定粗糙度与波纹度成分之间相交界限的滤波器，也称长波滤波器。

（2）粗糙度轮廓 对表面原始轮廓采用 $\lambda c$ 滤波器抑制长波成分以后形成的轮廓，如图4-6所示。

图 4-6　粗糙度轮廓

（3）传输带 $\lambda s$ 轮廓滤波器（短波滤波器）和 $\lambda c$ 轮廓滤波器（长波滤波器）联合使用所限制的波长范围，即为传输带。

（4）取样长度 由于实际表面轮廓总是包含表面粗糙度、波纹度和宏观形状误差，在测量微观几何形状误差——表面粗糙度时，必须限制波纹度、排除宏观形状误差对表面粗糙度测量的影响。为此应该在评估对象——实际表面轮廓上截取一段足够短的长度来测量表面粗糙度，这段长度称为取样长度，用符号 $lr$ 表示（图4-7），在数值上与长波滤波器 $\lambda c$ 的截止波长值相等。表面越粗糙，取样长度应越大。通常在一个取样长度内应包含五个以上的轮廓峰和轮廓谷。标准取样长度的数值见表4-1。

（5）评定长度　如果仅仅从一个取样长度 $lr$ 内测量表面粗糙度，势必不能全面合理地反应整个表面轮廓的粗糙度特性，因此应连续在几个取样长度上测量。这些连续的几个取样长度称为评定长度，用 $ln$ 表示，如图4-7所示。通常在测量时，标准评定长度取5个连续的取样长度，即 $ln=5lr$。标准评定长度值见表4-1。

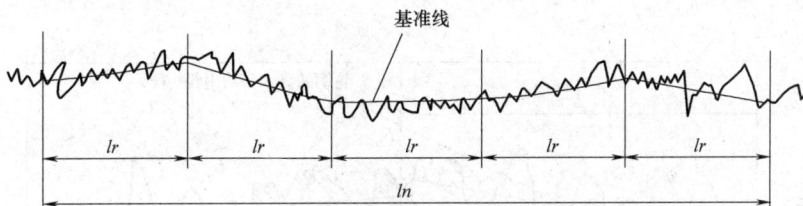

图 4-7　取样长度和评定长度

表 4-1　标准取样长度和标准评定长度

| $Ra/\mu m$ | $Rz/\mu m$ | $RSm/mm$ | 标准取样长度 $lr$ | | 标准评定长度 |
| --- | --- | --- | --- | --- | --- |
| | | | $\lambda s/mm$ | $lr=\lambda c/mm$ | $ln=5lr/mm$ |
| ≥0.008~0.02 | ≥0.025~0.1 | ≥0.013~0.04 | 0.0025 | 0.08 | 0.4 |
| >0.02~0.1 | >0.1~0.5 | >0.04~0.13 | 0.0025 | 0.25 | 1.25 |
| >0.1~2 | >0.5~10 | >0.13~0.4 | 0.0025 | 0.8 | 4 |
| >2~10 | >10~50 | >0.4~1.3 | 0.008 | 2.5 | 12.5 |
| >10~80 | >50~320 | >1.3~4 | 0.025 | 8 | 40 |

（6）中线　要定量测量和评定表面粗糙度，就要有一条评定基准线，称为中线。以中线为基准测量和计算各种评定参数的数值。常用的表面粗糙度中线有如下两种：轮廓的最小二乘中线和轮廓的算术平均中线。

如图4-8所示，在一个取样长度 $lr$ 内，轮廓的最小二乘中线使轮廓上各点至该线的距离

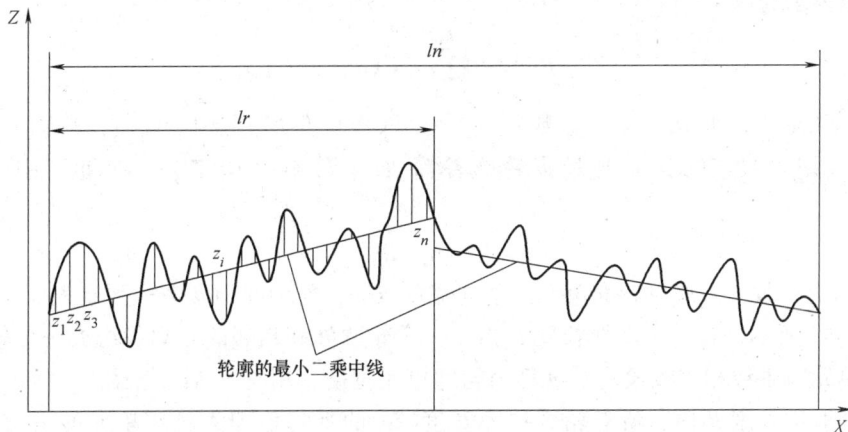

图 4-8　表面粗糙度轮廓的最小二乘中线

平方和为最小，即

$$\int_0^{lr} z^2 d_x \approx \sum_{i=1}^{n} z_i^2 = \min \tag{4-1}$$

在一个取样长度 $lr$ 内，算术平均中线将实际轮廓划分上下两部分，且使上下面积相等的直线，即 $F_1 + F_2 + \cdots + F_i + F_n = F_1' + F_2' + \cdots + F_i' + F_n'$，如图 4-9 所示。这是一种可以用目估法确定的中线，可以在光切法测量表面粗糙度时使用。

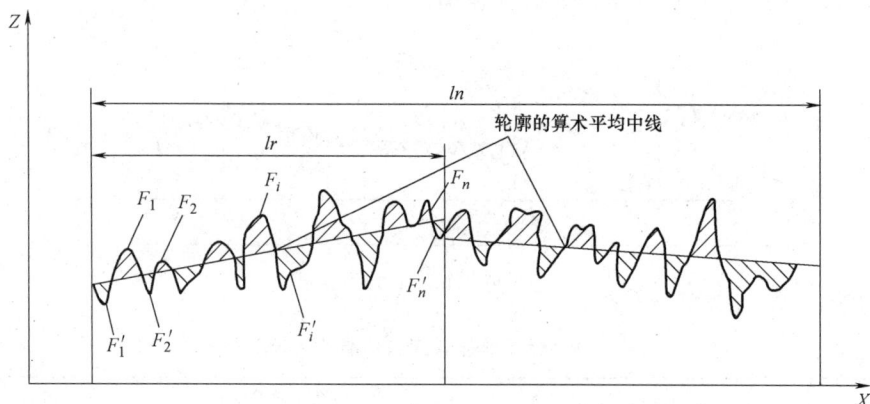

图 4-9　表面粗糙度轮廓的算术平均中线

## 4.2.2　表面粗糙度轮廓评定参数的定义

表面轮廓上微小峰、谷的幅度和间距是构成表面粗糙度轮廓的两个独立的基本特征，为此国家标准中规定了用幅度参数、间距参数、混合参数来定量地评定表面粗糙度轮廓。其中幅度参数是主要的。

（1）轮廓算术平均偏差 $Ra$（幅度参数）　在一个取样长度 $lr$ 内（图 4-7），被测实际轮廓上各点至轮廓中线距离 $Z(x)$ 绝对值的平均值，用符号 $Ra$ 表示。用公式表示为

$$Ra = \frac{1}{lr} \int_0^{lr} |Z(x)| \, \mathrm{d}x \tag{4-2}$$

或近似表示为

$$Ra = \frac{1}{n} \sum_{i=1}^{n} |Z(x_i)| \tag{4-3}$$

（2）轮廓最大高度 $Rz$（幅度参数）　在一个取样长度 $lr$（图 4-7）内，轮廓上的最大轮廓峰高 $Rp$（图 4-10 中 $Zp_6$）与最大轮廓谷深 $Rv$（图 4-10 中 $Zv_2$）之和，用符号 $Rz$ 表示，即

$$Rz = Rp + Rv \tag{4-4}$$

（3）间距参数　一般以轮廓单元的平均宽度 $Rsm$，作为间距参数来评定表面粗糙度。

如图 4-11 所示，在一个取样长度 $lr$ 内，一个轮廓峰和相邻的轮廓谷组成一个轮廓单元，一个轮廓单元与中线相交线段的长度称为轮廓单元宽度，用符号 $Xs_i$ 表示。

在一个取样长度 $lr$ 内，所有轮廓单元宽度 $Xs_i$ 的平均值即为轮廓单元的平均宽度，用 $Rsm$ 表示。用公式可表示为

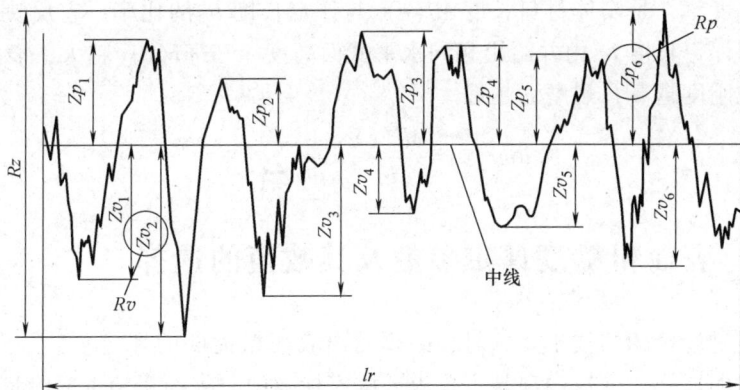

图 4-10　表面粗糙度的最大高度

$$Rsm = \frac{1}{m}\sum_{i=1}^{m} Xs_i \qquad (4\text{-}5)$$

$Rsm$ 直观反映了加工痕迹的细密程度，$Rsm$ 越大，峰谷越稀，密封性越差。

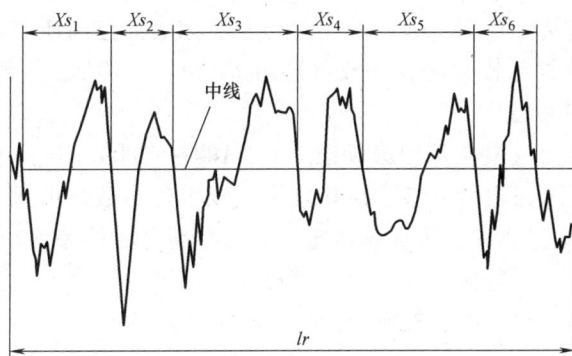

图 4-11　轮廓单元宽度

（4）混合参数　一般以轮廓的支承长度率 $Rmr(c)$ 作为混合参数来评定表面粗糙度轮廓的形状特性，如图 4-12 所示。评定长度范围 $ln$ 内，一条平行于 $X$ 方向的直线从封顶线向下移动，在给定水平截面高度 $c$ 上，与轮廓单元相截所得的各段截线长度之和，称实体材料长度 $Ml(c)$

$$Ml(c) = b_1 + b_2 + b_3 + \cdots + b_i + \cdots + b_n = \sum_{i=1}^{n} b_i \qquad (4\text{-}6)$$

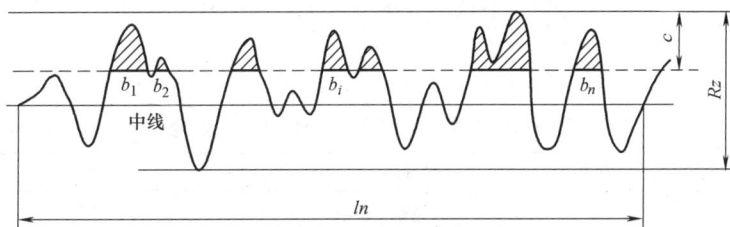

图 4-12　实体材料长度 $Ml(c)$ 与轮廓支承长度率 $Rmr(c)$ 的确定

注：水平截面高度 $c$ 用 μm 或 $Rz$ 的百分比表示。

轮廓支承长度率，是实体材料长度 $Ml(c)$ 与评定长度 $ln$ 的比率。它反映了零件表面的耐磨性，在相同评定长度 $ln$ 内并给出相同水平截面高度 $c$，$Rmr(c)$ 越大，表示实际支承截面积越大，接触刚度越高，耐磨性越好。

$$Rmr(c) = \frac{Ml(c)}{ln} = \frac{1}{ln}\sum_{i=1}^{n} b_i \tag{4-7}$$

## 4.3 表面粗糙度评定参数及其数值的选择

规定表面粗糙度轮廓的技术要求时，必须给出表面粗糙度的评定参数及其数值和测量时的取样长度这两项基本要求。国家标准中对表面粗糙度的测量和评定给出了三类参数，其中最常用的是幅度参数，只有当给出的幅度参数不能满足零件功能要求时，才附加给出间距参数 $Rsm$、混合参数 $Rmr(c)$ 等。附加参数 $Rsm$ 用于密封性要求高的表面，$Rmr(c)$ 用于耐磨性要求高的表面。

在幅度参数中，推荐优先选用 $Ra$ 值，因为 $Ra$ 值反应表面粗糙度轮廓特性的信息量大，而且采用触针式轮廓仪测量比较容易。以下两种情况例外：其一，当表面过于粗糙（$Ra > 6.3\mu m$）或过于光滑（$Ra < 0.025\mu m$）时，选用 $Rz$，因为此范围便于选择用于测量 $Rz$ 的仪器测量；其二，当零件材料较软时，一般不选用 $Ra$ 值，因为 $Ra$ 一般采用触针进行测量，测量软质材料易产生较大误差。

表面粗糙度参数的允许值应从国家标准 GB/T 1031—2009《产品几何技术规范（GPS）表面结构　轮廓法　表面粗糙度参数及其数值》规定的参数数值系列中选取，见表 4-2 ~ 表 4-4。$Ra$、$Rz$、$Rsm$ 数值越大，表面越粗糙。通常在满足零件表面功能要求的前提下，尽量选取较大的参数值，以获得最佳的技术经济效益。

表面粗糙度参数数值选择的一般原则包括以下几个方面：

1）同一零件上，工作表面比非工作表面粗糙度值小。

2）摩擦表面比非摩擦表面要小。

3）受循环载荷的表面粗糙度值要小。

4）配合要求高、联接要求可靠、受重载的表面粗糙度值都应小。一般情况下，$\phi40H7/f6$ 孔与 $\phi40H7/t6$ 孔相比较，两孔的尺寸相同、精度相同，但用于不同配合，配合性质不同，比较配合的重要性，$\phi40H7/f6$ 孔的表面粗糙度数值要小。

表 4-2　轮廓的算术平均偏差 $Ra$ 的数值系列　　　　　　（单位：$\mu m$）

| $Ra$ | 0.012 | 0.2 | 3.2 | 50 |
| --- | --- | --- | --- | --- |
| | 0.025 | 0.4 | 6.3 | 100 |
| | 0.05 | 0.8 | 12.5 | |
| | 0.1 | 1.6 | 25 | |

表 4-3　轮廓的最大高度 $Rz$ 的数值系列　　　　　　（单位：$\mu m$）

| $Rz$ | 0.025 | 0.4 | 6.3 | 100 | 1600 |
| --- | --- | --- | --- | --- | --- |
| | 0.05 | 0.8 | 12.5 | 200 | |
| | 0.1 | 1.6 | 25 | 400 | |
| | 0.2 | 3.2 | 50 | 800 | |

表 4-4　轮廓单元的平均宽度 Rsm 的数值系列　　　　（单位：mm）

| Rsm | 0.006 | 0.1 | 1.6 |
|---|---|---|---|
| | 0.0125 | 0.2 | 3.2 |
| | 0.025 | 0.4 | 6.3 |
| | 0.05 | 0.8 | 12.5 |

5）同一精度，小尺寸比大尺寸、轴比孔的表面粗糙度值要小。φ40H7 与 φ6H7 相比较，孔的精度相同，φ6H7 表面粗糙度数值要小。φ40H7 与 φ40h7 相比较，孔与轴的尺寸相同、精度相同，φ40h7 表面粗糙度数值要小。

一般来说，尺寸公差、表面形状公差小时，表面粗糙度参数值也小，但也不存在确定的函数关系。一般情况下，它们之间有一定的对应关系，设形状公差为 $t$，尺寸公差为 $T$，它们之间的关系可参照以下对应关系：

若 $t \approx 0.6T$，则 $Ra \leq 0.05T$，$Rz \leq 0.3T$。

若 $t \approx 0.4T$，则 $Ra \leq 0.025T$，$Rz \leq 0.15T$。

若 $t \approx 0.25T$，则 $Ra \leq 0.012T$，$Rz \leq 0.07T$。

6）凡有关标准业已对表面粗糙度技术要求做出具体规定的特定表面，如与滚动轴承配合的轴颈和外壳孔，见表 4-5，应按该标准的规定来确定其表面粗糙度参数允许值。

表 4-5　轴颈和外壳孔表面粗糙度

| 配合表面 | 轴承精度等级 | 配合面的尺寸公差等级 | 轴承公差内、外径/mm | |
|---|---|---|---|---|
| | | | ≤80 | >80~500 |
| | | | 表面粗糙度参数 Ra 值/μm | |
| 轴颈 | 0 | IT6 | ≤1 | ≤1.6 |
| | 6 | IT5 | ≤0.63 | ≤1 |
| 外壳孔 | 0 | IT7 | ≤1.6 | ≤2.5 |
| | 6 | IT6 | ≤1 | ≤1.6 |
| 轴或外壳孔肩端面 | 0 | — | ≤2 | ≤2.5 |
| | 6 | | ≤1.25 | ≤2 |

除特殊要求的表面外，表面粗糙度参数允许值，通常采用类比法确定。表面粗糙度参数值的选用实例见表 4-6。

表 4-6　表面粗糙度参数值的选用实例

| 表面粗糙度参数 Ra | 表面粗糙度参数 Rz | 表面形状特征 | | 应用举例 |
|---|---|---|---|---|
| >40~80 | | 粗糙 | 明显可见刀痕 | 表面粗糙度甚大的加工面,一般很少采用 |
| >20~40 | | | 可见刀痕 | |
| >10~20 | >63~125 | | 微见刀痕 | 粗加工表面,应用范围较广,如车端面、倒角、穿螺钉孔和铆钉孔的表面,垫圈的接触面等 |
| >5~10 | >32~63 | 半光 | 可见加工痕迹 | 半精加工面,如支架、箱体;离合器、凸轮侧面等非接触表面的自由表面,与螺栓头和铆钉头接触的表面,所有孔和轴的退刀槽等 |

（续）

| 表面粗糙度参数 $Ra$ | 表面粗糙度参数 $Rz$ | 表面形状特征 | | 应用举例 |
|---|---|---|---|---|
| >2.5~5 | >16.0~32 | 半光 | 微见加工痕迹 | 半精加工面,箱体、支架、套筒等与其他零件连接表面没有配合要求的表面,需要发蓝的表面,需要滚花的预先加工表面,主轴非接触的全部外表面等 |
| >1.25~2.5 | >8.0~16.0 | | 看不清加工痕迹 | 基面和表面质量要求高的表面,中型机床(普通精度)工作台面、组合机床主轴箱箱座和箱盖的结合面,中等尺寸带轮的结合面、衬套、滑动轴承的压入孔,低速转动的轴颈等 |
| >0.63~1.25 | >4.0~8.0 | 光 | 可辨加工痕迹的方向 | 中型机床(普通精度)滑动导轨面、导轨压板、圆柱销和圆锥销的表面,一般精度的分度盘,需镀铬抛光的外表面,中等转速的轴颈,定位销压入孔等 |
| >0.32~0.63 | >2.0~4.0 | | 微辨加工痕迹的方向 | 中型机床(提高精度)滑动导轨面,滑动轴承轴瓦的工作表面,夹具定位元件和钻套的主要表面,曲轴和凸轮轴的轴颈的工作面,分度盘表面,高速转动的轴颈和衬套的工作面等 |
| >0.16~0.32 | >1.0~2.0 | | 不可辨加工痕迹的方向 | 精密机床主轴锥孔,顶尖圆锥面,直径小的精密心轴,活塞的活塞销孔,要求气密的表面和支承面等 |
| >0.08~0.16 | >0.5~1.0 | 极光 | 暗光泽面 | 精密机床主轴上与套筒配合的孔,仪器在使用中要承受摩擦的表面(如导轨面),液压传动中用的孔表面,阀的工作面,气缸内表面,活塞销的表面等 |
| >0.04~0.08 | >0.25~0.5 | | 亮光泽面 | 特别精密的滚动轴承套圈滚道、钢球及滚子表面,量仪中的中等精度间隙配合零件的工作面,工作量规的测量面等 |
| >0.02~0.04 | | | 镜状光泽面 | 特别精密的滚动轴承套圈滚道、钢球及滚子表面,高压泵的柱塞和柱塞套的表面,保证高度气密的结合面等 |
| >0.01~0.02 | | | 雾状镜面 | 仪器中的测量表面,量仪中的高精度间隙配合零件的工作面,尺寸超过100mm的量块的工作面等 |
| ≤0.01 | | | 镜面 | 量块的工作面,高精度量仪的测量面,光学量仪中金属镀面等 |

## 4.4 表面粗糙度在零件图上的标注方法

表面粗糙度评定参数及允许值和其他技术要求确定后,应按 GB/T 131—2006《产品几何技术规范（GPS）技术产品文件中表面结构的表示法》的规定,把表面粗糙度的技术要求正确标注在零件图上。表面粗糙度轮廓的技术要求应使用图形符号和代号的形式标注在零件图上。按照不同的要求,国家标准规定了表面粗糙度符号和代号。表面粗糙度图形符号及含义见表4-7。

表4-7 表面粗糙度图形符号及含义

| 符号形式 | 符号名称 | 含义/解释 |
|---|---|---|
| ∨ | 基本图形符号 | 表示表面可以用任何方法获得 |
| ∨ | 去除材料的符号 | 表示表面是用去除材料的方法获得的,如车、铣、刨、磨、钻、拉、电解加工等方法获得的表面 |
| ∨ | 不去除材料的符号 | 表示表面是用不去除材料的方法获得的,如铸造、锻造、冲压、热轧、粉末冶金等方法获得的表面,或保持上道工序形成的表面 |

为了明确表面粗糙度轮廓的技术要求,除了标注表面粗糙度参数和数值外,必要时应标注补充要求,补充要求包括传输带、取样长度、加工工艺、表面纹理及方向、加工余量等。各项技术要求应在完整图形符号中注出,具体标注位置如图 4-13 所示。

完整图形符号标注示例及说明见表 4-8、表 4-9。

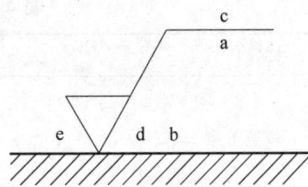

图 4-13　表面粗糙度完整图形符号

**表 4-8　完整图形符号位置 a 处标注示例及说明**

| 位置 a 标注内容 | 标注示例 | 解释及说明 |
|---|---|---|
| 依次标注:上、下限值符号传输带数值($\lambda s-\lambda c$)/幅度参数符号,评定长度值,极限值判断规则(空格),幅度参数极限值 | U Ra 1.6<br>L Ra 0.2 | 若给定双向极限值,需标注上限值符号 U,下限值符号 L:上限值 U $Ra=1.6\mu m$,下限值 L $Ra=0.2\mu m$<br>在不引起歧义的情况下,可不加写 U、L<br>幅度参数极限值标注时,为了避免误解,在幅度参数符号和幅度参数极限值间应插入空格 |
| | 0.0025-0.8/Ra 3.2<br>a) 短、长波滤波器都标注<br><br>0.0025-/Ra 3.2<br>b) 只标注短波滤波器<br><br>Ra 3.2<br>c) 截止波长为标准化值省略不标注 | 若截止波长 $\lambda s$、$\lambda c$ 均非国标中给定的标准化值,则传输带数值需以短波截止波长在前,长波截止波长在后的($\lambda s-\lambda c$)形式注出,标注时数值后面加一条斜线"/";若只标注一个滤波器的截止波长,则要保留连字符"-"来区分是短波滤波器还是长波滤波器 |
| | -1/Ra 3 1.6<br>a) $ln=3lr$　　0.008-1/Ra 6 1.6<br>b) $ln=6lr$ | 评定长度值标注时,用评定长度包含取样长度的个数来标注,且其后插入空格以免和幅度参数数值混淆<br>若评定长度为标准化值 5 个取样长度($ln=5lr$),则此项省略不标注 |
| | U Ra 0.8<br>L Ra 0.2 | 极限值判定规则为 16%,省略不标注<br>16%规则,即所测参数在同一评定长度上的全部实测中,大于图样中规定值的个数不超过实测值总数的 16%,且小于规定值的个数不超过实测值总数的 16%,则认为表面合格 |
| | Ra max 0.8 | 极限值判定规则为最大规则,则在幅度参数极限值前标注"max"<br>最大规则,即在整个被检表面上测得的所有幅度参数值都不大于图样中的规定值,则认为表面合格 |

表 4-9　完整图形符号其他位置标注示例及说明

| 标注位置 | 标注示例 | 解释及说明 |
|---|---|---|
| 位置 b 处 | U0.008–1/$Ra$ max 1.6<br>L0.008–1/$Ra$ 0.2<br>$Rsm$ 0.05 | 标注附加评定参数的符号及数值(单位 mm)<br>附加参数为轮廓单元的平均宽度 $Rsm = 0.05$mm |
| 位置 c 处 | 磨<br>$Ra$ 1.6<br>–2.5/$Rz$ max 6.3 | 标注加工方法、表面处理涂层或其他加工工艺要求等<br>加工方法为磨削 |
| 位置 d 处 | 磨<br>$Ra$ 1.6<br>–2.5/$Rz$ max 6.3 ⊥ | 标注加工纹理方向符号<br>加工纹理是指表面刀纹的方向,它取决于表面形成过程中所采用的加工方法<br>加工纹理垂直于视图所在的投影面 |
| 位置 e 处 | 车<br>$Ra$ 6.3<br>3 | 标注出加工余量,以毫米为单位给出数值<br>加工余量为 3mm |

各种典型的表面纹理及其方向用图 4-14 中规定的符号进行标注。如果这些符号不能清楚地表示表面纹理要求,可以在技术要求加以说明。

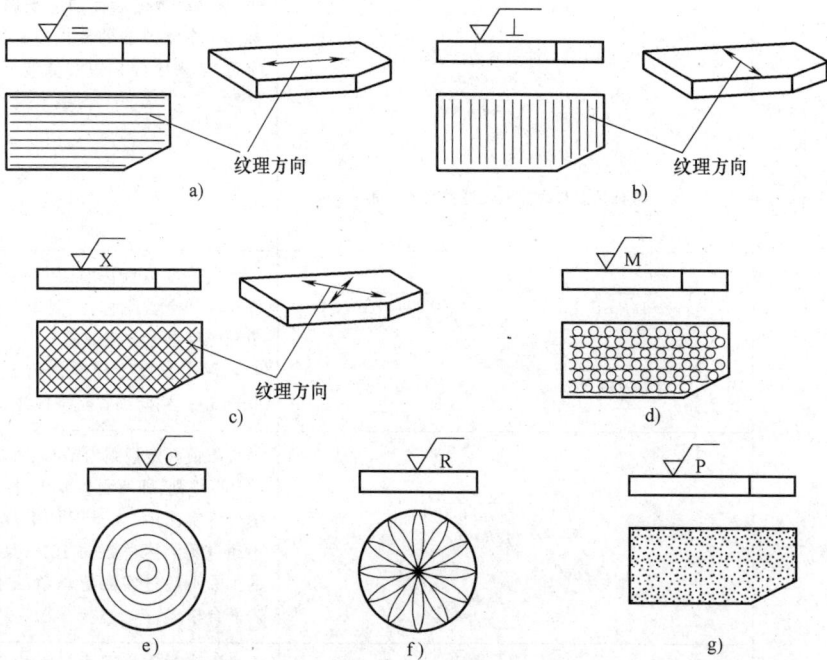

图 4-14　加工纹理方向的符号及其标注示例

a) 纹理平行于视图所在的投影面　b) 纹理垂直于视图所在的投影面　c) 纹理呈两斜向交叉方向

d) 纹理呈多方向　e) 纹理呈近似同心圆且圆心与表面中心相关

f) 纹理呈近似放射状且与表面中心相关　g) 纹理呈微粒、凸起、无方向

　　在图样上，表面粗糙度代号的注写和读取方向与尺寸的注写和读取方向一致。表面粗糙度代号具体在图样上的标注方法及示例见表 4-10。表面粗糙度参数极限值的标注方法见表 4-11。

表 4-10　表面粗糙度代号具体在图样上的标注方法及示例

| 说明 | 示例 |
|---|---|
| 完整图形符号可在零件的可见轮廓线或延长线或有箭头的指引线上标注 | |
| 完整图形符号可在轮廓表面上用有黑点的引出线引出标注 | |
| 完整图形符号可在零件尺寸线上标注 | |
| 完整图形符号可在几何公差框格上标注 | |
| 若零件的多数(包括全部)表面具有相同表面粗糙度轮廓技术要求,则其技术要求可统一标注在图样的标题栏附近,且需在完整图形符号后用圆括号给出无任何其他标注的基本符号 | |

（续）

| 说明 | 示例 |
|---|---|
| 当零件的几个表面有相同表面粗糙度轮廓技术要求或直接标注完整图形符号受空间限制时,可用基本图形符号或只带一个字母的完整图形符号标注在零件这几个表面上,且在图形或标题栏附近,以等式形式注出完整的表面粗糙度代号 | 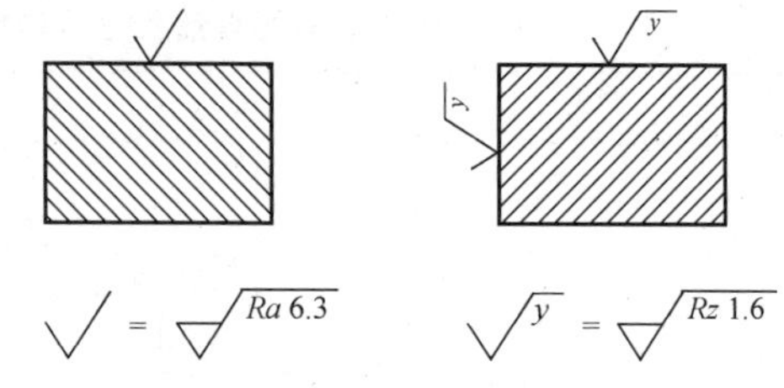 <br>a)用基本图形符号标注　　b)用完整图形符号标注 |
| 当在图样某个视图上构成封闭轮廓的各表面有相同的表面粗糙度轮廓技术要求时,应在完整图形符号上加一圆圈,标注在图样中工件的封闭轮廓线上 | 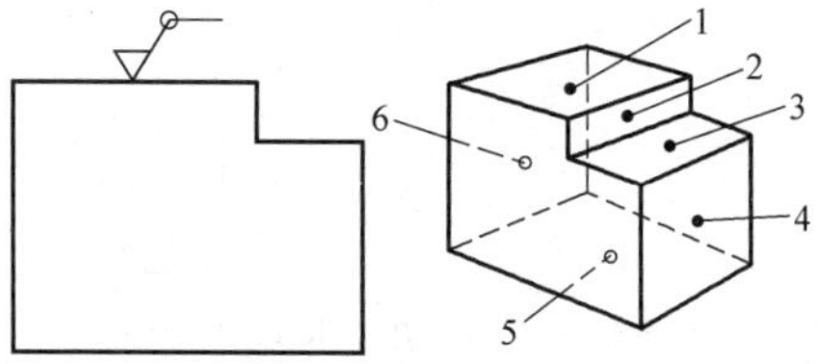 <br>注:图示的表面结构符号是指对图形中封闭轮廓的六个面的共同要求(不包括前后面)。 |

表 4-11　表面粗糙度参数极限值的标注方法

| 标注情况 | 示例 | 说明 |
|---|---|---|
| 标注单向上限值 | 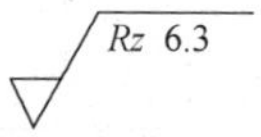 $\sqrt{Rz\ 6.3}$ | 当只标注一个数值时,则默认它是幅度参数的上限值(默认传输带为标准值,默认评定长度 $ln=5lr$,默认极限值判断规则为16%) |
| 标注双向极限值(上限值和下限值) | 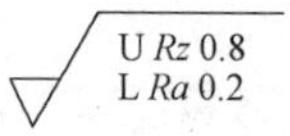 $\sqrt{\begin{array}{l}U\ Rz\ 0.8\\ L\ Ra\ 0.2\end{array}}$ | 上限值在上方用U表示,下限值在下方用L表示(幅度参数 $Ra$、$Rz$ 默认传输带为标准值,默认评定长度 $ln=5lr$,默认极限值判断规则为16%) |
| 标注双向极限值,省略上、下限符号 U、L | 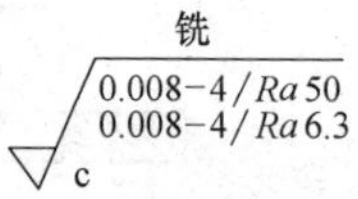 铣<br>$\sqrt{\begin{array}{l}0.008-4/Ra\ 50\\ 0.008-4/Ra\ 6.3\end{array}}$ c | 若在不引起歧义的情况下可不加 U、L(幅度参数 $Ra$、$Rz$ 的传输带都为(0.008-4)mm,都默认评定长度 $ln=5lr$,都默认极限值判断规则为16%) |
| 标注最大值 | 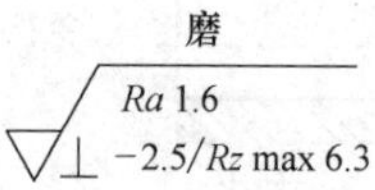 磨<br>$\sqrt{Ra\ 1.6}$<br>$\sqrt{\perp\ -2.5/Rz\ max\ 6.3}$ | 当极限值标注最大值时,被测表面粗糙度参数实测值的合格性按最大规则判断,在幅度参数符号后加标"max"(幅度参数 $Ra$ 默认传输带为标准值,默认评定长度 $ln=5lr$,极限值判断规则为16%;幅度参数 $Rz$ 传输带长波截止波长为2.5mm,默认评定长度 $ln=5lr$ 极限值判断规则为最大规则) |

## 4.5　表面粗糙度轮廓的检测

表面粗糙度的检测方法主要有样板比较法、光切法、针描法和显微干涉法几种。

（1）样板比较法　表面粗糙度轮廓的最简单测量方法是表面粗糙度比较样块比较法。这种方法是用一组表面粗糙度比较样块（图4-15）作为比较标准，其上标出表面粗糙度数值，并注明加工方法。比较时，所用表面粗糙度比较样块在形状、加工方法和所用的材料等方面，都要与被测零件相近，这样才能得到比较正确的结果。

测量的时候把被测零件和表面粗糙度比较样块靠近在一起，用肉眼或借助放大镜或低倍率的显微镜观察比较，或感触抚摸，或指甲划动，凭检验者的经验来判断工件的表面粗糙度。通常被测表面较粗糙时（$Ra>2.5\mu m$），用目测比较；当被测表面较光滑时（$Ra=0.32\sim2.5\mu m$），可借助5~10倍的放大镜比较；当被测表面很光滑时（$Ra<0.32\mu m$），可借助比较仪或立体显微镜进行比较，以提高检测精度。比较法简单易行，是车间生产中评定表面粗糙度轮廓参数时最常采用的方法，但测量精度不高。

（2）光切法　光切法是一种利用光切原理测量表面粗糙度轮廓的非接触测量的方法。光切显微镜就是采用这种光切原理进行非接触法测量的光学仪器，它适宜测量 $Rz$ 值为 $2.0\sim63\mu m$ 的平面和外圆柱面。光切显微镜的结构如图4-16所示。

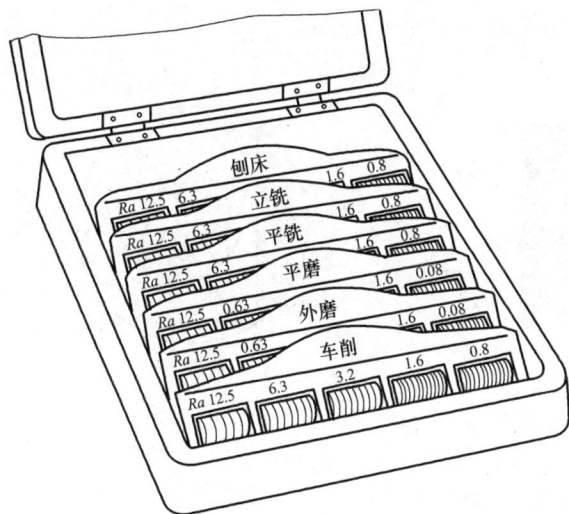

图 4-15　表面粗糙度比较样块

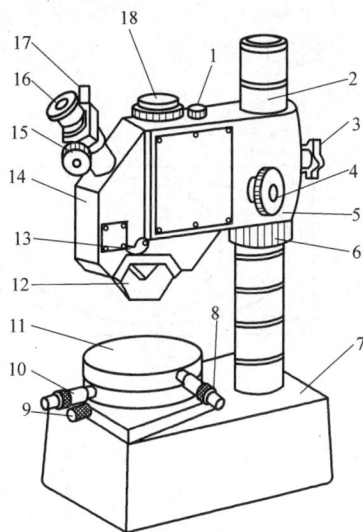

图 4-16　光切显微镜的结构

1—光源　2—立柱　3—锁紧螺钉　4—微调手轮
5—横臂　6—升降螺母　7—底座　8—工作台纵
向移动千分尺　9—工作台固定螺钉　10—工作台横
向移动千分尺　11—工作台　12—物镜组
13—手柄　14—壳体　15—测微鼓轮
16—测微目镜　17—紧固螺钉　18—照相机插座

光切显微镜的工作原理如图4-17所示。测量仪有两个轴线相互垂直的光管，右光管为

107

照明管，左光管为观察管。测量时将被测工件放在工作台上（注意：工件被测表面加工痕迹与光带垂直），从光源 3 发出的光经狭缝 4 以 $\alpha_1 = 45°$ 射向被测表面后，又以 $\alpha_2 = 45°$ 的角度反射出来，把被测表面轮廓切成窄长的光带，此光带曲折的程度即为被测表面微观不平度的放大。当被测表面的微小峰谷差为 $H$（即为 $Rz$ 值）时，从观察管目镜中看到放大的被测表面峰谷差 $b = \sqrt{2}NH$（$N$ 为物镜系统放大倍数）。在观察管上装有测微目镜（图 4-18）用以读数，测微目镜中目镜分厘尺的结构原理如图 4-18a 所示，刻度套筒旋转一圈，活动

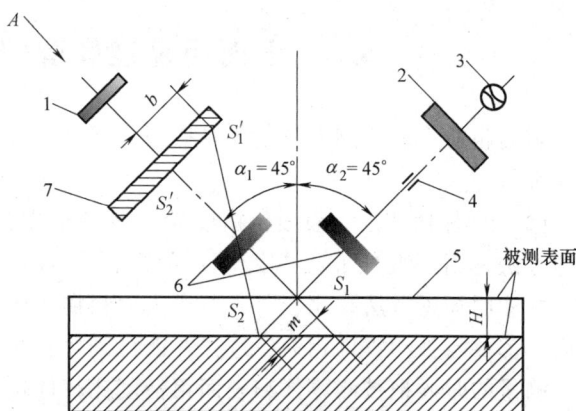

图 4-17　光切显微镜的工作原理
1—目镜　2—聚光镜　3—光源　4—狭缝
5—工件被测表面　6—物镜　7—目镜

分划板 2 上的双刻线相对于固定分划板 1 的刻线移动 1 个；而活动分划板 2 上的双刻线是在十字线的角分线上，由此可见活动分划板上十字线与测微丝杠成 45°，所以当测量 $b$ 时，转动刻度套筒使十字交叉线之一分别于波峰或波谷对准，双刻线和十字线是沿与光带波形高度 $b$ 成 45° 方向移动的，如图 4-18b 所示。所以，$b$ 与在目镜分厘尺中读取的数值 $a$ 之间的关系为 $a = b/\cos\alpha (\alpha = 45°)$，由此推出被测表面微小峰谷差 $H = a/2N$，又知目镜分厘尺刻度套筒上圆周刻度的刻度值 $i = 1/2N$，最终得出被测表面 $H$（即为 $Rz$）$= ai$。

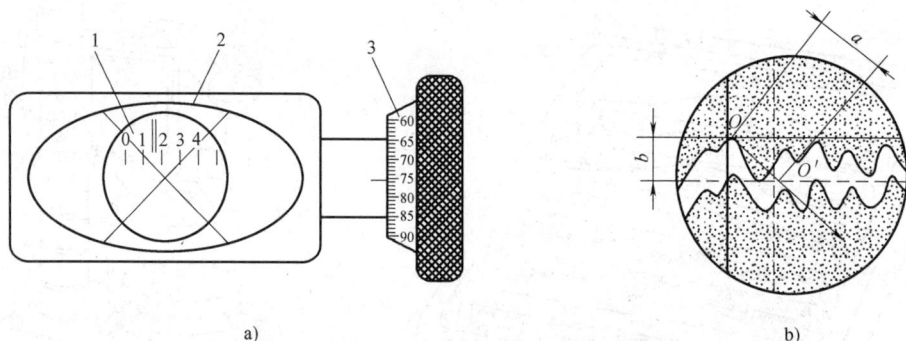

图 4-18　测微目镜示意图
a）测微目镜分厘尺结构　b）双刻线和十字线移动方向
1—固定分划板　2—活动分划板　3—测微鼓轮

　　（3）针描法　针描法是利用仪器端部的金刚石触针直接在被测表面上轻轻划过。被测表面的微观不平度使触针在垂直于表面轮廓方向上产生上、下移动。仪器通过传感器，将这种移动转换为电量变化，再经滤波器将表面轮廓上属于宏观形状误差和波纹度的部分滤去。留下表面粗糙度轮廓曲线信号送入放大器。在记录装置上得到它的放大图，经积分计算后，在显示器上示出被测表面粗糙度 $Ra$ 值或其他参数值。按针描法原理设计制造的表面粗糙度测量仪器通常称为轮廓仪，其工作原理如图 4-19 所示。根据转换原理的不同，可以有电感式轮廓仪、电容式轮廓仪、压电式轮廓仪等。它适宜于测量 $Ra$ 值为 $0.02 \sim 5\mu m$ 的内、外表面和球面。

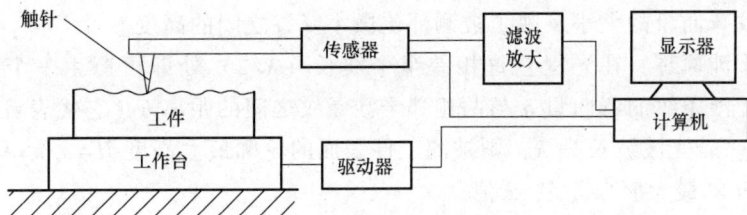

图 4-19　触针式轮廓仪的原理框图

（4）显微干涉法　显微干涉法是利用光波干涉原理和显微测量系统测量精密零件表面粗糙度的方法，属于非接触法测量，适宜测量 $Rz$ 值，测量范围为 $Rz \leqslant 1.0\mu m$。如图 4-20 所示的 6JA 型干涉显微镜，就是采用显微干涉法原理制成的。

干涉显微镜光路原理如图 4-21a 所示。由光源 1 发出的光线经反射镜 2、分光镜 3 分成两束光线，一束向上射至工件被测表面后返回，另一束向右射至标准镜 4 返回。此两束光线会合后形成一组干涉条纹。由于被测表面轮廓存在微小峰谷，而峰谷处的光程差不相同，因此造成干涉条纹的弯曲，如图 4-21b 所示。通过量仪目镜 5 可观察到这些干涉

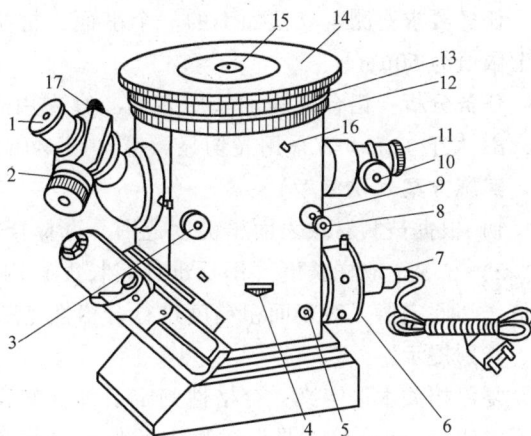

图 4-20　6JA 型干涉显微镜结构示意图

1—目镜　2—目镜测微鼓轮　3—手轮
4—光阑调节手轮　5—手柄　6、17—螺钉
7—光源　8、9、10、11—手轮　12、13、14—滚花轮
15—工作台　16—遮光板调节手柄（显微镜背面）

109

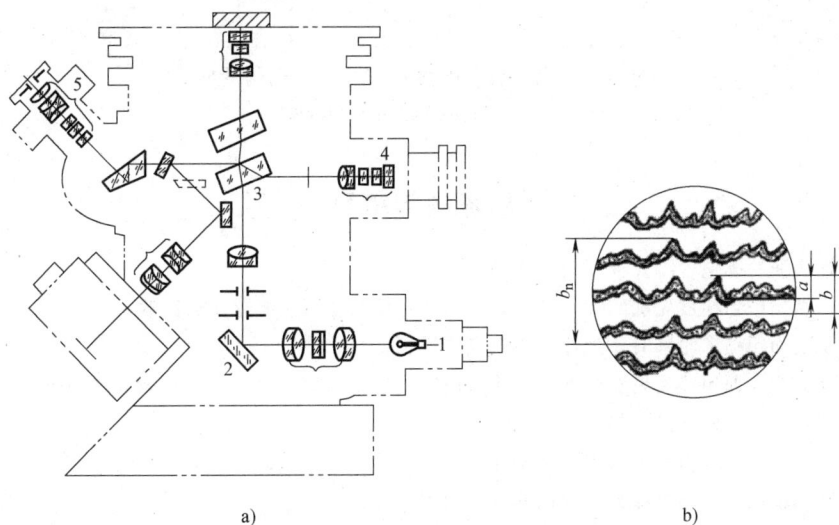

a)

b)

图 4-21　干涉显微镜光路原理及产生的干涉条纹

a）光学原理　b）干涉条纹

1—光源　2—反光镜　3—分光镜　4—标准镜　5—目镜

条纹，干涉条纹弯曲量的大小反映了被测部位微小峰谷之间的高度。

根据光波干涉原理，在光程差每相差半个波长（$\lambda/2$）处即可产生一个干涉条纹。因此，只要测出干涉条纹的弯曲量 $a$ 与两相邻干涉条纹之间的距离 $b$（它代表着两个干涉条纹间距相差 $\lambda/2$）。若光波波长为 $\lambda$，则被测工件表面的轮廓最大高度 $H = a/b \times \lambda/2$。在取样长度范围内，取 $H$ 的最大值来评定 $Rz$ 值。

### 项目3：轮廓最大高度的测量

**任务要求：** 测量立铣加工的一个平面，材质为铝合金，表面粗糙度轮廓的最大高度 $Rz$ 的上限值为 $50\mu m$。

**任务分析：** 铝合金属于软质表面，宜采用非接触式测量；同时，被测表面可见加工痕迹，$Rz$ 大于 $1\mu m$，宜采用光切显微镜（图4-16）进行测量。

**实施方案**（供参考）：

1）根据被测对象表面粗糙度范围，选择合适的取样长度和评定长度。

2）在5个取样长度（即标准评定长度）内，各测量一个 $Rz$，取5个测量值中最大的1个值作为评定值，对表面粗糙度进行合格性判断。

**特别提示：**

复习相关术语定义、合格性判定条件等知识，预习实验指导书（或通过网络查阅仪器使用说明），观看在线课程视频中的教师讲解和操作示范，尤其注意思考测量值计算与式（4-4）的区别（参见图4-22）。

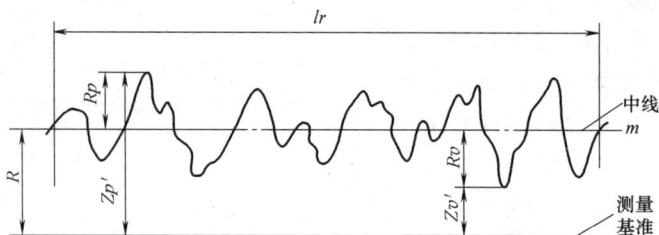

图4-22　光切显微镜测量 $Rz$ 中所采用的基准

注：$R$ 是测量基准到中线的距离。

## 思考题与练习

4.1　实际表面轮廓包含哪几种几何形状误差？

4.2　表面结构中粗糙度轮廓的含义是什么？它对零件的使用性能有什么影响？

4.3　测量表面粗糙度轮廓时，为什么要规定取样长度？

4.4　为什么在表面粗糙度轮廓标准中，除了规定"取样长度"外，还需要规定"评定长度"？

4.5　叙述轮廓中线的含义及作用。

4.6　表面粗糙度轮廓参数的选用原则是什么？

4.7　表面粗糙度轮廓幅度参数允许值的选用原则是什么？

4.8　同一表面粗糙度轮廓幅度参数 $Ra$ 值与 $Rz$ 值之间存在何种关系？

4.9　在一般情况下，$\phi70H7$ 孔与 $\phi20H7$ 孔相比，$\phi40H6/f5$ 与 $\phi40H6/t5$ 中的两个孔相比，哪个孔应选用较小的表面粗糙度轮廓幅度参数值？

4.10　在一般情况下，圆柱度公差分别为 0.01mm 和 0.02mm 的两个 $\phi$45H7 孔相比，哪个孔应选用较小的表面粗糙度轮廓幅度参数值？

4.11　按国家标准的规定，各种不同极限值的合格条件是什么？

4.12　触针式轮廓仪、光切显微镜和干涉显微镜分别适于测量哪些表面粗糙度参数？

4.13　有人说，光切显微镜既适合于测量 $Ra$ 值，又适合于测量 $Rz$ 值，对不对，为什么？

4.14　车间生产中评定表面粗糙度轮廓参数时最常用的方法是哪种？

4.15　试将下列表面粗糙度轮廓技术要求标注在图 4-23 所示锥齿轮上（未注明者都采用默认的标准值）。

1）圆锥面 $a$ 的表面粗糙度轮廓参数 $Ra$ 的上限值为 4μm。

2）轮毂端面 $b$ 和 $c$ 的表面粗糙度轮廓参数 $Ra$ 的最大值为 3.2μm。

3）$\phi$30mm 孔最后一道工序为拉削加工，表面粗糙度轮廓参数 $Rz$ 的最大值为 10μm，并注明加工纹理方向。

4）(8±0.018)mm 键槽两侧面的表面粗糙度轮廓参数 $Ra$ 的上限值为 2.5μm。

5）其余表面的表面粗糙度轮廓参数 $Rz$ 的最大值为 40μm。

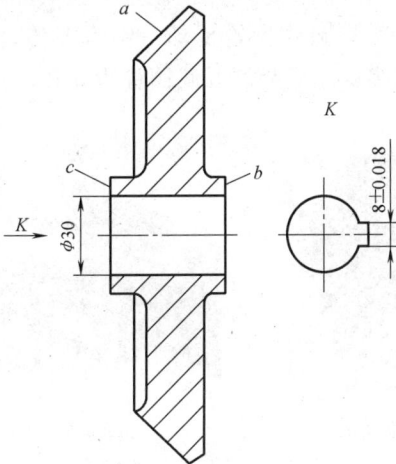

图 4-23　题 4.15 附图

# 第5章

# 圆柱齿轮公差与检测

## 5.1　概　述

齿轮传动是机器和仪器中应用极为广泛的一种传动方式。相对于其他机械传动（如链传动等），齿轮传动具有传动精度高、传动比范围大、可以实现相交轴等空间任意两轴传动、工作可靠、使用寿命长等优点，但也存在对环境要求高、轴距不能太大等缺点。常见的齿轮传动（图5-1）有圆柱齿轮传动、锥齿轮传动、齿轮齿条传动、蜗杆传动等，其中圆柱齿轮传动应用较多，尤其是渐开线圆柱齿轮传动应用最为广泛。

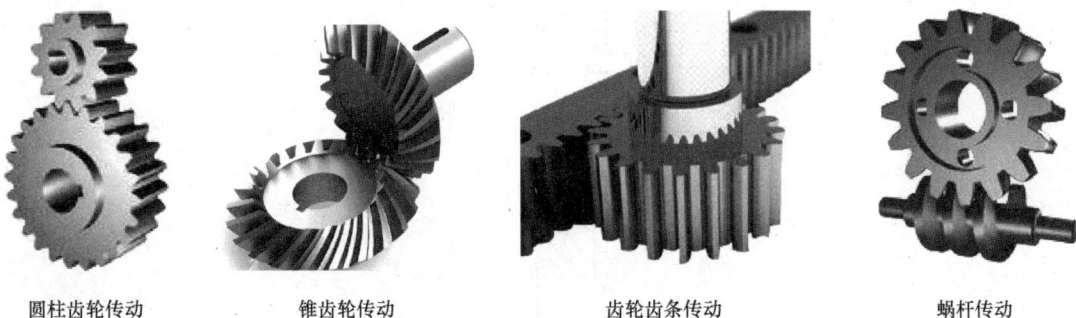

圆柱齿轮传动　　　　　锥齿轮传动　　　　　　齿轮齿条传动　　　　　蜗杆传动

图 5-1　常见的齿轮传动

齿轮传动按照用途主要分为三种类型，见表5-1。第一种分度齿轮，侧重传递角位移的齿轮传动，用于测量仪器、分度机构等；第二种传动齿轮，侧重传递速度的齿轮传动，用于汽轮机、减速器、变速箱等；第三种动力齿轮，侧重传递转矩的齿轮传动，多用于矿山机械、起重机械等。三种齿轮传动使用场合不同，其特点也不同。

表 5-1　齿轮传动的分类

| 分类 | 使用场合 | 特点 |
| --- | --- | --- |
| 分度齿轮 | 测量仪器、分度机构等 | 传递动力小,转速低 |
| 传动齿轮 | 汽轮机、减速器、变速箱等 | 传递动力大,转速高 |
| 动力齿轮 | 矿山机械、起重机械等 | 传递动力大,转速低 |

机器或仪器中齿轮传动的质量和效率主要取决于齿轮的制造精度和齿轮副的安装精度，其工作性能、承载能力、使用寿命及工作精度等都与齿轮的制造精度有密切的联系。为了保证齿轮传动的精度和互换性，就需要规定齿轮的公差、齿轮坯的公差及齿轮副公差。对于渐开线圆柱齿轮我国目前有两项国家标准，分别是 GB/T 10095.1—2008《圆柱齿轮　精度

制　第 1 部分：轮齿同侧齿面偏差的定义和允许值》和 GB/T 10095.2—2008《圆柱齿轮精度制　第 2 部分：径向综合偏差与径向跳动的定义和允许值》。同时，还有四个齿轮精度检验实施规范的指导性技术文件，分别是 GB/Z 18620.1—2008《圆柱齿轮　检验实施规范　第 1 部分：轮齿同侧齿面的检验》、GB/Z 18620.2—2008《圆柱齿轮　检验实施规范　第 2 部分：径向综合偏差、径向跳动、齿厚和侧隙的检验》、GB/Z 18620.3—2008《圆柱齿轮　检验实施规范　第 3 部分：齿轮坯、轴中心距和轴线平行度的检验》和 GB/Z 18620.4—2008《圆柱齿轮检验实施规范　第 4 部分：表面结构和轮齿接触斑点的检验》。

随着科学技术和现代生产技术的发展，对齿轮的传动性能要求越来越高，如要求机械产品自身重量轻，传递功率大，转速和工作精度高，从而对齿轮传动的精度提出了更高的要求。因此，研究齿轮误差对使用性能的影响、齿轮互换性原理、精度标准及检测技术等，对提高齿轮的加工质量具有重要意义。

## 5.2　齿轮传动的使用要求

作为传动件的齿轮，它的使用要求可以归纳为以下四个方面。

（1）传动的准确性　传动的准确性，即要求齿轮在一转范围内，最大的转角偏差（图 5-2 中 $\Delta_{i\Sigma}$）限制在一定的范围内，以保证从动件与主动件运动协调一致。

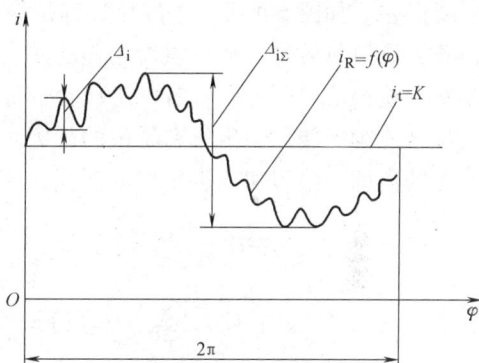

某些机器中齿轮的传动准确性对其使用性能的影响很大。例如，汽车发动机曲轴和凸轮轴上的一对正时齿轮，若它们的传动准确性精度低，则它们传动就不协调，这就会影响到进气阀和排气阀的启闭时间，从而影响发动机的正常工作。引起传动准确性的传动比最大变化量，以齿轮一转为周期且波幅大。

图 5-2　齿轮传动比的变化

（2）传动的平稳性　传动的平稳性，即要求齿轮传动瞬时传动比（图 5-2 中 $\Delta_i$）变化较小。在齿轮回转过程中，特别是高速传动的齿轮，瞬时传动比频繁地变化，会产生撞击、振动和噪声，因而影响其传动平稳性。引起传动平稳性的瞬时传动比的变化是由齿轮单齿误差引起的，其以一个齿距角为作用范围且波幅小。

（3）载荷分布的均匀性　载荷分布的均匀性，即要求齿轮啮合时齿面接触良好，以免引起应力集中，造成齿面局部磨损，影响齿轮的承载能力和使用寿命。

（4）传动侧隙的合理性　传动侧隙的合理性，即要求齿轮啮合时，非工作齿面间应具有一定的间隙，如图 5-3 所示。侧隙是在齿轮、轴、轴承、箱体和其他零部件装配成减速器、变速箱或其他传动装置后自然形成的。齿轮副应具有适当的侧隙，它用来储存润滑油、补偿热变形和弹性变形，防止齿轮在工作中发生齿面烧蚀或卡死，以使齿轮副能够正常工作。

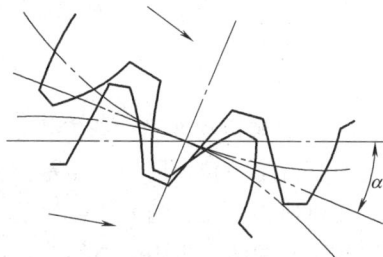

图 5-3　齿侧间隙

根据齿轮传动的用途和具体的工作条件的不同，对齿轮传动的使用要求也各有侧重。例如，用于测量仪器的读数齿轮和精密机床的分度齿轮，其特点是传动功率小、模数小和转速低，主要要求是齿轮传动的准确性，对载荷分布均匀性的要求就低一些；如果齿轮需正反转，还应尽量减小传动侧隙。对于高速动力齿轮，如汽轮机上的高速齿轮，由于圆周速度高，传动的准确性、平稳性以及载荷分布的均匀性三个方面的精度要求都是很严格的，而且要有足够大的齿侧间隙，以便润滑油畅通，避免因温度升高而咬死。汽车、机床的变速齿轮，对工作平稳性有极严格的要求。对于低速动力齿轮，如轧钢机、矿山机械和起重机用的齿轮，其特点是载荷大、传动功率大、转速低，主要要求是啮合齿面接触良好、载荷分布均匀，而对传动的准确性和平稳性的要求则相对可以低一些。

## 5.3 影响齿轮传动误差的主要因素

齿轮在使用过程有四个方面的使用要求，即传动的准确性、传动的平稳性、载荷分布的均匀性和传动侧隙的合理性。影响齿轮传动这四个方面使用要求的误差，主要来源于齿轮加工误差。下面以应用较广的滚齿加工（图5-4）为例，来分析影响齿轮传动的主要误差。如图5-4所示，滚齿过程是滚刀与齿轮坯强制啮合的过程。滚刀的轴剖面相当于齿条，滚刀每转过一转，该齿条移动一个齿距。齿轮坯安装在工作台的芯轴上，通过分齿传动链，使得滚刀转过一转时，工作台恰好转过一个齿距角，即齿轮加工的展成运动。滚刀和工作台连续回转，切出所有轮齿的齿廓。滚刀架沿滚齿机刀架导轨移动，使滚刀切出整个齿宽上的齿廓。滚刀切入齿轮坯的深度，决定齿轮齿厚的大小。

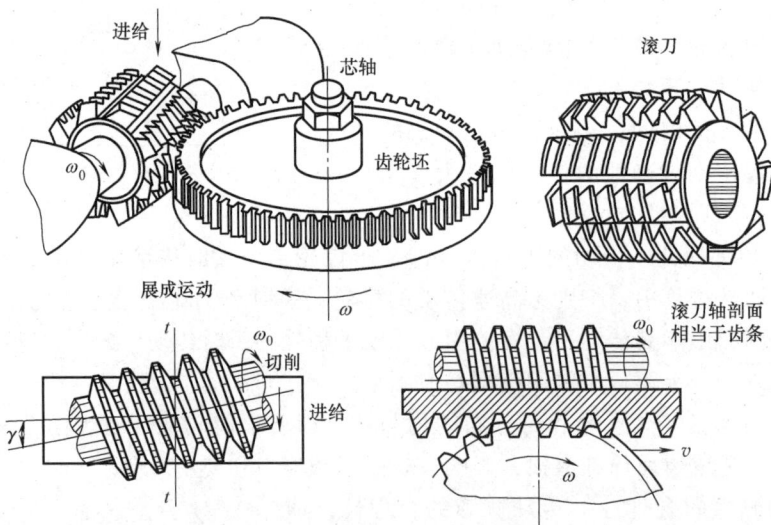

图 5-4　滚齿加工切齿示意图

（1）影响传动准确性的主要误差　影响传动准确性的误差，是齿轮齿距分布不均匀而产生的以齿轮一转为周期的误差，主要来源于齿轮的几何偏心和运动偏心。

几何偏心 $e_1$ 是指齿轮坯基准孔轴线与机床工作台上芯轴轴线的不重合。切齿时以芯轴轴线为圆心的圆上齿距分布均匀，由于几何偏心的存在使得以齿轮基准轴线为圆心的圆上齿距分布不均匀（图5-5）。存在几何偏心时，齿轮坯相对滚刀的距离 $A$ 发生变化，切出的齿一边肥且短、一边瘦且长。同时，当以齿轮基准孔定位进行测量时，在齿轮一转内产生周期性的齿圈径向跳动误差，同时齿距和齿厚也产生周期性变化。

　　运动偏心 $e_2$ 是指机床分度蜗轮几何偏心 $e_{1y}$ 复映到被切齿轮上的误差，因而使以齿轮基准轴线为圆心的圆上齿距分布不均匀（图5-6）。运动偏心的存在，使齿轮坯相对于滚刀的转速不均匀，忽快忽慢，破坏了齿轮坯与滚刀之间的正常滚切运动，而使被加工齿轮的齿廓在切向上产生了位置误差。

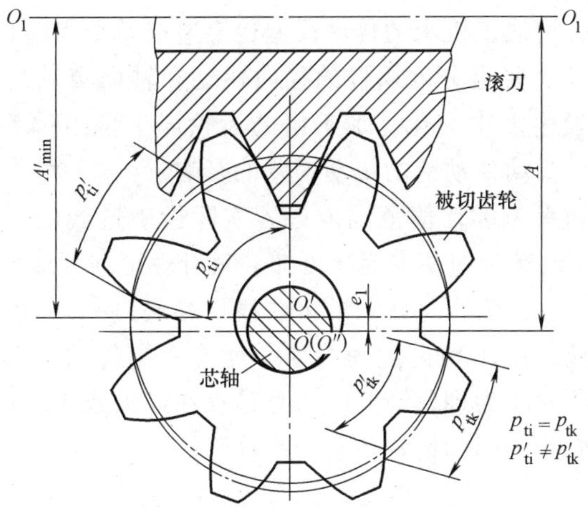

图 5-5　几何偏心对齿距分布不均性的影响

$e_1$—几何偏心　$O$—滚齿机工作台回转中心　$O'$—齿轮坯基准孔中心

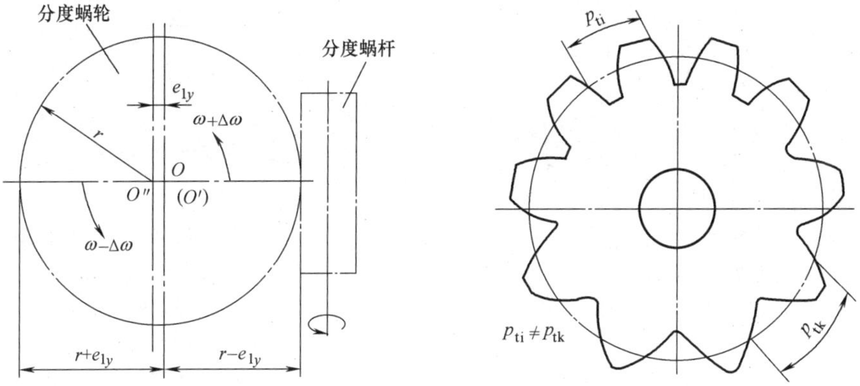

图 5-6　运动偏心对齿距分布不均性的影响

$O$—滚齿机工作台回转中心　$O''$—分度蜗轮的分度圆中心

　　必须指出，几何偏心是被切齿轮相对滚刀产生额外的径向位移，而没有产生多余的切向位移。运动偏心在被切齿轮的分度圆切线方向产生额外的切向位移，但没有产生径向位移，一般情况下这两种误差是同时存在的。两者都造成以齿轮基准孔中心为圆心的圆周上各个齿距分布的不均匀，且以齿轮一转为周期。它们可能叠加，也可能抵消。齿轮传动准确性的精度，应以两者综合造成的各个齿距分布不均匀而产生的转角偏差最大值（如图5-2中所示）

来评定。

（2）影响传动平稳性的主要误差　影响传动平稳性的误差，是齿轮的单齿误差而引起的以一个齿距角为周期的误差，其主要包括单个齿距偏差即齿轮同侧相邻齿廓间的齿距偏差和齿轮齿廓的形状误差（又称为齿廓总偏差）。

单个齿距偏差 $\Delta f_{pt}$ 是在端平面上，在接近齿高中部的一个与齿轮轴线同心的圆上，实际齿距与理论齿距的代数差，如图 5-7 所示。由于齿轮各个实际齿距存在不同程度的齿距偏差，在齿轮每转一个齿距角的过程中都会出现不同程度的转角误差，因而引起瞬时传动比不断变化，影响齿轮传动的平稳性。除几何偏心和运动偏心会引起被切齿轮齿距分布不均匀而造成单个齿距偏差外，齿轮加工机床的传动误差也会造成单个齿距偏差。加工直齿轮时，受分度传动链的传动误差（主要是分度蜗杆的径向跳动和轴向窜动）的影响，使蜗轮（齿轮坯）在一转范围内转速发生多次变化，加工出的齿轮产生齿距偏差。加工斜齿轮时，除了分度传动链误差外，还受差动传动链的传动误差的影响。

齿廓总偏差 $\Delta F_{\alpha}$ 是指在齿廓计值范围内包容实际齿廓迹线的两条设计齿廓迹线间的距离，如图 5-8 所示。由齿轮啮合的基本定律可知，只有理论渐开线、摆线或共轭齿廓才能使啮合传动中的主、从动齿轮的齿廓接触点的公法线始终通过一点（节点），传动比才能保持不变。对渐开线齿轮来说，由于切齿过程中如分度传动链传动误差、滚刀加工误差等的影响，难以保证所切齿廓的形状为理论渐开线，总是存在或大或小的齿廓偏差，因而导致齿轮工作时瞬时传动比不断变化，影响齿轮传动的平稳性。

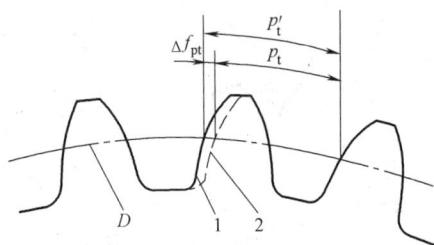

图 5-7　单个齿距偏差

D—接近齿高中部的圆

1—轮齿的实际位置　2—轮齿的理论位置

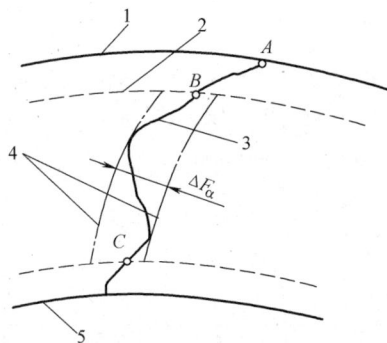

图 5-8　齿廓总偏差

1—齿顶圆　2—齿顶修缘起始圆　3—实际齿廓

4—设计齿廓　5—齿根圆

AC—齿廓有效长度　AB—倒棱部分

BC—工作部分（齿廓计值范围）

齿轮每转过一齿时，单个齿距偏差和齿廓偏差是同时存在的，故齿轮传动平稳性的精度需联合采用两者进行评定。

（3）影响载荷分布均匀性的主要误差　齿轮啮合时，齿面接触不良会影响轮齿载荷分布的均匀性。影响齿高方向载荷分布均匀性的主要误差是齿廓偏差，影响齿宽方向载荷分布均匀性的主要误差是螺旋线偏差。螺旋线是一对齿轮啮合过程中在齿宽方向的接触线，对于直齿圆柱齿轮其螺旋线为平行于齿轮基准轴线的直线。螺旋线总偏差 $\Delta F_{\beta}$，就是螺旋线计值范围内包容实际螺旋线迹线的两条设计螺旋线迹线间的距离，如图 5-9 所示。

滚切直齿轮时，刀架导轨相对于工作台回转轴线的平行度误差、芯轴轴线相对于工作台回转轴线倾斜、齿轮坯切齿时的定位端面对其基准孔轴线的垂直度误差等，都会使被切齿轮在齿宽方向产生螺旋线偏差。如图 5-10 所示，当滚齿机刀架导轨在齿轮坯径向平面内的倾斜而造成滚刀进给方向与工作台回转轴线不平行时，会使被切直齿轮左、右齿面产生大小相等而方向相反的螺旋线偏差，这样的齿轮与无螺旋线偏差的配对齿轮安装后形成齿宽一端局部接触斑点；当滚齿机刀架导轨在齿轮坯切向平面内的倾斜而造成滚刀进给方向与工作台回转轴线不平行，会使被切直齿轮左、右齿面产生大小相等而方向相同的螺旋线偏差，这样的齿轮与无螺旋线偏差的配对齿轮安装后形成齿宽对角接触斑点。

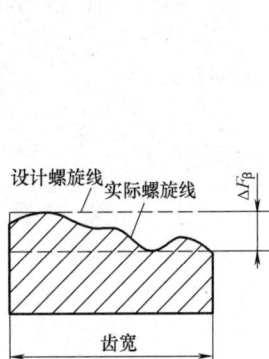

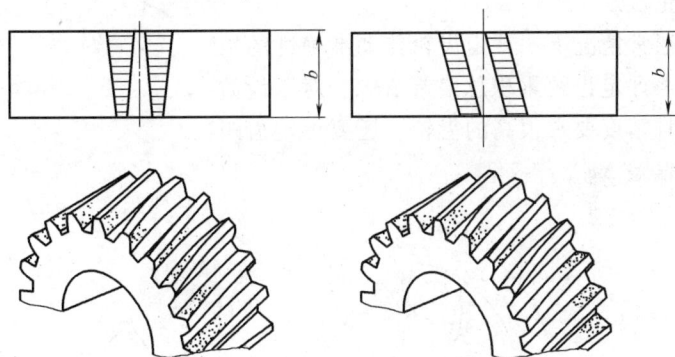

图 5-9　螺旋线总偏差　　　　　图 5-10　刀架导轨倾斜产生的螺旋线偏差和接触斑点

齿轮每个轮齿的螺旋线偏差和齿廓偏差是同时存在的，故轮齿载荷分布均匀性的精度应联合采用两者进行评定。在确定齿轮公差时，后者由齿轮传动平稳性的公差项目来控制。

（4）影响侧隙合理性的主要误差　齿轮上影响侧隙大小和侧隙不均匀的误差是齿轮的齿厚偏差及其变动量。齿厚偏差是指实际齿厚与公称齿厚之差。为了保证必要的最小侧隙，必须规定齿厚的最小减薄量，即齿厚上偏差；又为了保证侧隙不致过大，必须规定齿厚公差。实际齿厚的大小与切齿时齿轮刀具的切削深度有关，同一齿轮各齿齿厚的变动量与几何偏心有关。其次侧隙的误差还与齿轮副中心距有关。

## 5.4　圆柱齿轮误差的评定项目及其检测

国家标准中，对齿轮传动准确性、平稳性和载荷分布均匀性三个方面的使用要求，规定了检测精度指标。对应每个使用要求都有很多的检测精度指标，其中有些检测精度指标是强制性的，而有些指标是非强制性的。强制性指标是必检指标，非强制性指标一般根据用户要求来选择检测。

### 5.4.1　评定传动准确性的指标及其检测

对于评定齿轮传动准确性的精度，国家标准规定的强制性检测指标是齿距累积总偏差，有时还需增加齿距累积偏差，其他误差项目如切向综合总偏差、齿轮径向跳动和径向综合总偏差为非强制性检测项目。

（1）齿距累积偏差（$\Delta F_{pk}$）与齿距累积总偏差（$\Delta F_P$）　齿距累积偏差 $\Delta F_{pk}$ 是指任意 $k$

个齿距的实际弧长与理论弧长的代数差。其中，$k$ 表示测量齿距的跨齿数。$k$ 为从 2 到 $z/8$ 的整数（$z$ 为齿轮的齿数），通常取 $k = z/8$ 的取整值就足够了（图 5-11 中 $k$ 取 3，$\Delta F_{pk} = \Delta F_{p3}$）。对于特殊场合（如高速齿轮），可以规定更小的 $k$ 值。通常取绝对值最大的那个偏差作为 $k$ 个齿距累计偏差评定值 $\Delta F_{pkmax}$。齿距累积偏差是代数差，因此是有正负的。

齿距累积总偏差 $\Delta F_P$ 是指齿轮同侧齿面任意弧段（$k = 1 \sim z$）内的最大齿距累积偏差，它表现为齿距累积偏差的总幅值（图 5-12）。因为是幅值，所以齿距累积总偏差都是正数。

通常情况下，评定齿轮传动准确性的精度只需评定齿距累积总偏差 $\Delta F_P$；对于齿数较多且精度要求很高的齿轮，还要评定齿距累积偏差 $\Delta F_{pk}$。

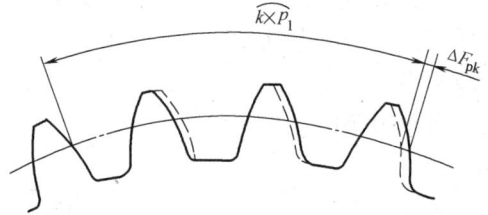

图 5-11　齿距累积偏差

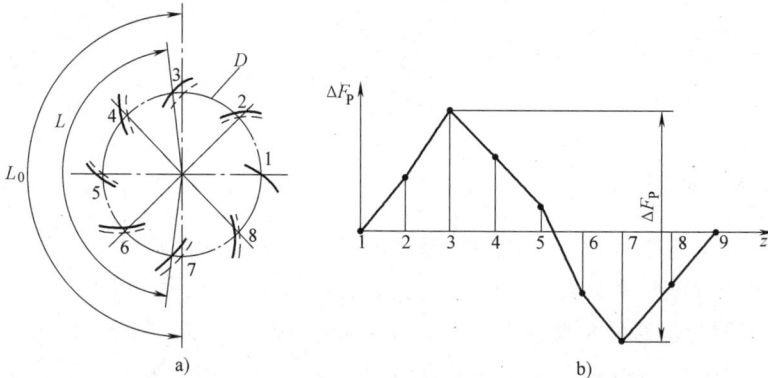

图 5-12　齿距累积总偏差

a）齿距在分度圆上的分布　b）误差曲线

$L$—实际弧长　$L_0$—理论弧长　$D$—接近齿高中部的圆　$z$—齿数

齿距累积总偏差（$\Delta F_P$）与齿距累积偏差（$\Delta F_{pk}$）的合格条件是：$\Delta F_P$ 不大于齿距累积总偏差的允许值 $F_P$，即 $\Delta F_P \leqslant F_P$；所有的 $\Delta F_{pk}$ 都在齿距累积偏差的允许值 $\pm F_{pk}$ 的范围内，即 $-F_{pk} \leqslant \Delta F_{pk} \leqslant +F_{pk}$（$|\Delta F_{pkmax}| \leqslant F_{pk}$）。齿距累积总偏差的允许值 $F_P$ 和齿距累积偏差的允许值 $\pm F_{pk}$，均可以查阅相应国家标准 GB/T 10095.1—2008《圆柱齿轮　精度制　第 1 部分：轮齿同侧齿面偏差的定义和允许值》。表 5-2 是摘录的部分齿距累积总偏差允许值 $F_P$。

表 5-2　齿距累积总偏差允许值 $F_P$　　　　　　　　　　（单位：μm）

| 分度圆直径 $d$/mm | 模数 $m$/mm | 精度等级 | | | | | | | | | | |
|---|---|---|---|---|---|---|---|---|---|---|---|---|
| | | 2 | 3 | 4 | 5 | 6 | 7 | 8 | 9 | 10 | 11 | 12 |
| 50<$d$≤125 | 0.5≤$m$≤2 | 6.5 | 9.0 | 13.0 | 18.0 | 26.0 | 37.0 | 52.0 | 74.0 | 104.0 | 147.0 | 208.0 |
| | 2<$m$≤3.5 | 6.5 | 9.5 | 13.0 | 19.0 | 27.0 | 38.0 | 53.0 | 76.0 | 107.0 | 151.0 | 214.0 |
| | 3.5<$m$≤6 | 7.0 | 9.5 | 14.0 | 19.0 | 28.0 | 39.0 | 55.0 | 78.0 | 110.0 | 156.0 | 220.0 |

齿距累积总偏差（$\Delta F_P$）与齿距累积偏差（$\Delta F_{pk}$）的测量基准是被测齿轮的基准轴线，

它们的数值是在测量了齿轮各个齿距偏差并进行数据处理得到的。齿距偏差的测量可以采用绝对法，也可以采用相对法。

绝对法测齿距偏差时，是通过把实际齿距直接与理论齿距相比较，以获得齿距偏差的角度值或线性值。图 5-13 所示为是绝对法测量齿距偏差的示意图。这种测量方法是利用分度装置，按照理论齿距角进行精确分度，然后将位置固定的测量装置的一个测头，与齿面在接近齿高中部的一个圆上接触来进行测量，沿切线方向读取示值。测量时，可选用万能工具显微镜及其配件光学分度头。这样，依次每转过一个理论齿距角，测取逐齿累计实际齿距角对相应逐齿累计理论齿距角的偏差。这些偏差经过数据处理即可求出 $\Delta F_P$ 和 $\Delta F_{pkmax}$ 的数值。

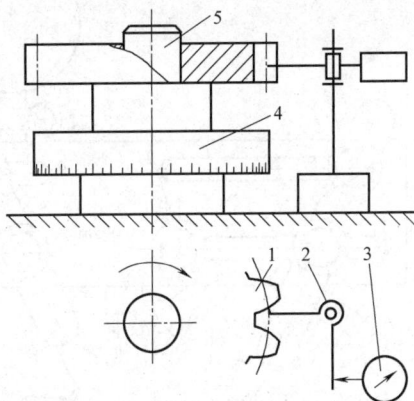

图 5-13　绝对法测齿距偏差示意图
1—被测齿轮　2—测量杠杆　3—指示表
4—分度装置　5—芯轴

按照图 5-13 所示的绝对测量方法，测量一个齿数为 8 的从动直齿轮左齿面的齿距偏差。测量时指示表的起始读数为零，分度头每旋转 360°/8（即 45°），就用指示表测量一次并读数，获得见表 5-3 中第 3 行的测量值。

表 5-3　用绝对法测量齿距偏差所得的数据及相应的数据处理

| 轮齿序号 | 1→2 | 1→3 | 1→4 | 1→5 | 1→6 | 1→7 | 1→8 | 1→1 |
|---|---|---|---|---|---|---|---|---|
| 齿距序号 $p_i$ | $p_1$ | $p_2$ | $p_3$ | $p_4$ | $p_5$ | $p_6$ | $p_7$ | $p_8$ |
| 指示表示值（齿距偏差逐齿累计值）/μm | +12 | +24 | +18 | +6 | −12 | −18 | −6 | −0 |
| $p_i - p_{(i-1)} = \Delta f_{pti}$（实际齿距与理论齿距的代数差）/μm | +12 | +12 | −6 | −12 | −18 | −6 | +12 | +6 |

齿距累积总偏差 $\Delta F_P$ 是任意两个同侧齿面间的实际弧长与理论弧长的代数差中的最大绝对值，它等于指示表所有示值中的正、负极值之差的绝对值（本例为第 3 齿至第 7 齿之间），即 $\Delta F_P = (+24)\,\mu m - (-18)\,\mu m = 42\,\mu m$。如果取跨齿数 $k$ 为 2，求解 2 个齿距累积偏差 $\Delta F_{p2}$。首先，将指示表第 1 个示值（即 1→2 间的齿距偏差）列入表 5-3 中，再用指示表第 2 个示值减去第 1 个示值得到 2→3 间的齿距偏差，然后依次得到其他齿距偏差。2 个齿距累积偏差 $\Delta F_{p2}$ 等于连续两个齿距的单个齿距偏差的代数和。本例中，第 4 和第 5 个齿距偏差代数和的绝对值最大，故 2 个齿距累积偏差 $\Delta F_{p2} = (-12)\,\mu m + (-18)\,\mu m = -30\,\mu m$。

相对测量法一般使用双测头式齿距比较仪，或在万能测齿仪上测量。图 5-14 所示为采用齿距比较仪相对测量齿距偏差示意图。齿距比较仪测量齿距偏差时，用定位支脚 1 和 4 在被测齿轮的齿顶圆上定位，让固定量爪 2 和活动量爪 3 的测头，分别与相邻的两个同侧齿面在接近齿高中部的一个圆上接触，以被测齿轮上任意一个实际齿距作为基准齿距，用它调整指示表的示值零位。然后，用这个调整好示值零位的量仪，依次测出其余齿距对基准齿距的偏差，按圆周封闭原理即同一齿轮所有齿距偏差的代数和为零进行数据处理，求出 $\Delta F_P$ 和 $\Delta F_{pkmax}$ 的数值。

按照图 5-14 所示相对测量方法，测量齿数为 12 的直齿轮右齿面的齿距偏差，测得的第

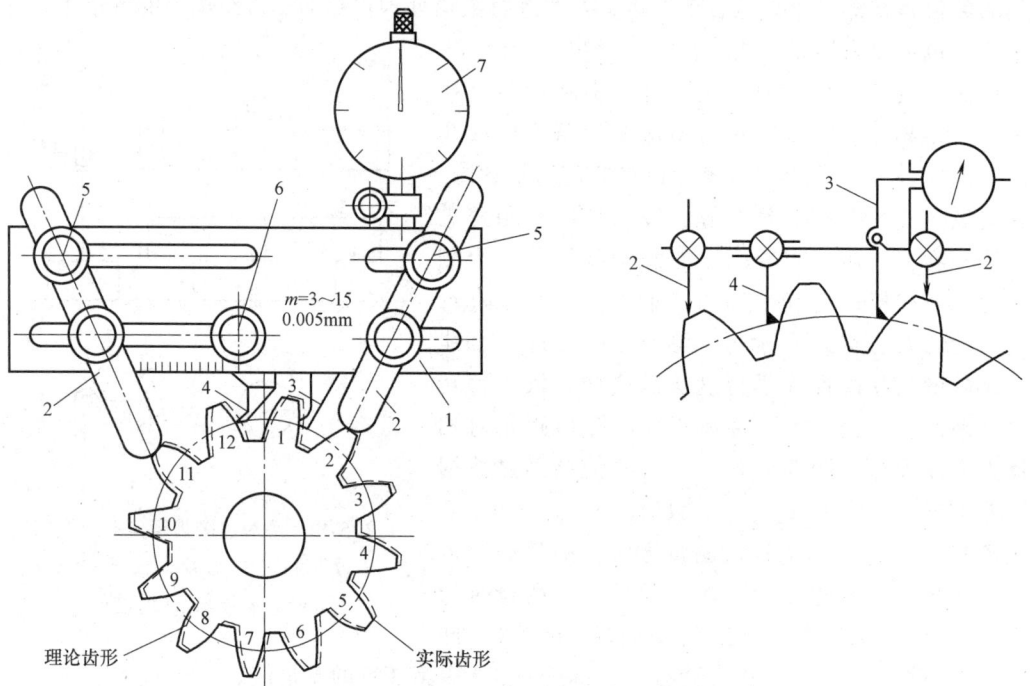

图 5-14　齿距比较仪相对测量齿距偏差示意图

1、4—定位支脚　2—固定量爪　3—活动量爪　5、6—紧固螺钉　7—指示表

1 个齿距作为基准齿距，调整量仪指示表的示值零位，然后依次测出其余齿距对基准齿距的偏差，获得见表 5-4 中第 3 行的测量值。因为测量时以第 1 个齿距作为基准齿距，所以每一个测量值中均含这一齿距的齿距偏差，故需要对表 5-4 中第 3 行的测量值进行修正。求出所有测量值平均值，即获得第 1 个齿距的齿距偏差，然后用测量值减去第 1 个齿距的齿距偏差得到各个齿距的齿距偏差（表 5-4 中第 5 行），再逐齿累加便可得到齿距偏差逐齿累计值。

表 5-4　用相对法测量齿距偏差所得的数据及相应的数据处理　　　　（单位：μm）

| 轮齿序号 | 1→2 | 2→3 | 3→4 | 4→5 | 5→6 | 6→7 | 7→8 | 8→9 | 9→10 | 10→11 | 11→12 | 12→1 |
|---|---|---|---|---|---|---|---|---|---|---|---|---|
| 齿距序号 $p_i$ | $p_1$ | $p_2$ | $p_3$ | $p_4$ | $p_5$ | $p_6$ | $p_7$ | $p_8$ | $p_9$ | $p_{10}$ | $p_{11}$ | $p_{12}$ |
| 指示表示值（实际齿距对基准齿距的偏差） | 0 | +5 | +5 | +10 | −20 | −10 | −20 | −18 | −10 | −10 | +15 | +5 |
| 各个示值的平均值 $p_m = \dfrac{1}{12} \sum\limits_{i=1}^{12} p_i$ | | | | | | −4 | | | | | | |
| $p_i - p_m$（$\Delta f_{pti}$）（实际齿距与理论齿距 $p_m$ 的代数差） | +4 | +9 | +9 | +14 | −16 | −6 | −16 | −14 | −6 | −6 | +19 | +9 |
| $p_\Sigma = \sum\limits_{i=1}^{j} (p_i - p_m)$（齿距偏差逐齿累计值），（$j=1,2,\cdots,12$） | +4 | +13 | +22 | +36 | +20 | +14 | −2 | −16 | −22 | −28 | −9 | 0 |

齿距累积总偏差 $\Delta F_P$ 是任意两个同侧齿面间的实际弧长与理论弧长的代数差中的最大绝对值，它等于齿距偏差逐齿累计值中的正、负极值之差的绝对值（本例为第 5~11 齿），即 $\Delta F_P = (+36)\,\mu m - (-28)\,\mu m = 64\,\mu m$。

如果取跨齿数 $k$ 为 3，求解 3 个齿距累积偏差 $\Delta F_{p3}$。3 个齿距累积偏差 $\Delta F_{p3}$ 等于连续三个齿距的单个齿距偏差的代数和。本例中，第 5、6、7 三个齿距偏差代数和的绝对值最大，故 3 个齿距累积偏差 $\Delta F_{p3} = (-16)\,\mu m + (-6)\,\mu m + (-16)\,\mu m = -38\,\mu m$。

（2）切向综合总偏差（$\Delta F_i'$） 被测齿轮与测量齿轮单面啮合检验时，被测齿轮一转内，齿轮分度圆上实际圆周位移与理论圆周位移的最大差值（图 5-15），即为切向综合总偏差 $\Delta F_i'$。

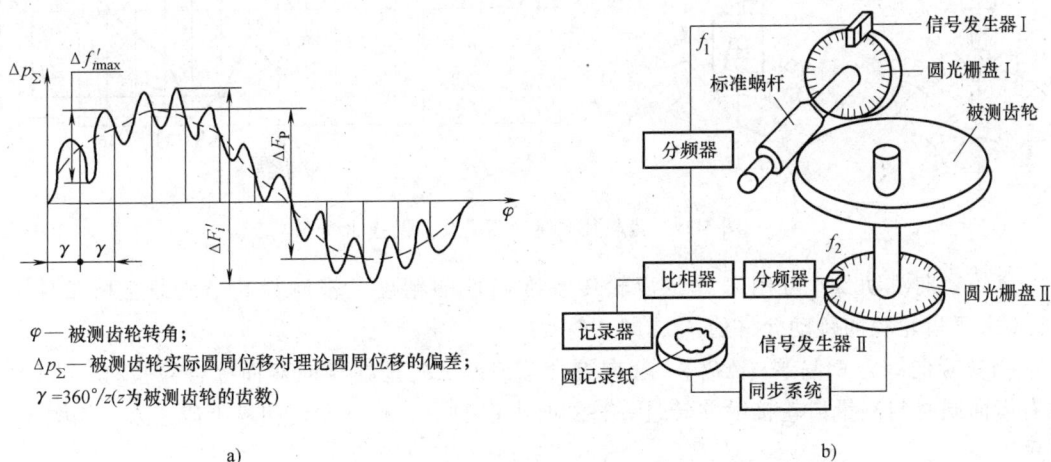

$\varphi$ — 被测齿轮转角；
$\Delta p_\Sigma$ — 被测齿轮实际圆周位移对理论圆周位移的偏差；
$\gamma = 360°/z$（$z$ 为被测齿轮的齿数）

a)                                                        b)

图 5-15 切向综合总偏差曲线及其测量仪器

a）切向综合总偏差曲线图 b）光栅式单啮仪工作原理

切向综合总偏差反映齿轮一转中的转角误差，说明齿轮运动的不均匀性。在一转过程中，其转速忽快忽慢，呈周期性变化。切向综合总偏差既反映切向误差，又反映径向误差，是评定齿轮运动准确性较为完善的综合性指标。当切向综合总偏差小于或等于所规定的允许值时，表示齿轮可以满足传动准确性的使用要求。$\Delta F_i'$ 在单面啮合状态下测量，被测齿轮近似于工作状态，测量结果又反映了各种误差的综合作用，因此该项目是评定齿轮传动准确性较完善的指标。

$\Delta F_i'$ 的测量仪器为单啮仪。单啮仪的结构有多种形式，图 5-15b 所示为光栅式单啮仪的工作原理。标准蜗杆（也可用标准齿轮）与被测齿轮啮合，两者各带一个光栅盘和信号发生器，两者的角位移信号经分频器后变为同频信号。当被测齿轮有误差时将引起回转角误差，此回转角的微小误差将变为两路信号的相位差，经比相器、记录器记录出的偏差曲线如图 5-15a 所示。

切向综合总偏差 $\Delta F_i'$ 可用来评定齿轮传动准确性的精度，被测齿轮 $\Delta F_i'$ 的合格条件为：$\Delta F_i'$ 不大于切向综合总偏差的允许值 $\Delta F_i'$，即 $\Delta F_i' \leqslant F_i'$。

（3）齿轮径向跳动（$\Delta F_r$） 齿轮径向跳动 $\Delta F_r$ 是测头（球形、圆柱形、砧形）相继置于每个齿槽内时从它到齿轮轴线的最大和最小径向距离之差。检查中，测头在近似齿高中部与左右齿面接触。$\Delta F_r$主要是由几何偏心引起的，它可以揭示齿距累积偏差中的径向误差，但并不反映由运动偏心引起的切向误差，故不能全面评价传动准确性，只能作为单项指标。$\Delta F_r$可以在齿圈径向跳动检查仪、万能测齿仪或普通偏摆检查仪上用指示表测量。如图 5-16 所示，测量时测头与齿槽双面接触，以齿轮孔中心线为测量基准，依次逐齿测量，在齿轮一转中指示表的最大示值与最小示值之差就是被测齿轮的齿圈径向跳动。

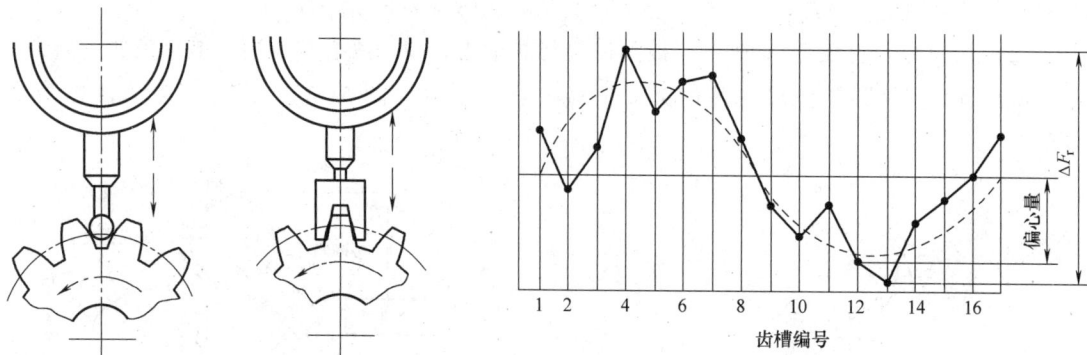

图 5-16　齿轮径向跳动测量及其误差曲线

齿轮径向跳动 $\Delta F_r$ 可用来评定齿轮传动准确性的精度，被测齿轮 $\Delta F_r$ 的合格条件为：$\Delta F_r$ 不大于齿轮径向跳动允许值 $F_r$，即 $\Delta F_r \leqslant F_r$。

（4）径向综合总偏差（$\Delta F_i''$）　径向综合总偏差 $\Delta F_i''$ 是在径向双面综合检验时，齿轮的左右齿面同时与测量齿轮接触并转过一整圈时出现的中心距最大值和最小值之差，如图 5-17 所示。

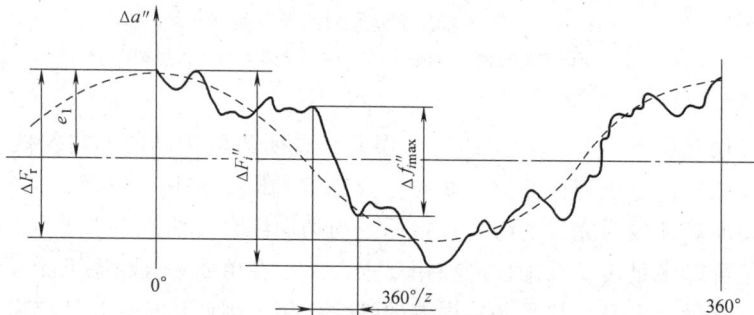

图 5-17　径向综合偏差曲线

$\Delta a''$—双啮中心距变动　$e_1$—几何偏心　$\Delta F_r$—齿轮径向跳动

径向综合总偏差 $\Delta F_i''$ 是在齿轮双面啮合综合检查仪（图 5-18）上进行测量的。将被测齿轮与基准齿轮分别安装在双面啮合检查仪的两平行心轴上，在弹簧作用下两齿轮做紧密无侧隙的双面啮合。使被测齿轮回转一周，被测齿轮一转中指示表的最大读数差值（即双啮中心距的总变动量）即为被测齿轮的径向综合总偏差 $\Delta F_i''$。由于其中心距变动主要反映径向误差，也就是说径向综合总偏差 $\Delta F_i''$ 主要反映径向误差，它可代替径向跳动 $\Delta F_r$，并且可综合反映齿形、齿厚均匀性等误差在径向上的影响。因此，径向综合总偏差 $\Delta F_i''$ 也是作为影响传动准确性指标中属于径向性质的单项性指标。被测齿轮 $\Delta F_i''$ 的合格条件为：$\Delta F_i''$ 不大于径向综合总偏差的允许值 $F_i''$，即 $\Delta F_i'' \leq F_i''$。

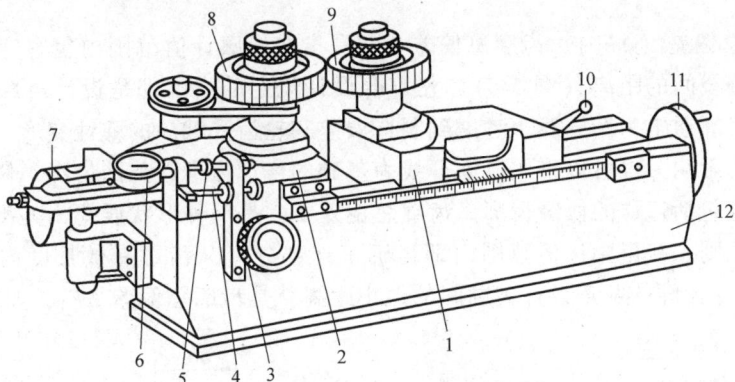

图 5-18　齿轮双面啮合综合检查仪

1—固定底座　2—浮动滑座　3—手轮　4—销钉　5—螺钉　6—指示表
7—记录器　8—测量齿轮　9—被测齿轮　10—手柄　11—手轮　12—底座

　　用齿轮双面啮合综合检查仪测量径向综合总偏差，测量状态与齿轮的工作状态不一致，测量结果同时受左、右两侧齿廓和测量齿轮的精度及总重合度的影响，不能全面地反映齿轮传动准确性要求。由于仪器测量时的啮合状态与切齿时的状态相似，能够反映齿轮坯和刀具的安装误差，且仪器结构简单、环境适应性好、操作方便、测量效率高，故在大批量生产中常用此项指标。

### 5.4.2　评定传动平稳性的指标及其检测

　　对于评定齿轮传动平稳性的精度，国家标准规定的强制性检测指标是单个齿距偏差和齿廓总偏差，其他误差项目如一齿切向综合总偏差和一齿径向综合总偏差为非强制性检测项目。

　　（1）单个齿距偏差（$\Delta f_{pt}$）　单个齿距偏差 $\Delta f_{pt}$ 是指在齿轮端平面上，在接近齿高中部的一个与齿轮轴线同心的圆上，实际齿距与理论齿距的代数差（图 5-7），合格条件是各个齿距偏差均应在齿距偏差允许值 $\pm f_{pt}$ 范围内（$-f_{pt} \leq \Delta f_{pt} \leq +f_{pt}$），即 $|\Delta f_{ptmax}| \leq f_{pt}$。表 5-5 是摘录的部分齿轮单个齿距偏差允许值 $\pm f_{pt}$。

表 5-5　齿轮单个齿距偏差允许值 $\pm f_{pt}$　　　　　（单位：μm）

| 分度圆直径 $d$/mm | 模数 $m$/mm | 精度等级 | | | | | | | | | | |
| --- | --- | --- | --- | --- | --- | --- | --- | --- | --- | --- | --- | --- |
| | | 2 | 3 | 4 | 5 | 6 | 7 | 8 | 9 | 10 | 11 | 12 |
| $50 < d \leq 125$ | $0.5 \leq m \leq 2$ | 1.9 | 2.7 | 3.8 | 5.5 | 7.5 | 11.0 | 15.0 | 21.0 | 30.0 | 43.0 | 61.0 |
| | $2 < m \leq 3.5$ | 2.1 | 2.9 | 4.1 | 6.0 | 8.5 | 12.0 | 17.0 | 23.0 | 33.0 | 47.0 | 66.0 |
| | $3.5 < m \leq 6$ | 2.3 | 3.2 | 4.6 | 6.5 | 9.0 | 13.0 | 18.0 | 26.0 | 36.0 | 52.0 | 73.0 |

　　单个齿距偏差的测量仪器和测量方法，与齿距累积总偏差的测量是一样的。在一次测量中，通过数据处理就可以得到单个齿距偏差、齿距累积总偏差和 $k$ 个齿距累积偏差。例如表 5-3 所示的绝对法测量齿距偏差的例子中，其单个齿距偏差 $\Delta f_{pt}$ 就是表中最下面一行中绝对值最大的那个齿距偏差，此例中 $\Delta f_{ptmax} = -18\mu m$；再如，表 5-4 的相对法测量齿距偏差的例

子中，其单个齿距偏差 $\Delta f_{pt}$ 就是表中倒数第二行中绝对值最大的那个齿距偏差，此例中 $\Delta f_{ptmax} = +19\mu m$。

（2）齿廓总偏差（$\Delta F_a$）　齿廓总偏差 $\Delta F_a$ 是指在齿廓计值范围内包容实际齿廓迹线的两条设计齿廓迹线间的距离（图5-8）。凡符合设计规定的齿廓都是设计齿廓，一般是指端面齿廓。设计齿廓通常为渐开线。考虑到制造误差和轮齿受载后的弹性变形，为了降低噪声和减小动载荷的影响，也可以采用以渐开线为基础的修形齿廓，如凸齿廓、修缘齿廓等。所以，设计齿廓也包括这样的修缘齿廓。齿廓总偏差 $\Delta F_a$ 是一种形状误差，其符合形状误差评定的最小条件原则。在齿廓计值范围内即齿廓工作部分（从齿廓有效长度内扣除齿顶倒棱部分），包容实际齿廓的两条设计齿廓间的最小距离就是齿廓总偏差 $\Delta F_a$，如图5-19所示。

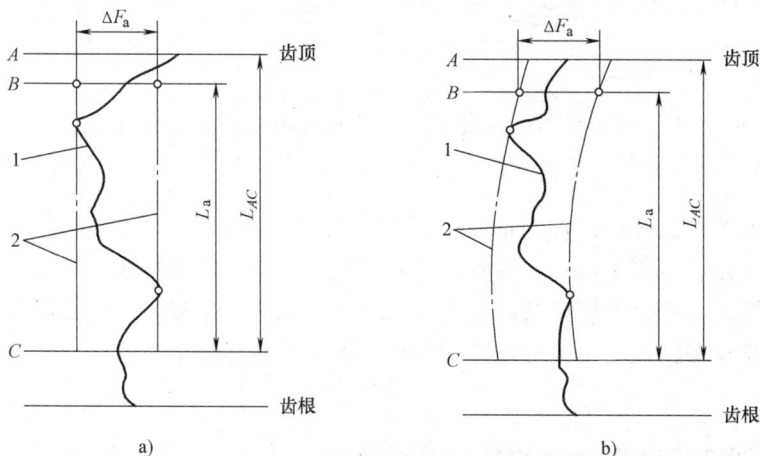

图5-19　两种类型渐开线的齿廓总偏差
a）未经修形的渐开线　b）修形的渐开线（凸齿廓）
$L_a$—齿廓计值范围　$L_{AC}$—齿廓有效长度　1—实际齿廓迹线　2—设计齿廓迹线
AC—齿廓有效长度　AB—倒棱部分　BC—工作部分（齿廓计算范围）

齿廓偏差的存在，使两齿面啮合时产生传动比的瞬时变动。如图5-20所示，两理想齿廓应在啮合线上的 a 点接触，由于齿廓偏差使接触点由 a 变到 a'，引起瞬时传动比的变化，这种接触点偏离啮合线的现象在一对轮齿啮合转齿过程中要多次发生，其结果使齿轮一转内的传动比发生了高频率、小幅度的周期性变化，产生振动和噪声，从而影响齿轮运动的平稳性。因此，齿廓偏差是影响齿轮传动平稳性中属于转齿性质的单项性指标。它必须与揭示换齿性质的单项性指标（如单个齿距偏差 $\Delta f_{pt}$）组合，才能评定齿轮传动平稳性。

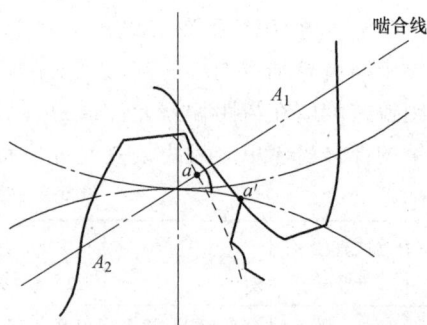

图5-20　齿廓偏差对齿轮传动的影响

齿轮的齿廓偏差，在单盘式渐开线测量仪上是以被测齿形与理想齿形相比较，在指示表上反映其误差的数值。单盘式渐开线测量仪的原理图和结构图，如图5-21所示。直尺9与被测齿轮的基圆盘3做纯滚动，形成理论渐开线，杠杆1的一端为与被测齿轮齿面接触的指示表8，调整为"0"。由于被测齿轮14与基圆盘3同步旋转，故只要在仪器调整后装上被测齿轮，并预先调整某一待测齿廓的起始展开角点通过上述原切点，则在直尺、基圆盘滚动时，指示表上的示值之差即为该齿廓偏差值。

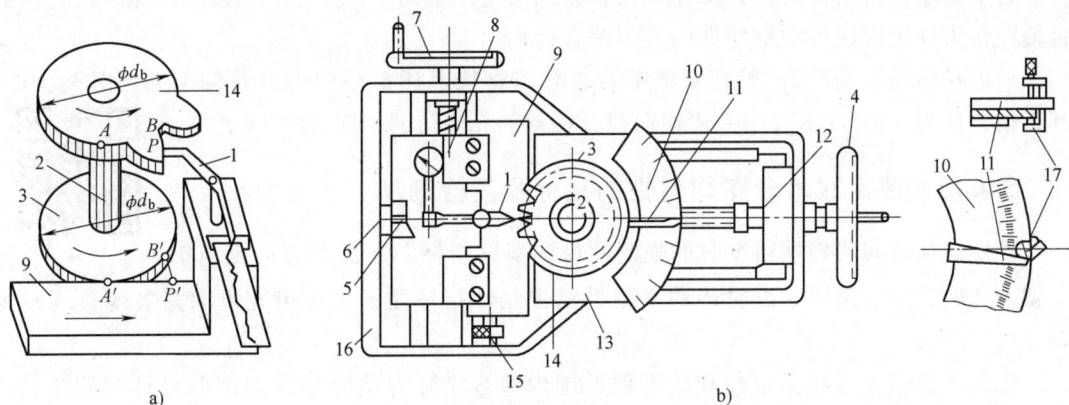

图 5-21　单盘式渐开线测量仪的原理图和结构图

a) 原理图　b) 结构示意图

1—杠杆　2—芯轴　3—基圆盘　4—手轮　5—纵向滑板中心指示线　6—底座中心指示线
7—手轮　8—指示表　9—直尺　10—展开角指示盘　11—展开角指针　12—弹簧
13—横向拖板　14—被测齿轮　15—螺钉　16—底座　17—指针夹

评定齿轮传动平稳性的精度时，应在被测齿轮圆周上测量均匀分布的 3 个轮齿或更多的轮齿左、右齿面的齿廓总偏差，取其中的最大值 $\Delta F_{amax}$ 作为评定值。若 $\Delta F_{amax}$ 不大于齿廓总偏差允许值 $F_a$（$\Delta F_{amax} \leqslant F_a$），则表示合格。表 5-6 是摘录的部分齿廓总偏差允许值 $F_a$。

表 5-6　部分齿廓总偏差允许值 $F_a$ 　　　　　　　　（单位：μm）

| 分度圆直径 $d$/mm | 模数 $m$/mm | 精度等级 | | | | | | | | | | |
|---|---|---|---|---|---|---|---|---|---|---|---|---|
| | | 2 | 3 | 4 | 5 | 6 | 7 | 8 | 9 | 10 | 11 | 12 |
| 50<d≤125 | 0.5≤m≤2 | 2.1 | 2.9 | 4.1 | 6.0 | 8.5 | 12.0 | 17.0 | 23.0 | 33.0 | 47.0 | 66.0 |
| | 2<m≤3.5 | 2.8 | 3.9 | 5.5 | 8.0 | 11.0 | 16.0 | 22.0 | 31.0 | 44.0 | 63.0 | 89.0 |
| | 3.5<m≤6 | 3.4 | 4.8 | 6.5 | 9.5 | 13.0 | 19.0 | 27.0 | 38.0 | 54.0 | 76.0 | 108.0 |

（3）一齿切向综合偏差（$\Delta f_i'$）　一齿切向综合偏差是指齿轮在一个齿距角内的切向综合总偏差，将切向综合总偏差记录曲线上小波纹的最大幅度值作为一齿径向综合偏差的评定值（图 5-15a）。齿轮每转过一个齿距角，都会引起转角误差，即出现许多小的峰谷。在这些短周期误差中，峰谷的最大幅度值即为一齿切向综合偏差 $\Delta f_i'$。$\Delta f_i'$ 既反映了短周期的切向误差，又反映了短周期的径向误差，是评定齿轮传动平稳性较全面的指标。

一齿切向综合偏差的测量仪器与 $\Delta F_i'$ 切向综合偏差的测量仪器一样，均为单啮仪。其合格条件为：$\Delta f_{imax}'$ 不大于一齿切向综合偏差的允许值 $f_i'$，即 $\Delta f_{imax}' \leqslant f_i'$。

（4）一齿径向综合偏差（$\Delta f_i''$）　一齿径向综合偏差是指当被测齿轮与测量齿轮啮合一整圈时，对应一个齿距（360°/z）的径向综合偏差值，将径向综合总偏差记录曲线上小波纹的最大幅度值作为一齿径向综合偏差的评定值（图 5-17），其波长常常为齿距角。一齿径向综合偏差 $\Delta f_i''$，也反映齿轮的短周期误差，但与一齿切向综合偏差 $\Delta f_i'$ 是有差别的。$\Delta f_i''$ 只反映刀具制造和安装误差引起的径向误差，而不能反映机床传动链短周期误差引起的周期切向误差。因此，用一齿径向综合偏差评定齿轮传动的平稳性，不如用一齿切向综合偏差评定完善。但由于双啮仪结构简单、操作方便，在成批生产中仍广泛采用，所以一般用一齿径向综合偏差作为评定齿轮传动平稳性的代用综合指标。

一齿径向综合偏差 $\Delta f_i''$ 是在双面啮合综合检查仪上测量径向综合总偏差的同时测出的。其合格条件为：$\Delta f_{i\max}''$ 不大于一齿切向综合偏差的允许值 $f_i''$，即 $\Delta f_{i\max}'' \leqslant f_i''$。

### 5.4.3 评定载荷分布均匀性的指标及其检测

评定载荷分布均匀性精度时的强制性检测精度指标，在齿高方向是齿廓总偏差 $\Delta F_\alpha$，它也是评定齿轮传动平稳性的强制性指标之一，在齿宽方向是其螺旋线总偏差 $\Delta F_\beta$。

螺旋线总偏差 $\Delta F_\beta$ 是指螺旋线计值范围内包容实际螺旋线迹线的两条设计螺旋线迹线间的距离。设计螺旋线和设计齿廓一样，往往需要经过修形。直齿轮理论螺旋线应该为直线，但修形后一般为中间高两边低的鼓形齿，其目的主要是减少制造误差和安装误差对载荷分布均匀性的影响。

螺旋线偏差一般采用螺旋线偏差测量仪来测量。如图 5-22 所示，被测齿轮 1 安装在测量仪主轴上，纵向滑台 4 上安装着传感器 6，它的一端测头 7 与被测齿轮的齿面在接近齿高中部接触，另一端与记录器 8 相连。当纵向滑台 4 平行于齿轮基准轴线移动时，测头 7 和记录器 8 上的记录纸就做轴向移动，同时它的滑柱在横向滑台 3 上分度盘 5 的导槽中移动，使横向滑台 3 在垂直于齿轮基准轴线的方向移动，相应地使主轴滚轮 2 带动被测齿轮 1 绕其基准轴线回转，以实现被测齿面相对于测头做螺旋线运动。实际被测螺旋线的偏差使得测头产生微小的位移，这个微小的位移经传感器 6 由记录器 8 画下来得到螺旋线偏差的记录曲线，如图 5-23 所示。

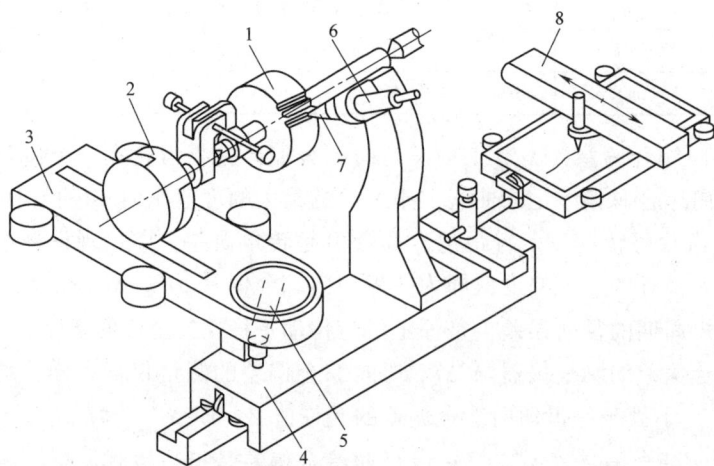

图 5-22 螺旋线偏差测量仪的测量原理

1—被测齿轮  2—主轴滚轮  3—横向滑台  4—纵向滑台  5—分度盘

6—传感器  7—测头  8—记录器

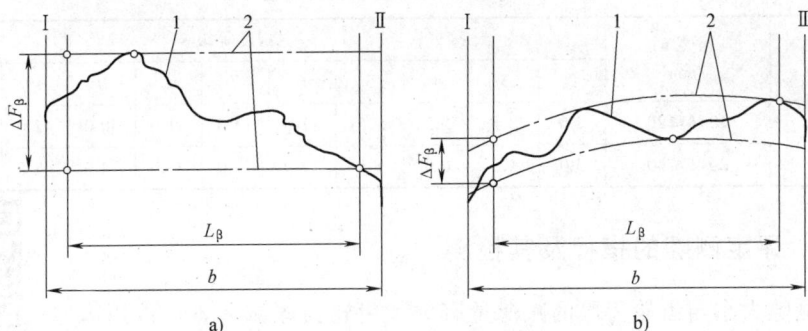

图 5-23　两种类型渐开线的螺旋线总偏差

a) 未经修形的螺旋线　b) 修形的螺旋线

Ⅰ、Ⅱ—轮齿的两端　b—齿宽　$L_\beta$—螺旋线计值范围　1—实际螺旋线迹线　2—设计螺旋线迹线

图 5-23a 中，其设计螺旋线为直线也就是未经修形的螺旋线，如果没有螺旋线偏差，那么应该记录一条直线，在被测齿面存在螺旋线误差的情况下，其记录的图形是一条不规则的曲线。沿纵坐标方向，用两条设计螺旋线来包容这条不规则的实线，两条设计螺旋线之间的最小法线距离就是螺旋线总偏差 $\Delta F_\beta$。图 5-23b 中，设计螺旋线为修形的螺旋线，它的迹线就是一段修形的曲线，一般是两边凹中间鼓，沿纵坐标方向，最小限度包容设计螺旋线迹线的两条设计螺旋线之间的法向距离就是螺旋线总偏差 $\Delta F_\beta$。

直齿圆柱齿轮的设计螺旋线为一平行于轴线的直线，其螺旋线偏差除采用螺旋线偏差测量仪来测量之外，还可以在齿轮跳动检查仪、万能工具显微镜、偏摆仪等有顶尖并与指示表架之间能产生相对轴向移动的装置上测量。图 5-24 所示为在偏摆仪上测量螺旋线总偏差的一种方法，其测量原理是把带芯轴的齿轮顶在中心架上，将标准圆柱放在齿间，用可移动的指示表测出圆柱两端的高度差，该高度差经过式（5-1）简单数据处理后，即为齿轮的螺旋线总偏差 $\Delta F_\beta$

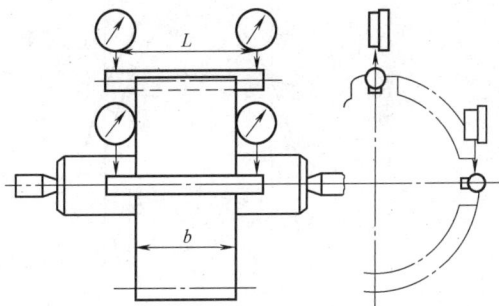

图 5-24　在偏摆仪上测量螺旋线总偏差

$L$—两测点之间距离　$b$—齿宽

$$\Delta F_\beta = \left| a_2 - a_1 \right| \frac{b}{L} \tag{5-1}$$

式中　$a_1$、$a_2$——指示表的测量值；

$L$——两测点之间距离；

$b$——齿宽。

评定载荷分布均匀性的精度时，应在被测齿轮圆周上测量均匀分布的 3 个轮齿或更多的轮齿左、右齿面的螺旋线总偏差，取其中的最大值 $\Delta F_{\beta max}$ 作为评定值。若 $\Delta F_{\beta max}$ 不大于螺旋线总偏差允许值 $F_\beta$（$\Delta F_{\beta max} \leqslant F_\beta$），则表示合格。表 5-7 是摘录的部分螺旋线总偏差允许值 $F_\beta$。

表 5-7　部分螺旋线总偏差允许值 $F_\beta$ 　　　　　（单位：μm）

| 分度圆直径 $d$/mm | 齿宽 $b$ /mm | 精度等级 | | | | | | | | | | |
|---|---|---|---|---|---|---|---|---|---|---|---|---|
| | | 2 | 3 | 4 | 5 | 6 | 7 | 8 | 9 | 10 | 11 | 12 |
| 50<$d$≤125 | 10<$b$≤20 | 2.6 | 3.7 | 5.5 | 7.5 | 11.0 | 15.0 | 21.0 | 30.0 | 42.0 | 60.0 | 84.0 |
| | 20<$b$≤40 | 3.0 | 4.2 | 6.0 | 8.5 | 12.0 | 17.0 | 24.0 | 34.0 | 48.0 | 68.0 | 95.0 |

### 5.4.4　评定侧隙的指标及其检测

　　齿轮副侧隙大小与齿轮齿厚的减薄量有关，齿轮齿厚减薄量可以用齿厚偏差或公法线长度偏差来评定。

　　（1）齿厚偏差（$\Delta E_{sn}$）　如图 5-25 所示，对于直齿轮，$\Delta E_{sn}$ 是指在分度圆柱面上，实际齿厚与公称齿厚之差；对于斜齿轮，指法向实际齿厚与公称齿厚之差。按照定义，齿厚以分度圆弧长记值（弦齿厚），但弧长不便测量。因此，实际上是按分度圆上的弦齿高定位来测量弦齿厚。图样上标注公称弦齿厚 $s_{nc}$ 与公称弦齿高 $h_c$ 及其上、下极限偏差（$E_{sns}$、$E_{sni}$），齿厚偏差 $\Delta E_{sn}$ 的合格性条件是它在齿厚极限偏差范围内（$E_{sni} \leq \Delta E_{sn} \leq E_{sns}$）。表 5-8 是 $m$ = 1mm 时标准齿轮公称弦齿高 $h_c$ 和公称弦齿厚 $s_{nc}$ 的数值。

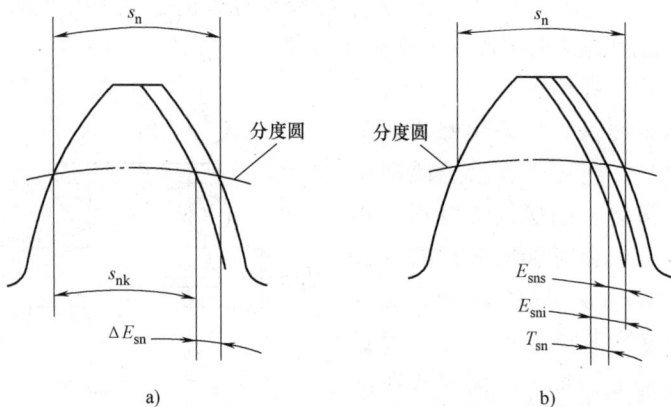

图 5-25　齿厚偏差和齿厚极限偏差

a）齿厚偏差　b）齿厚极限偏差

$s_n$—公称齿厚　$s_{nk}$—实际齿厚　$\Delta E_{sn}$—齿厚偏差

$E_{sns}$—齿厚上偏差　$E_{sni}$—齿厚下偏差　$T_{sn}$—齿厚公差

　　弦齿厚通常用齿厚游标卡尺（图 5-26）或光学测齿卡尺以弦齿高为依据来测量。由于测量弦齿厚以齿轮齿顶圆柱面作为测量基准，因此齿顶圆直径的实际偏差和齿顶圆柱面对齿轮基准轴线的径向圆跳动都对齿厚测量精度产生较大的影响。测量弦齿厚时，考虑到齿顶圆直径的尺寸偏差会产生弦齿高定位误差，因此应把弦齿高的数值加以修正。进行齿轮精度设计时，若对齿顶圆直径给出了严格的尺寸公差，则不必考虑其尺寸偏差产生的弦齿高定位误差的影响。

表 5-8　$m=1$mm 时标准齿轮公称弦齿高 $h_c$ 和公称弦齿厚 $s_{nc}$ 的数值

| 齿数 $z$ | $h_c$/mm | $s_{nc}$/mm | 齿数 $z$ | $h_c$/mm | $s_{nc}$/mm | 齿数 $z$ | $h_c$/mm | $s_{nc}$/mm |
|---|---|---|---|---|---|---|---|---|
| 17 | 1.0363 | 1.5686 | 28 | 1.0220 | 1.5700 | 39 | 1.0158 | 1.5704 |
| 18 | 1.0342 | 1.5688 | 29 | 1.0212 | 1.5700 | 40 | 1.0154 | 1.5704 |
| 19 | 1.0324 | 1.5690 | 30 | 1.0205 | 1.5701 | 41 | 1.0150 | 1.5704 |
| 20 | 1.0308 | 1.5692 | 31 | 1.0199 | 1.5701 | 42 | 1.0146 | 1.5704 |
| 21 | 1.0294 | 1.5693 | 32 | 1.0193 | 1.5702 | 43 | 1.0143 | 1.5704 |
| 22 | 1.0280 | 1.5694 | 33 | 1.0187 | 1.5702 | 44 | 1.0140 | 1.5705 |
| 23 | 1.0268 | 1.5695 | 34 | 1.0181 | 1.5702 | 45 | 1.0137 | 1.5705 |
| 24 | 1.0257 | 1.5696 | 35 | 1.0176 | 1.5703 | 46 | 1.0134 | 1.5705 |
| 25 | 1.0247 | 1.5697 | 36 | 1.0171 | 1.5703 | 47 | 1.0131 | 1.5705 |
| 26 | 1.0237 | 1.5698 | 37 | 1.0167 | 1.5703 | 48 | 1.0128 | 1.5705 |
| 27 | 1.0228 | 1.5698 | 38 | 1.0162 | 1.5703 | 49 | 1.0126 | 1.5705 |

注：对其他模数的齿轮，则将表中数值乘以模数。

（2）公法线长度偏差（$\Delta E_w$）　齿轮齿厚的实际尺寸减小或增大，实际公法线长度相应地也减小或增大，因此可以测量公法线长度代替测量齿厚，以评定齿厚减薄量。公法线长度是指齿轮上几个轮齿的两端异向齿廓间所包含的一段基圆圆弧，也就是两端异向齿廓间基圆切线线段的长度，如图 5-27 所示。公法线长度偏差 $\Delta E_w$ 是指实际公法线长度 $W_k$ 与公称公法线长度 $W$ 的差。

图样上标注跨齿数 $k$ 与公称公法线长度 $W$（或 $W_n$ - 斜齿轮法向公法线长度）及其上、下极限偏差（$E_{ws}$、$E_{wi}$），齿厚偏差 $\Delta E_w$ 的合格性条件是它在其极限偏差范围内（$E_{wi} \leqslant \Delta E_w \leqslant E_{ws}$）。表 5-9 是 $m=1$mm 时标准直齿圆柱齿轮的跨齿数 $k$ 与公法线长度 $W$ 的公称值。

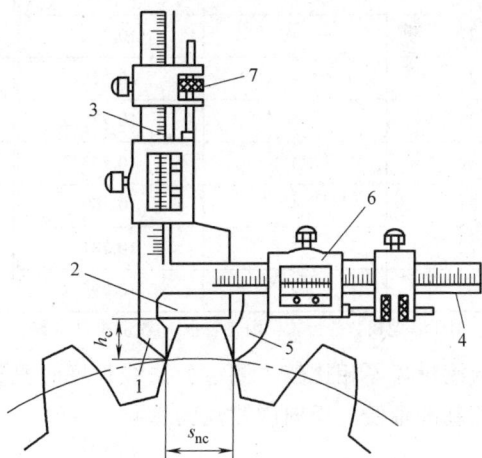

图 5-26　齿厚游标卡尺测量分度圆齿厚

1—固定量爪　2—高度定位尺　3—垂直游标尺　4—水平游标尺　5—活动量爪　6—游标框架　7—调整螺母

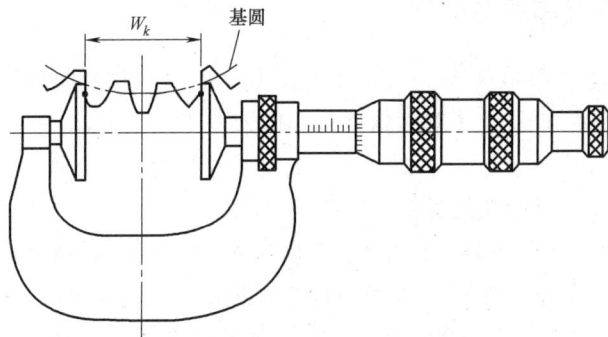

图 5-27　公法线千分尺测量公法线长度

表 5-9　标准直齿圆柱齿轮的跨齿数 $k$ 与公法线长度 $W$ 的公称值（$m=1\text{mm}$）

| 齿数 $z$ | 跨齿数 $k$ | 公法线长度 $W/\text{mm}$ | 齿数 $z$ | 跨齿数 $k$ | 公法线长度 $W/\text{mm}$ |
|---|---|---|---|---|---|
| 17 | 2 | 4.666 | 34 | 4 | 10.809 |
| 18 | 3 | 7.632 | 35 | 4 | 10.823 |
| 19 | 3 | 7.646 | 36 | 5 | 13.789 |
| 20 | 3 | 7.66 | 37 | 5 | 13.803 |
| 21 | 3 | 7.674 | 38 | 5 | 13.817 |
| 22 | 3 | 7.688 | 39 | 5 | 13.831 |
| 23 | 3 | 7.702 | 40 | 5 | 13.845 |
| 24 | 3 | 7.716 | 41 | 5 | 13.859 |
| 25 | 3 | 7.73 | 42 | 5 | 13.873 |
| 26 | 3 | 7.744 | 43 | 5 | 13.887 |
| 27 | 4 | 10.711 | 44 | 5 | 13.901 |
| 28 | 4 | 10.725 | 45 | 5 | 16.867 |
| 29 | 4 | 10.739 | 46 | 6 | 16.881 |
| 30 | 4 | 10.753 | 47 | 6 | 16.895 |
| 31 | 4 | 10.767 | 48 | 6 | 16.909 |
| 32 | 4 | 10.781 | 49 | 6 | 16.923 |
| 33 | 4 | 10.795 | | | |

注：对于其他模数的齿轮，则将表中 $W$ 数值乘以模数。

与测量齿厚相比较，测量公法线长度时测量精度不受齿顶圆直径精度偏差和齿顶圆柱面对齿轮基准轴线的径向圆跳动的影响。

# 5.5　圆柱齿轮精度设计

圆柱齿轮精度设计一般包括如下内容：①确定齿轮的精度等级；②确定齿轮侧隙指标的极限偏差；③确定齿轮坯公差；④确定齿轮副公差。此外，还应确定齿面的表面粗糙度轮廓幅度参数及允许值。

## 5.5.1　齿轮精度等级与标注

国家标准对强制性检测精度指标（$F_\text{P}$、$f_\text{pt}$、$F_\text{a}$、$F_\beta$）和非强制性检测精度指标（$F_i'$、$F_\text{r}$、$f_i'$）的公差（双啮精度指标的公差 $F_i''$、$f_i''$ 除外），分别规定了 13 个精度等级，它们分别用阿拉伯数字 0、1、2、…、12 表示。其中，0 级最高，以后各级精度依次递降，12 级精度最低，5 级精度是各级精度中的基础级。对于 $F_i''$、$f_i''$ 分别规定了 9 个精度等级（4、5、…、12）。国家标准规定的 13 个精度等级中，0~2 级精度齿轮的精度要求非常高，目前我国只有极少数单位能够制造和测量 2 级精度齿轮，因此 0~2 级属于有待发展的精度等级；而 3~5 级为高精度等级，6~9 级为中等精度等级，10~12 级为低精度等级，10~12 级基本不用。

　　齿轮精度等级的选择原则和尺寸精度选择原则一样，都是在能满足使用要求的情况下，尽可能选择精度低的齿轮，以减少成本。使用要求一般包括齿轮的用途和工作条件，还有转速、传递的功率、工作持续时间等。选择齿轮精度等级的方法，有类比法和计算法。类比法是最常用的选择方法。它是按齿轮的用途和工作条件等进行对比选择。表 5-10、表 5-11 分别列出了某些机器中的齿轮所采用的精度等级和齿轮某些精度等级的应用范围。计算法主要用于精密齿轮传动系统。当精度要求很高时，可按使用要求计算出所允许的回转角误差，以确定齿轮传动准确性的精度等级，例如对于读数齿轮传动链就应该进行这方面的分析和计算。对于高速动力齿轮，也要经过计算确定其振动噪声不能超出允许值来选择齿轮精度等级。

表 5-10　某些机器中的齿轮所采用的精度等级

| 应用范围 | 精度等级 | 应用范围 | 精度等级 |
|---|---|---|---|
| 单啮仪、双啮仪（测量齿轮） | 2～5 | 货车 | 6～9 |
| 涡轮机减速器 | 3～5 | 通用减速器 | 6～8 |
| 金属切削机床 | 3～8 | 轧钢机 | 5～10 |
| 航空发动机 | 4～7 | 矿用绞车 | 6～9 |
| 内燃机车、电气机车 | 5～8 | 起重机 | 6～9 |
| 轿车 | 5～8 | 拖拉机 | 6～10 |

　　当齿轮所有精度指标的公差（偏差允许值）同为某一精度等级时，图样上可标注该精度等级和标准号。例如，同为 7 级时，可标注为：7　GB/T 10095.1—2008。

　　当齿轮各个精度指标的公差（偏差允许值）的精度等级不同时，图样上可按齿轮传动准确性、传动平稳性和载荷分布均匀性的顺序，分别标注它们的精度等级及带括号的对应偏差允许值的符号和标准号，或分别标注它们的精度等级和标准号。例如，齿距累积总偏差允许值 $F_P$、单个齿距偏差允许值 $f_{pt}$、齿廓总偏差允许值 $F_a$ 都为 8 级，螺旋线总偏差允许值 $F_\beta$ 为 7 级时，可标注为：8（$F_P$、$f_{pt}$、$F_a$）、7（$F_\beta$）　GB/T 10095.1—2008，或标注为：8-8-7　GB/T 10095.1—2008。

表 5-11　齿轮某些精度等级的应用范围

| 精度等级 | | 4 级 | 5 级 | 6 级 | 7 级 | 8 级 | 9 级 |
|---|---|---|---|---|---|---|---|
| 应用范围 | | 极精密分度机构的齿轮，非常高速并要求平稳、无噪声的齿轮，高速涡轮机齿轮 | 精密分度机构的齿轮，高速并要求平稳、无噪声的齿轮，高速涡轮机齿轮 | 高速、平稳、无噪声、高效率齿轮、航空、汽车、机床中的重要齿轮、分度机构齿轮，读数机构齿轮 | 高速、动力小而需逆转的齿轮，机床中的进给齿轮，航空齿轮，读数机构齿轮，具有一定速度的减速器齿轮 | 一般机器中的普通齿轮，汽车、拖拉机、减速器中的一般齿轮，航空器中的不重要齿轮，农机中的重要齿轮 | 精度要求低的齿轮 |
| 齿轮圆周速度 /（m/s） | 直齿 | <35 | <20 | <15 | <10 | <6 | <2 |
| | 斜齿 | <70 | <40 | <30 | <15 | <10 | <4 |

## 5.5.2　齿轮侧隙指标的极限偏差

　　为保证齿轮润滑，补偿齿轮的制造误差、安装误差及热变形等造成的误差，必须在非工作齿面留有侧隙。在一对装配好的齿轮副中，侧隙 $j$ 是相啮

齿轮齿间的间隙，它是在基圆上齿槽宽度超过相啮合的轮齿齿厚的量。侧隙可以在法向平面上或沿啮合线（图5-28）测量，但它是在端平面或啮合平面（基圆切平面）上计算和规定的。

单个齿轮没有侧隙，只有齿厚。相啮齿的侧隙是由一对齿轮运行时的中心距以及每个齿轮的齿轮实效齿厚控制。所有相啮的齿轮必定要有些侧隙，必须要保证非工作齿面不会相互接触，在一个已定的啮合中，侧隙在运行中随速度、温度、负载等的变动而变化。在静态可测量的条件下，必须有足够

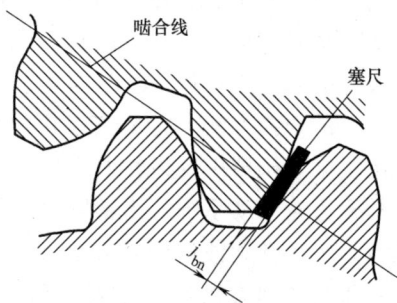

图 5-28　用塞尺测量法向侧隙 $j_{bn}$

的侧隙，以保证在带有负载运行于最不利的工作条件下时仍有足够的侧隙。所需侧隙的大小与齿轮的尺寸、精度、安装和应用情况有关。

（1）齿厚极限偏差的确定　相互啮合齿轮的相邻非工作齿面间的侧隙是齿轮副装配后自然形成的。适当的侧隙可以通过改变齿轮副中心距的大小或（和）把齿轮轮齿切薄来获得。当齿轮副中心距不能调整时，就必须在加工齿轮时按规定的齿厚极限偏差将轮齿切薄。齿厚上极限偏差可以根据齿轮副所需要的最小侧隙通过计算或类比法确定，齿厚下极限偏差则按照齿轮精度等级和加工齿轮时径向进刀公差和几何偏心确定。

齿厚上极限偏差确定所采用的最小侧隙通常指最小法向侧隙 $j_{bnmin}$，其可以根据传动时齿轮和箱体的工作温度、润滑方式及齿轮的圆周速度等工作条件确定，由补偿热变形所需的法向侧隙 $j_{bn1}$ 和保证正常润滑条件所需的法向侧隙 $j_{bn2}$ 两部分组成。其中，$j_{bn1}$ 可根据式（5-2）进行计算，$j_{bn2}$ 可查阅表5-12进行选取

表 5-12　保证正常润滑条件所需的法向侧隙 $j_{bn2}$（推荐值）

| 润滑方式 | 齿轮的圆周速度 $v/(\text{m/s})$ | | | |
| --- | --- | --- | --- | --- |
| | ≤10 | >10~25 | >25~60 | >60 |
| 喷油润滑 | $0.01m_n$ | $0.02m_n$ | $0.03m_n$ | $(0.03 \sim 0.05)m_n$ |
| 油池润滑 | $(0.005 \sim 0.01)m_n$ | | | |

注：$m_n$—齿轮法向模数（mm）。

$$j_{bn1} = a(\alpha_1 \Delta t_1 - \alpha_2 \Delta t_2) \times 2\sin\alpha_n \tag{5-2}$$

式中　　$a$——齿轮副公称中心距；

$\alpha_1$ 和 $\alpha_2$——齿轮和箱体材料的线膨胀系数；

$\Delta t_1$ 和 $\Delta t_2$——齿轮和箱体温度与标准温度 20° 的偏差；

$\alpha_n$——齿轮的标准压力角。

最小法向侧隙 $j_{bnmin}$ 就等于 $j_{bn1}$ 和 $j_{bn2}$ 之和。

对于中、小模数齿轮最小侧隙 $j_{bnmin}$ 的推荐数值见表5-13。

表 5-13　对于中、小模数齿轮最小侧隙 $j_{bnmin}$ 的推荐数值　　（单位：mm）

| 模数 $m_n$ | 中心距 $a$ | | | | | |
| --- | --- | --- | --- | --- | --- | --- |
| | 50 | 100 | 200 | 400 | 800 | 1600 |
| 1.5 | 0.09 | 0.11 | — | — | — | — |

（续）

| 模数 $m_n$ | 中心距 $a$ | | | | | |
|---|---|---|---|---|---|---|
| | 50 | 100 | 200 | 400 | 800 | 1600 |
| 2 | 0.10 | 0.12 | 0.15 | — | — | — |
| 3 | 0.12 | 0.14 | 0.17 | 0.24 | — | — |
| 5 | — | 0.18 | 0.21 | 0.28 | — | — |
| 8 | — | 0.24 | 0.27 | 0.34 | 0.47 | — |
| 12 | — | — | 0.35 | 0.42 | 0.55 | — |
| 18 | — | — | — | 0.54 | 0.67 | 0.94 |

为了获得法向最小侧隙 $j_{bnmin}$，齿厚应保证有最小减薄量，它是由齿厚上极限偏差 $E_{sns}$ 形成的。当主动齿轮与被动齿轮齿厚都做成最小值（即实际偏差达到上极限偏差）时，可获得最小侧隙 $j_{bnmin}$，通常取两齿轮的齿厚上极限偏差相等，此时齿厚上极限偏差 $E_{sns}$ 与 $j_{bnmin}$ 存在式（5-3）的关系。

$$|E_{sns}| = \frac{j_{bnmin}}{2\cos\alpha_n} \tag{5-3}$$

若进一步考虑补偿齿轮和箱体的制造误差和安装误差所引起的侧隙变化，还需在式（5-3）中加入齿轮的齿距偏差、螺旋线总偏差、轴承孔公共轴线对轴线的平行度误差等对侧隙的减小量 $J_{bn}$。

齿厚下极限偏差 $E_{sni}$，由齿厚上极限偏差 $E_{sns}$ 减去齿厚公差 $T_{sn}$ 即可得到。齿厚公差 $T_{sn}$ 可按式（5-4）计算求得

$$T_{sn} = \sqrt{F_r^2 + b_r^2} \times 2\tan\alpha_n \tag{5-4}$$

式中　$F_r$——齿轮径向跳动允许值，可查阅表5-14；

　　　$b_r$——切齿径向进刀公差，可按表5-15选取；

　　　$\alpha_n$——齿轮的标准压力角。

表5-14　齿轮径向跳动允许值 $F_r$　　　　（单位：μm）

| 分度圆直径 $d$/mm | 法向模数 $m_n$ /mm | 精度等级 | | | | | | | | | | |
|---|---|---|---|---|---|---|---|---|---|---|---|---|
| | | 2 | 3 | 4 | 5 | 6 | 7 | 8 | 9 | 10 | 11 | 12 |
| 50<$d$≤125 | 0.5≤$m_n$≤2 | 5.0 | 7.5 | 10 | 15 | 21 | 29 | 42 | 59 | 83 | 118 | 167 |
| | 2<$m_n$≤3.5 | 5.5 | 7.5 | 11 | 15 | 21 | 30 | 43 | 61 | 86 | 121 | 171 |
| | 3.5<$m_n$≤6 | 5.5 | 8.0 | 11 | 16 | 22 | 31 | 44 | 62 | 88 | 125 | 176 |

表5-15　切齿径向进刀公差 $b_r$ 值

| 齿轮精度等级 | 4 | 5 | 6 | 7 | 8 | 9 |
|---|---|---|---|---|---|---|
| $b_r$ 值 | 1.26IT7 | IT8 | 1.26IT8 | IT9 | 1.26IT9 | IT10 |

注：查 IT 值时的主参数为分度圆直径尺寸。

（2）公法线长度极限偏差的确定　公法线长度的上、下极限偏差（$E_{ws}$、$E_{wi}$）分别由齿厚的上、下极限偏差（$E_{sns}$、$E_{sni}$）换算得到。由于几何偏心使同一齿轮各齿的实际齿厚

大小不相同，而几何偏心对实际公法线长度没有影响，因此在换算时应扣除几何偏心的影响。考虑到齿轮径向跳动 $\Delta F_r$，主要反应几何偏心的影响。切齿后一批齿轮中93%的齿轮的 $\Delta F_r$，均不会超过 $0.72F_r$，故在换算时以 $0.72F_r$ 从齿厚的上、下极限偏差中扣除几何偏心的影响。

外齿轮公法线长度上、下极限偏差（$E_{ws}$、$E_{wi}$）的换算公式如下

$$E_{ws} = E_{sns}\cos\alpha - 0.72F_r\sin\alpha \qquad (5-5)$$

$$E_{wi} = E_{sni}\cos\alpha + 0.72F_r\sin\alpha \qquad (5-6)$$

模数、齿数和标准压力角分别相同的内、外齿轮的公法线长度相同，跨齿数也相同。内、外齿轮的公法线长度极限偏差互成倒影关系，即正、负号相反，上下极限偏差值颠倒，所以内齿轮公法线长度上、下极限偏差（$E_{ws}$、$E_{wi}$）的换算公式如下

$$E_{ws} = -E_{sni}\cos\alpha - 0.72F_r\sin\alpha \qquad (5-7)$$

$$E_{wi} = -E_{sns}\cos\alpha + 0.72F_r\sin\alpha \qquad (5-8)$$

### 5.5.3 齿轮坯的公差

齿轮坯的精度不仅影响齿轮加工效率和加工余量，还直接影响齿轮的加工精度和安装精度。因此，为了保证齿轮的精度，必须对齿轮坯的精度有一定的要求，也就是控制齿轮坯的公差。

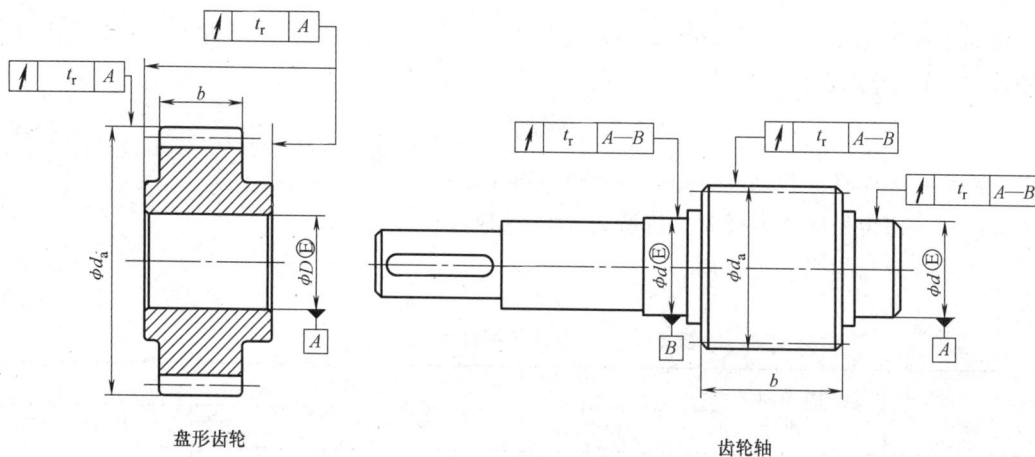

盘形齿轮　　　　　　　　　　　　　　齿轮轴

图 5-29　齿轮坯的公差

常见齿轮有盘形齿轮和齿轮轴（图 5-29），盘形齿轮的基准表面有齿轮安装在轴上的基准孔、切齿时的定位端面和齿顶圆柱面，需要控制的公差项目有：基准孔的直径尺寸公差并采用包容要求，齿顶圆柱面的直径尺寸公差，定位端面对基准孔轴线的轴向圆跳动和齿顶圆柱面对基准孔轴线的径向圆跳动公差；齿轮轴的基准表面有安装滚动轴承的两个轴颈和齿顶圆柱面，需要控制的公差项目有：两个轴颈的直径尺寸公差并采用包容要求，齿顶圆柱面的直径尺寸公差，两个轴颈分别对它们的公共轴线的径向圆跳动公差以及齿顶圆柱面对两个轴颈的公共轴线的径向圆跳动公差。

上述这些齿轮坯公差的确定可参考表 5-16。

表 5-16　齿轮坯公差

| 齿轮精度等级 | 1 | 2 | 3 | 4 | 5 | 6 | 7 | 8 | 9 | 10 | 11 | 12 |
|---|---|---|---|---|---|---|---|---|---|---|---|---|
| 盘形齿轮基准孔直径尺寸公差 | | IT4 | | | IT5 | IT6 | IT7 | | IT8 | | IT9 | |
| 齿轮轴轴颈直径尺寸公差和形状公差 | 通常按滚动轴承的公差等级确定 | | | | | | | | | | | |
| 齿顶圆直径尺寸公差 | IT6 | | IT7 | | | IT8 | | | IT9 | | IT11 | |
| 基准端面对齿轮基准轴线的轴向圆跳动公差 $t_1$ | $t_1 = 0.2(D_d/b)F_\beta$ | | | | | | | | | | | |
| 基准圆柱面对齿轮基准轴线的径向圆跳动公差 $t_r$ | $t_r = 0.3F_P$ | | | | | | | | | | | |

注：1. 齿轮的三项精度等级不同时，齿轮基准孔的直径尺寸公差按最高的精度等级确定。
　　2. 齿顶圆柱面不作为测量齿厚的基准面时，齿顶圆直径尺寸公差按 IT11 给定，但不得大于 $0.1m_n$。
　　3. $t_1$ 和 $t_r$ 的计算公式引自 GB/Z 18620.3—2008。公式中，$D_d$—基准端面的直径；$b$—齿宽；$F_\beta$—螺旋线总偏差允许值；$F_P$—齿距累积总偏差允许值。
　　4. 齿顶圆柱面不作为基准面时，图样上不必给出 $t_r$。

## 5.5.4　齿轮副的公差

　　工作过程中齿轮都是成对啮合实现传动，故齿轮副的精度对齿轮传动的使用要求也有着影响。齿轮副的误差主要为齿轮副中心距偏差和齿轮副两条轴线的平行度误差，前者影响侧隙的大小，后者影响载荷分布的均匀性。因此，要规定相应的公差（极限偏差）对齿轮副的误差进行控制。

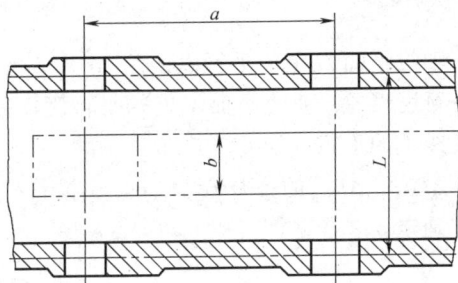

图 5-30　箱体上轴承跨距和齿轮副中心距
$b$—齿宽　$L$—轴承跨距　$a$—公称中心距

　　（1）齿轮副中心距极限偏差　如图 5-30 所示，齿轮副中心距偏差 $\Delta f_a$，是指在箱体两侧轴承跨距 $L$ 的范围内，齿轮副的两条轴线之间的实际距离（实际中心距）与公称中心距 $a$ 之差。图样上标注公称中心距及其上、下极限偏差（$\pm f_a$）：$a \pm f_a$。$f_a$ 的数值按齿轮精度等级，可从表 5-17 中选取。齿轮副中心距偏差的合格条件是它在中心距极限偏差范围内，即 $-f_a \leqslant \Delta f_a \leqslant +f_a$。

表 5-17　齿轮副的中心距极限偏差 $\pm f_a$ 值　　　　　　（单位：μm）

| 齿轮精度等级 | | 1~2 | 3~4 | 5~6 | 7~8 | 9~10 | 11~12 |
|---|---|---|---|---|---|---|---|
| $f_a$ | | $\frac{1}{2}$IT4 | $\frac{1}{2}$IT6 | $\frac{1}{2}$IT7 | $\frac{1}{2}$IT8 | $\frac{1}{2}$IT9 | $\frac{1}{2}$IT11 |
| 齿轮副的中心距/mm | >80~120 | 5 | 11 | 17.5 | 27 | 43.5 | 110 |
| | >120~180 | 6 | 12.5 | 20 | 31.5 | 50 | 125 |
| | >180~250 | 7 | 14.5 | 23 | 36 | 57.5 | 145 |
| | >250~315 | 8 | 16 | 26 | 40.5 | 65 | 160 |
| | >315~400 | 9 | 18 | 28.5 | 44.5 | 70 | 180 |

　　（2）齿轮副轴线平行度公差　测量齿轮副两条轴线之间的平行度误差时，应根据两对

轴承的跨距 $L$，选取跨距较大的那条轴线作为基准轴线；若两对轴承的跨距相同，则可取其中任何一条轴线作为基准轴线。如图 5-31 所示，被测轴线对基准轴线的平行度误差应在相互垂直的轴线平面 $H$ 和垂直平面 $V$ 上测量。轴线平面 $H$ 是指包含基准轴并通过被测轴线与一个轴承中间平面交点的平面，垂直平面 $V$ 是指通过上述交点的垂直于轴线平面 $H$ 且平行于基准轴线的平面。

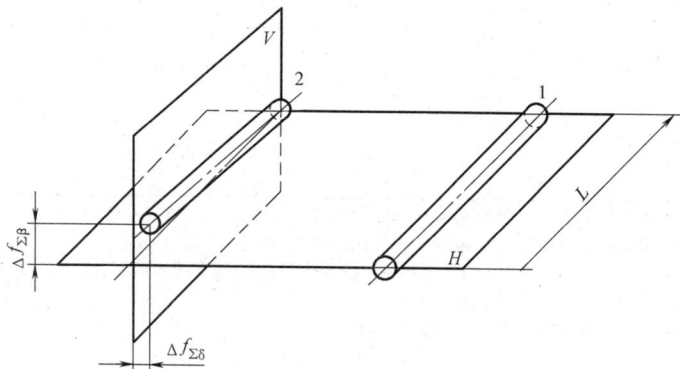

图 5-31　齿轮副轴线平行度误差

1—基准轴线　2—被测轴线　$H$—轴线平面　$V$—垂直平面

轴线平面 $H$ 上的平行度误差 $\Delta f_{\Sigma\delta}$ 是指实际被测轴线 2 在 $H$ 平面上的投影对基准轴线 1 的平行度误差。垂直平面 $V$ 上的平行度误差 $\Delta f_{\Sigma\beta}$ 是指实际被测轴线 2 在 $V$ 面上的投影对基准轴线 1 的平行度误差。

$\Delta f_{\Sigma\delta}$、$\Delta f_{\Sigma\beta}$ 的公差 $f_{\Sigma\delta}$ 和 $f_{\Sigma\beta}$，推荐按载荷分布均匀性的精度等级分别用下列两个公式计算确定

$$f_{\Sigma\delta} = (L/b) F_{\beta} \tag{5-9}$$

$$f_{\Sigma\beta} = 0.5 (L/b) F_{\beta} = 0.5 f_{\Sigma\delta} \tag{5-10}$$

式中　$L$、$b$、$F_{\beta}$——箱体上轴承跨距、齿轮齿宽和齿轮螺旋线总偏差允许值。

齿轮副轴线平行度误差的合格条件是 $\Delta f_{\Sigma\delta} \leqslant f_{\Sigma\delta}$ 且 $\Delta f_{\Sigma\beta} \leqslant f_{\Sigma\beta}$。

### 项目 4：齿轮测量

**任务要求**：测量如图 5-32 所示的齿轮，并对特定的检测项目进行合格判断。

**任务分析**：图 5-32 所示被测齿轮为盘形齿轮，其精度为 8—7—7 GB/T 10095.1—2008，即该齿轮传动准确性精度等级为 8 级、传动平稳性精度等级为 7 级、载荷分布均匀性精度等级为 7 级；被测齿轮有两种，一种 $m = 5\text{mm}$、$z = 24$，另一种 $m = 4\text{mm}$、$z = 30$，其分度圆直径相同，即前述三个方面评定指标的允许值相同；侧隙合理性评定指标为公法线长度变动量，跨齿数为 3，分别给出了公称公法线长度及其上、下极限偏差；此外，需增检齿轮径向跳动。

**实施方案**（供参考）：

1）采用齿距比较仪（图 5-14）相对测量齿距偏差，列表（参见表 5-4）计算出齿距累积总偏差和单个齿距偏差，并进行合格性判断。

2）采用单盘式渐开线测量仪（图 5-21）测量齿廓总偏差，并进行合格性判断。

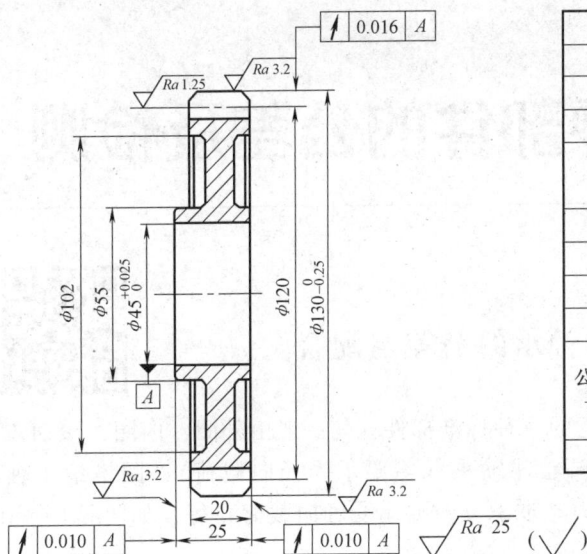

| 模数 | $m$ | 5(4) |
|---|---|---|
| 齿数 | $z$ | 24(30) |
| 标准压力角 | $\alpha$ | 20° |
| 定位系数 | $\chi$ | 0 |
| 精度等级 | | 8—7—7<br>GB/T 10095.1—2008 |
| 齿距累积总偏差允许值 | $F_P$ | 0.055 |
| 单个齿距偏差允许值 | $\pm f_{p1}$ | ±0.013 |
| 齿廓总偏差允许值 | $F_a$ | 0.019 |
| 螺旋线总偏差允许值 | $F_\beta$ | 0.015 |
| 公法线长度 | 跨齿数 | $k$ | 3 |
| | 公法线长度<br>及极限偏差 | $W^{+E_{ws}}_{+E_{wi}}$ | $38.582^{-0.091}_{-0.192}$<br>$(42.167)^{-0.091}_{-0.192}$ |
| 齿轮径向跳动 | $F_r$ | 0.044 |

图 5-32　被测齿轮零件图、参数及精度要求

3）在偏摆仪上采用图 5-24 所示方法测量螺旋线总偏差，并进行合格性判断。

4）采用公法线千分尺（图 5-27）测量公法线长度偏差，并进行合格性判断。

5）在偏摆仪上采用图 5-16 所示方法测量齿轮径向跳动，并进行合格性判断。

**特别提示：**

复习相关术语定义、合格性判定条件等知识，预习实验指导书（或通过网络查阅仪器使用说明），观看在线课程视频中的教师讲解和操作示范。

## 思考题与练习

5.1　齿轮传动有哪些使用要求？

5.2　试述齿轮上影响其精度的主要误差来源。

5.3　反映传动准确性的齿轮检测指标有哪些？试述各项指标的检验项目名称和字母符号。

5.4　反映传动平稳性的齿轮检测指标有哪些？试述各项指标的检验项目名称和字母符号。

5.5　反映载荷分布均匀性的齿轮检测指标有哪些？试述各项指标的检验项目名称和字母符号。

5.6　反映齿侧间隙的齿轮检测指标有哪些？试述各项指标的检验项目名称和字母符号。

5.7　用分度头和指示表测量一个齿数为 10 的直齿圆柱齿轮的右齿面实际齿距对理论齿距的偏差。指示表逐齿测得的实际齿距累计值对理论齿距累计值的偏差（单位：μm）为：−10，−22，−25，−18，−6，+8，+12，+20，+6，0。根据这些数据，试确定被测齿轮右齿面齿距累积总偏差和单个齿距偏差的评定值。

5.8　用齿距比较仪按相对法测量一个齿数为 8 的直齿圆柱齿轮左齿面各齿距。以某一个齿距作为基准齿距（指示表示值为零），然后用这个调整好示值零位的量仪，依次测量其余 7 个齿距相对于基准齿距的偏差。测量数据（单位：μm）依次为：0，+15，+25，+5，−10，−5，+15，−5。试确定该齿轮齿距累积总偏差的数值和单个齿距偏差的评定值。

5.9　有 8—7—6 GB/T 10095.1—2008 的直齿圆柱齿轮，模数 $m=5\text{mm}$，齿数 $z=12\text{mm}$，齿宽 $b=30\text{mm}$。若测得误差项目（单位：μm）为 $\Delta F_P=35$、$\Delta F_a=20$、$\Delta F_\beta=30$，则齿轮的传动准确性和载荷分布均匀性精度是否合格。

# 第6章

# 典型零部件的公差及检测

## 6.1 滚动轴承的公差与配合

滚动轴承是现代工业中应用极为广泛的一种标准部件，其一般由外圈、内圈、滚动体和保持架四部分组成。常见的滚动轴承有向心球轴承（主要承受径向载荷）、圆锥滚子轴承（能同时承受径向载荷和轴向载荷）、推力球轴承（主要承受轴向载荷）等，如图6-1所示。

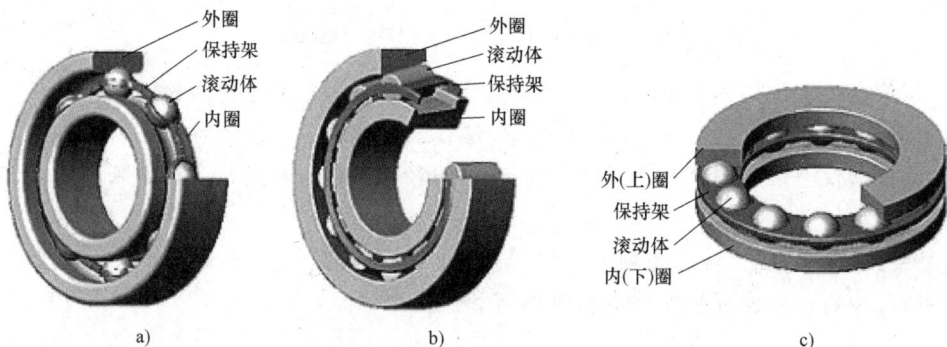

图 6-1 常见的滚动轴承

a）向心球轴承 b）圆锥滚子轴承 c）推力球轴承

由于滚动轴承的结构和功能要求有自己的特点，其公差配合与一般孔轴公差配合不同。因此，国家标准对滚动轴承以及与滚动轴承相配的外壳孔和轴颈的公差等进行了相应规定。目前，有关滚动轴承公差与配合的国家标准主要有 GB/T 4199—2003《滚动轴承 公差 定义》、GB/T 275—2015《滚动轴承 配合》、GB/T 307.1—2017《滚动轴承 向心轴承 产品几何技术规范（GPS）和公差值》、GB/T 307.3—2017《滚动轴承 通用技术规则》、GB/T 4604.1—2012《滚动轴承 游隙 第1部分：向心轴承的径向游隙》等。

### 6.1.1 滚动轴承的公差等级及其应用

根据滚动轴承的结构尺寸、公差等级和技术性能，GB/T 307.3—2017《滚动轴承 通用技术规则》规定将滚动轴承公差等级分为五级。其中，向心轴承（圆锥滚子轴承除外）的公差等级分为0、6、5、4、2五级，圆锥滚子轴承的公差等级分为0、6X、5、4、2五级，其中0级最低，2级最高。推力轴承的公差等级分为0、6、5、4四级。6X级轴承与6级轴承的公差相同，只是前者的装配宽度要求较为严格。

滚动轴承各级精度的应用情况如下。

0 级：通常称为普通级，用于低、中速及旋转精度要求不高的一般旋转机构，它在机械中应用最广。例如，普通机床变速箱、进给箱的轴承，汽车、拖拉机变速器的轴承，普通电动机、水泵、压缩机等旋转机构中的轴承等。

6（6X）级：用于转速较高、旋转精度要求较高的旋转机构。例如，普通机床的主轴后轴承、精密机床变速箱的轴承等。

5 级、4 级：用于高速、高旋转精度要求的机构。例如，精密机床的主轴轴承、精密仪器仪表的主要轴承等。

2 级：用于转速很高、旋转精度要求也很高的机构。例如，齿轮磨床、精密坐标镗床的主轴轴承，高精度仪器仪表的主要轴承等。

### 6.1.2 滚动轴承尺寸公差带及其特点

滚动轴承的尺寸主要包括滚动轴承的内径 $d$、外径 $D$ 和轴承宽度 $B$，如图 6-2 所示。滚动轴承的配合尺寸，是指其内圈、外圈在任意横截面内测得的最大、最小直径的平均直径。由于轴承内圈、外圈均为薄壁结构，制造和存放时易变形，但在装配后能够得到矫正，一般情况下不影响工作性能，因此只要滚动轴承内圈、外圈在任意平面内测得的最大、最小直径的平均直径在其内径、外径公差带内，就认为合格。故轴承内圈、外圈在任意横截面内测得的最大、最小直径的平均直径就称为其配合尺寸。

GB/T 4199—2003《滚动轴承 公差 定义》对轴承内径 $d$ 与外径 $D$ 尺寸公差做出两种规定：其一，规定了内径和外径尺寸的最大值和最小值所允许的偏差，即单一内径和外径偏差，其目的是限制变形量（仅用于 2、4 级公差等级）；其二，规定了套圈在任意横截面内测得的内径和外径实际尺寸的最大值和最小值的平均值偏差，即单一平面平均内径和外径偏差，其目的是用于轴承的配合（用于所有公差等级）。

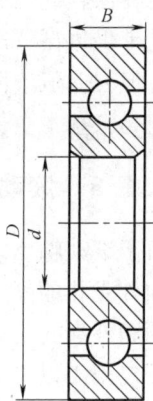

图 6-2 滚动轴承的尺寸

下面，重点介绍向心轴承的公差带及特点。GB/T 307.1—2017《滚动轴承 向心轴承 产品几何技术规范（GPS）和公差值》规定了 0、6（6X）、5、4、2 各公差等级轴承的内径 $d$ 和外径 $D$ 的公差带均为单向制，而且统一采用公差带位于以内径 $d$ 和外径 $D$ 为零线的下方，即上极限偏差为零，下极限偏差为负值的分布，如图 6-3 所示。

根据前面章节所述，滚动轴承为标准件其内圈与轴颈的配合采用基孔制。国家标准对于滚动轴承内圈作为基准孔，与一般的基孔制不同，其上极限偏差为零，这主要是考虑滚动轴承配合的特殊需要。因为通常情况下，滚动轴承的内圈是随轴一起转动的，为防止内圈和轴颈之间的配合产生相对滑动而导致结合面磨损，影响轴承

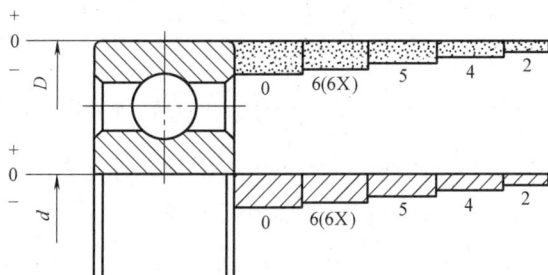

图 6-3 滚动轴承内外圈公差带的分布

的工作性能，因此要求两者的配合应具有一定的过盈，但由于内圈是薄壁零件，容易弹性变

形胀大，且一定时间后又要拆换，故过盈量不能太大。如果采用过渡配合，又可能出现间隙，不能保证具有一定的过盈，因而不能满足轴承的工作需要；若采用非标准配合，则又违反了标准化和互换性原则，所以要采用有一定过盈的配合。此时，当它与一般过渡配合的轴相配时，不但能保证获得不大的过盈，而且不会出现间隙，从而满足了滚动轴承内圈与轴的配合要求，同时又可按 GB/T 1800.1—2009 的基本偏差来加工轴。可以看出，这样的基准孔公差带与孔轴公差与配合中基孔制的各种轴公差带组成的配合，有不同程度的变紧。

滚动轴承的外圈与外壳孔的配合采用基轴制，即以滚动轴承的外径尺寸为基准。因为滚动轴承外圈安装在外壳孔中，通常不旋转，考虑到工作时温度升高会使轴热膨胀而产生微量轴向伸长，因此两端轴承中应有一端采用游动支承。可使外圈与外壳孔的配合稍微松一点，使之能补偿轴的热胀伸长量，否则轴会产生弯曲致使内部卡死影响正常运转。滚动轴承的外径公差带仍遵循一般基准轴的规定，即其公差带分布在零线下方，它与基本偏差为 h 的公差带相似但公差值不同。滚动轴承采用这样的基准轴公差带与一般基轴制配合的孔公差带所组成的配合，基本上保持了一般基轴制配合性质。

### 6.1.3　滚动轴承与轴颈和外壳孔的配合

由于滚动轴承是标准件，轴承内圈孔径和外圈轴径公差带在制造时已确定，因此轴承与轴颈和外壳孔的配合需由轴颈和外壳孔的公差带决定。因此，选择滚动轴承的配合也就是确定轴颈和外壳孔的公差带种类，国家标准所规定的轴颈和外壳孔的公差带如图 6-4 所示。该公差带仅用于以下场合：轴承外形尺寸符合 GB/T 273—2015《滚动轴承外形尺寸总方案》的规定，轴承的精度等级为 0 级和 6（6X）级，轴承的游隙为基本组径向游隙，轴为实心或厚壁钢制轴，外壳为铸钢或铸铁。

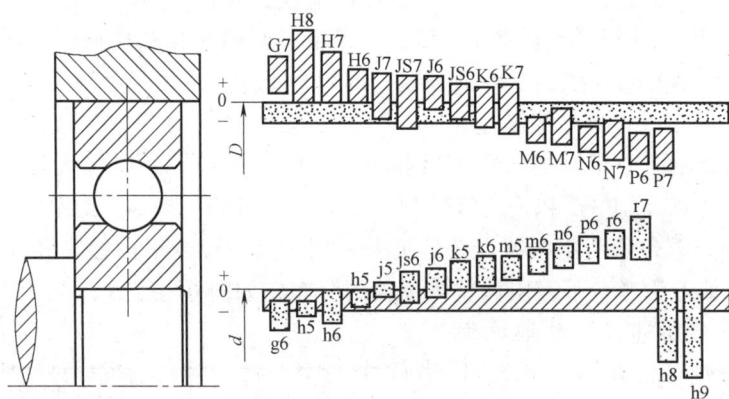

图 6-4　轴颈和外壳孔的公差带

正确合理地选用滚动轴承与轴颈和外壳孔的配合，对保证机器正常运转、提高轴承的使用寿命、充分发挥其承载能力影响很大。因此，选用轴颈与外壳孔公差带时，要以作用在轴承上负荷的类型、大小、径向游隙及工作条件等为依据。

（1）套圈与负荷方向的关系　作用在轴承上的径向负荷，可以是定向负荷（如带轮的拉力或齿轮的作用力），或旋转负荷（如机件的转动离心力），或者是两者的合成负荷。它的作用方向与轴承套圈（内圈或外圈）存在以下三种关系：

1）套圈相对于负荷方向静止。此种情况是指，作用于轴承上的合成径向负荷与套圈相对静止，即负荷方向始终不变地作用在套圈滚道的局部区域上，该套圈所承受的这种负荷，称为静止负荷。

2）套圈相对于负荷方向旋转。此种情况是指，作用于轴承上的合成径向负荷与套圈相对旋转，即合成负荷方向依次作用在套圈滚道的整个圆周上，该套圈所承受的这种负荷，称为旋转负荷。

3）套圈相对于负荷方向摆动。此种情况是指，作用于轴承上的合成径向负荷与套圈在一定区域内相对摆动，即合成负荷向量按一定规律变化，往复作用在套圈滚道的局部圆周上，该套圈所承受的这种负荷，称为摆动负荷。

根据上述分析可知，轴承套圈相对于负荷的旋转状态不同（静止、旋转、摆动），该套圈与轴颈或外壳孔的配合的松紧程度也应不同。为了保证套圈滚道的磨损均匀，当套圈承受静止负荷时，该套圈与轴颈或外壳孔的配合应稍松些，以便在摩擦力矩的带动下，它们可以做非常缓慢的相对滑动，从而避免套圈滚道局部摩擦；当套圈承受旋转负荷时，套圈与轴颈或外壳孔的配合应稍紧一些，避免它们之间产生相对滑动，从而实现套圈滚道均匀磨损；当套圈承受摆动负荷时，其配合要求与承受旋转负荷时相同或略松一些，以提高轴承寿命。

（2）负荷的大小　滚动轴承套圈与轴颈和外壳孔的配合，与轴承套圈所承受的负荷大小有关。根据当量径向动负荷 $P_r$ 与轴承产品样品中规定的额定动负荷 $C_r$ 的关系，将当量径向动负荷 $P_r$ 分为轻负荷、正常负荷和重负荷三种类型，见表 6-1。轴承在重负荷和冲击负荷的作用下，套圈容易产生变形，使配合面受力不均匀，引起配合松动。因此，负荷越大，过盈量应选得越大，且承受变化的负荷应比承受平稳的负荷选用较紧的配合。

表 6-1　当量径向动负荷 $P_r$ 的类型

| 负荷类型 | $P_r$ 值 | | |
|---|---|---|---|
| | 球轴承 | 滚子轴承（圆锥轴承除外） | 圆锥滚子轴承 |
| 轻负荷 | $P_r \leqslant 0.07C_r$ | $P_r \leqslant 0.08C_r$ | $P_r \leqslant 0.13C_r$ |
| 正常负荷 | $0.07C_r < P_r \leqslant 0.15C_r$ | $0.08C_r < P_r \leqslant 0.18C_r$ | $0.13C_r < P_r \leqslant 0.26C_r$ |
| 重负荷 | $>0.15C_r$ | $>0.18C_r$ | $>0.26C_r$ |

（3）径向游隙　按 GB/T 4604.1—2012《滚动轴承　游隙　第 1 部分：向心轴承的径向游隙》的规定，滚动轴承的径向游隙共分为五组，即 2 组、0 组（基本组）、3 组、4 组、5 组，游隙的大小依次由小到大，其中 0 组为标准游隙，应优先选用。轴承的径向游隙应适中，当游隙过大，就会引起较大的径向跳动和轴向窜动，使轴承产生较大的振动和噪声。游隙过小，则会使轴承滚动体与套圈间产生较大的接触应力，并增加轴承摩擦发热，致使轴承寿命降低。因此，游隙的大小应适度。若供应的轴承无游隙标记，则指基本组游隙。在常温状态的一般条件下工作，则轴承与轴颈和外壳孔配合的过盈量较恰当。当轴承具有的游隙比基本组游隙大，在特别条件下工作时（如内圈和外圈温差较大，或内圈与轴颈间、外圈与外壳孔间都要求有过盈等），则配合的过盈量应较大。若轴承具有的游隙比基本组游隙小，在轻负荷下工作，要求噪声和振动小，或要求旋转精度较高时，则配合的过盈量较小。

（4）其他因素

1）工作温度。轴承工作时因摩擦发热及其他热源的影响，套圈的温度会高于相配件的温度，内圈的热膨胀使之与轴颈的配合变松，而外圈的热膨胀则使之与外壳孔的配合变紧。因此，当轴承工作温度高于 100℃ 时，应对所选的配合进行适当的修正，以保证轴承的正常运转。

2）轴颈与外壳孔的结构和材料。剖分式外壳孔和整体式外壳孔与轴承外圈的配合松紧有差异，前者稍松，以避免夹扁外圈；薄壁外壳或空心轴与轴承套圈的配合应比厚壁外壳或实心轴与轴承套圈的配合紧一些，以保证有足够的连接强度。

3）旋转精度及旋转速度。当轴承的旋转精度要求较高时，应选用较高精度等级的轴承以及较高等级的轴、孔公差；对负荷较大且旋转精度要求较高的轴承，为消除弹性变形和振动的影响，旋转套圈应避免采用间隙配合，但也不宜过紧；对负荷较小用于精密机床的高精度轴承，为了避免相配件形状误差对旋转精度的影响，无论旋转套圈还是非旋转套圈，与轴或孔的配合常常希望有较小的间隙。当轴承的旋转速度过高，且又在冲击动负荷下工作时，轴承与轴颈及外壳孔的配合最好都选用过盈配合。在其他条件相同的情况下，轴承转速越高，配合应越紧。

4）轴承的安装与拆卸情况。为了方便轴承的安装与拆卸，应考虑采用较松的配合。如要求装拆方便但又要紧配合时，可采用分离型轴承或内圈带锥孔、带紧定套和退卸套的轴承。

综上所述，影响滚动轴承配合的因素很多，通常难以用计算法确定，所以实际生产中采用类比法选择轴承的配合。类比法确定轴颈和外壳孔的公差带时，参考表 6-2 和表 6-3，按照表中所列条件进行选择。

表 6-2　与向心轴承配合的轴颈的尺寸公差带

| 运转状态 | | 负荷状态 | 深沟球轴承、调心球轴承和角接触球轴承 | 圆柱滚子轴承和圆锥滚子轴承 | 调心滚子轴承 | 公差带 |
|---|---|---|---|---|---|---|
| 说明 | 举例 | | 轴承内径/mm | | | |
| 旋转的内圈负荷及摆动负荷 | 一般通用机械、电动机、机床主轴、泵、内燃机、正常轮传动装置箱、铁路机车车辆轴、破碎机等 | 轻负荷 | ≤18<br>>18~100<br>>100~200<br>… | …<br>≤40<br>>40~140<br>>140~200 | …<br>≤40<br>>40~100<br>>100~200 | h5<br>j6<br>k6<br>m6 |
| | | 正常负荷 | ≤18<br>>18~100<br>>100~140<br>>140~200<br>>200~280<br>…<br>… | …<br>≤40<br>>40~100<br>>100~140<br>>140~200<br>>200~400<br>… | …<br>≤40<br>>40~65<br>>65~100<br>>100~140<br>>140~280<br>>280~500 | j5<br>js5<br>k5<br>m5<br>m6<br>n6<br>p6<br>r6 |
| | | 重负荷 | | >50~140<br>>140~200<br>>200<br>… | >50~100<br>>100~140<br>>140~200<br>>200 | n6<br>p6<br>r6<br>r7 |
| 固定的内圈负荷 | 静止轴上的各种轮子，张紧轮绳轮、振动筛、惯性振动器 | 所有负荷 | 所有尺寸 | | | f6<br>g6<br>h6<br>j6 |
| 仅有轴向负荷 | | | 所有尺寸 | | | j6、js6 |

注：1．凡对精度有较高要求的场合应用 j5、k5…代替 j6、k6…
　　2．圆锥滚子轴承、角接触球轴承配合对游隙影响不大，可用 k6、m6 代替 k5、m5。
　　3．重负荷下轴承游隙应选大于 0 组。

以第 1 章图 1-1 所示的圆柱齿轮减速器输出轴上的圆锥滚子轴承为例，其内径 $d = 55\text{mm}$、外径 $D = 100\text{mm}$，低速（转速为 $83\text{r/min}$），轻负荷（$P_r/C_r = 0.028$），工作时该轴承有时承受冲击负荷。根据该轴承工作条件，其属于一般机械且输出轴转速不高，故可以选用 0 级轴承。同时，该轴承承受定向的径向负荷，内圈与轴一起选择，外圈安装在剖分式外壳的轴承孔中且不旋转，故内圈与轴颈的配合应较紧、外圈与外壳孔的配合应较松。根据上述分析，从表 6-2 和 6-3 中分别选取轴颈尺寸公差带为 $\phi 55\text{k6}$、外壳孔尺寸公差带为 $\phi 100\text{J7}$。

表 6-3 与向心轴承配合外壳孔的尺寸公差带

| 运转状态 | | 负荷状态 | 其他状况 | 公差带① | |
|---|---|---|---|---|---|
| 说明 | 举例 | | | 球轴承 | 滚子轴承 |
| 静止的外圈负荷 | 一般机械、铁路机车车辆轴箱、电动机、泵、曲轴主轴承 | 轻、正常、重 | 轴向易移动，可采用剖分式外壳 | H7、G7② | |
| | | 冲击 | 轴向能移动，可采用整体或剖分式外壳 | J7、JS7 | |
| 摆动负荷 | | 轻、正常 | | | |
| | | 正常、重 | | K7 | |
| | | 冲击 | | M7 | |
| 旋转的外圈负荷 | 张紧滑轮、轮毂轴承 | 轻 | 轴向不移动，采用整体式外壳 | J7 | K7 |
| | | 正常 | | K7、M7 | M7、N7 |
| | | 重 | | — | N7、P7 |

① 并列公差带随尺寸的增大从左至右选择，对旋转精度有较高要求时，可相应提高一个公差等级。
② 不适用于剖分式外壳。

# 6.2 键联接的公差配合及检测

键联接是现代工业产品中普遍应用的联接方式之一，它用作轴和轴上传动件（如齿轮、带轮、手轮和联轴器等）之间的可拆连接，用以传递转矩或用作轴上传动件的导向。键联接一般分为单键联接和花键联接两类。其中，单键按照其结构和形状分为平键、半圆键和楔键，花键分为矩形花键和渐开线花键两种。本节只讨论平键和矩形花键联接的互换性。

## 6.2.1 平键联接的公差配合及检测

平键的截面呈矩形，其一半嵌在轴键槽里，另一半嵌在安装于轴上的其他零件的孔键槽（如轮毂键槽）里。对平键联接互换性的要求主要是，应使键与键槽的侧面有充分的有效接触面积来承受负荷，以保证键联接的强度、寿命和可靠性。键嵌在轴键槽里要牢固，防止松动，方便装拆。因此，国家标准对键与键槽的配合进行了规定。

（1）平键联接的结构和主要几何参数 平键联接通过键的侧面与轮毂键槽和轴键槽的侧面相互接触来传递转矩。在键与键槽的剖面尺寸（图 6-5）中，宽度 $b$ 是配合尺寸，应规定较严的公差，其他尺寸为非配合尺寸，可给予较松的公差。

（2）平键联接的公差与配合 在平键联接中，键宽和键槽宽 $b$ 是配合尺寸。平键是标

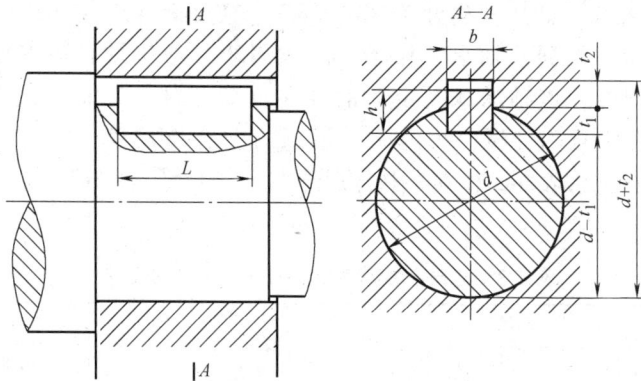

图 6-5　单键联接的尺寸

准件，故键宽可以看成是单键联接中的"轴"，轴键槽宽和轮毂键槽宽是单键联接中的"孔"，故键宽与键槽宽的配合制应采用基轴制。通过规定不同的键槽宽公差带来满足不同键联接的配合性能要求。按照配合的松紧不同，GB/T 1095—2003《平键　键槽的剖面尺寸》对平键与轴键槽和轮毂键槽的宽度规定了三种联接类型，即正常联接、紧密联接和松联接，对轴和轮毂的键槽宽各规定了三种公差带；同时，GB/T 1096—2003《普通型平键》对键宽规定了一种公差带 h8。这样就构成了三组配合，其配合尺寸的公差带均从相关国家标准中查取。键宽与键槽宽 $b$ 的公差带如图 6-6 所示。

　　平键联接的配合及应用见表 6-4。普通平键键槽的尺寸与公差见表 6-5。矩形普通平键键高 $h$ 的公差带为 h11，键长 $L$ 的公差带为 h14，轴槽长度的公差带为 H14。同时，为保证键与键槽的侧面具有足够的接触面积和避免装配困难，应分别规定轴键槽对轴线和轮毂键槽对孔的轴线的对称度公差，对称度公差等级一般取 7～9 级。此外，轴槽与轮毂槽的两个工作侧面为配合表面，表面粗糙度 $Ra$ 值取 1.6～3.2μm；槽底面等为非配合表面，表面粗糙度 $Ra$ 值取 6.3μm。

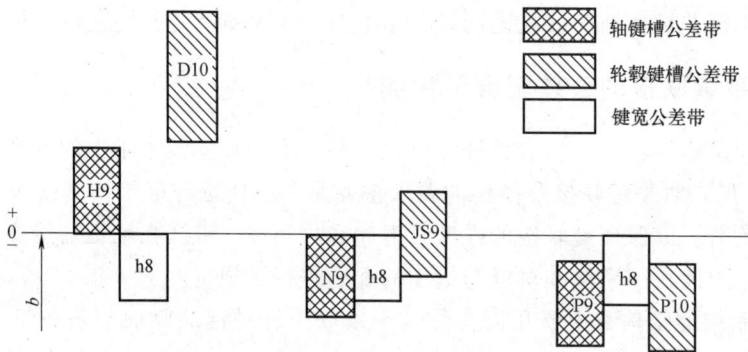

图 6-6　键宽和键槽宽 $b$ 的公差带

表 6-4　平键联接的配合及应用

| 配合种类 | 尺寸 b 的公差带 | | | 配合性质及应用场合 |
|---|---|---|---|---|
| | 键 | 轴键槽 | 轮毂键槽 | |
| 松联接 | | H9 | D10 | 用于导向平键,轮毂可在轴上移动 |
| 正常联接 | h8 | N9 | JS9 | 键在轴键槽中和轮毂键槽中均固定,用于载荷不大的场合 |
| 紧密联接 | | P9 | P9 | 键在轴键槽中和轮毂键槽中均牢固固定,用于载荷较大,有冲击和双向转矩的场合 |

表 6-5　普通平键键槽的尺寸与公差　　　　　　　　（单位：mm）

| 键尺寸 b×h | 键 槽 | | | | | | | | | | |
|---|---|---|---|---|---|---|---|---|---|---|---|
| | 宽度 b | | | | | | 深度 | | | | |
| | | 极限偏差 | | | | | 轴键槽 | | 轮毂孔键槽 | | |
| | 公称尺寸 | 正常联接 | | 紧密联接 | 松联接 | | $t_1$ | $d-t_1$ | $t_2$ | $d+t_2$ | |
| | | 轴 N9 | 轮毂孔 JS9 | 轴和轮毂孔 P9 | 轴 H9 | 轮毂孔 D10 | 公称尺寸 | 极限偏差 | 极限偏差 | 公称尺寸 | 极限偏差 | 极限偏差 |
| 5×5<br>6×6 | 5<br>6 | 0<br>−0.030 | ±0.015 | −0.012<br>−0.042 | +0.030<br>0 | +0.078<br>+0.030 | 3.0<br>3.5 | +0.1<br>0 | 0<br>−0.1 | 2.3<br>2.8 | +0.1<br>0 | +0.1<br>0 |
| 8×7<br>10×8 | 8<br>10 | 0<br>−0.036 | ±0.018 | −0.015<br>−0.051 | +0.036<br>+0.040 | +0.098<br>+0.040 | 4.0<br>5.0 | +0.2<br>0 | 0<br>−0.2 | 3.3<br>3.3 | +0.2<br>0 | +0.2<br>0 |
| 12×8<br>14×9<br>16×10<br>18×11 | 12<br>14<br>16<br>18 | 0<br>−0.043 | ±0.0215 | −0.018<br>−0.061 | +0.043<br>0 | +0.120<br>+0.050 | 5.5<br>6.0<br>7.0 | | | 3.3<br>3.8<br>4.3<br>4.4 | | |

注：d 为相互配合孔、轴的公称尺寸；对于任一 d 的孔、轴，都可按需要选取键尺寸，而不局限于特定的某一键尺寸。

　　轴键槽和轮毂键槽公差和表面粗糙度在图样上的标注如图 6-7 所示。

　　（3）平键轴槽与轮毂键槽的检测　　键和键槽的尺寸可以用千分尺、游标卡尺等普通计量器具来测量,键槽宽度可以用量块或极限量规来检验。下面以轴键槽为例,重点介绍键槽对称度的检测方法。

　　如图 6-8a 所示,轴键槽对基准轴线的对称度公差采用独立原则。这时键槽对称度误差可按图 6-8b 所示的方法来测量。被测轴以其外圆放置在 V 形支承座上,以平板作为测量基准,用 V 形支承座体现轴的基准轴线。用定位块（或量块）模拟体现键槽中心平面。将置于平板上的指示器的测头与定位块的顶面接触,沿定位块的一个横截面移动,并稍微转动被测零件来调整定位块的位置,至指示器沿定位块这个横截面移动的过程中示值始终稳定为止,从而确定定位块的这个横截面内的素线平行于平板。然后,用指示表对定位块长度两端近端点处进行测量。将被测轴旋转 180°后,按照同样方法测量另外一个面。对测出的四个值进行数据处理即可得出对称度误差。

　　如图 6-9a 所示,轴键槽对称度公差与键槽宽度的尺寸公差的关系采用最大实体要求,而该对称度公差与轴径的尺寸公差的关系采用独立原则。这时键槽对称误差可用图 6-9b 所示的量规检验。该量规以其 V 形表面作为定心表面体现基准轴线,来检验键槽对称度误差,

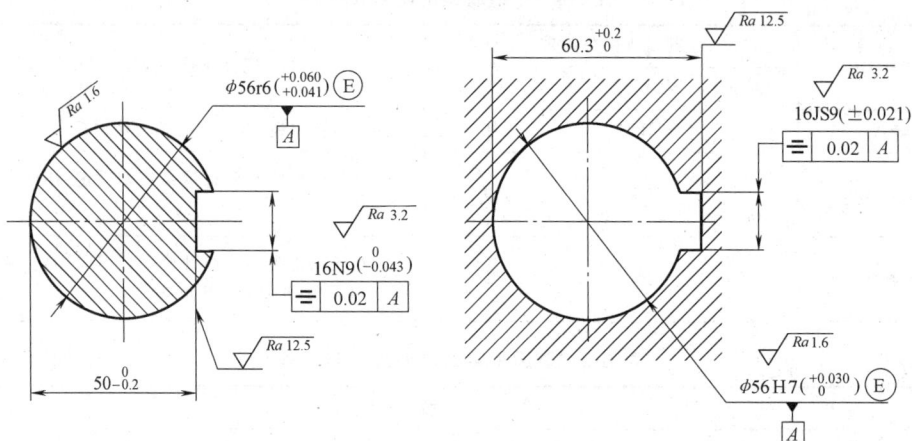

图 6-7　轴键槽和轮毂键槽公差和表面粗糙度在图样上的标注

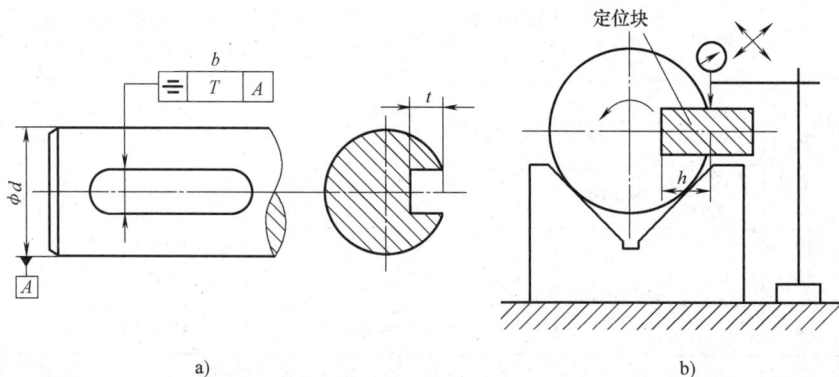

a) b)

图 6-8　轴键槽对称度误差测量

a）图样上标注的对称度公差　b）普通计量器具测量对称度误差

若 V 形表面与轴表面接触且检验键能够进入被测键槽，则表示对称度误差合格。

如图 6-10a 所示，轮毂键槽对称度公差与键槽宽度的尺寸公差及基准孔孔径的尺寸公差

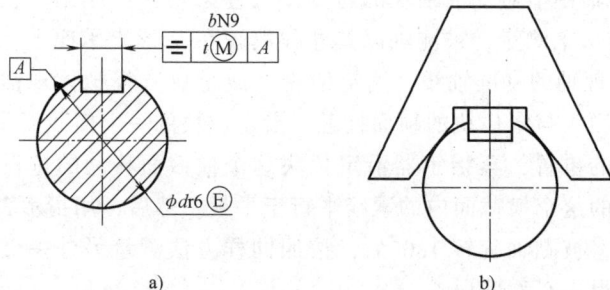

a) b)

图 6-9　采用量规检验轴键槽对称度

a）图样标注　b）量规检验示意图

的关系都采用最大实体要求。这时，键槽对称度误差可用图 6-10b 所示的孔键槽对称度量规检验。该量规以圆柱面作为定位表面模拟体现基准轴线，来检验键槽对称度误差，若它能够同时自由通过轮毂的基准孔和被测键槽，则表示对称度误差合格。

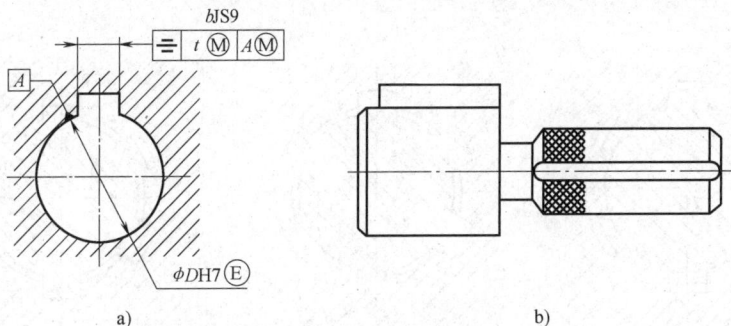

图 6-10　采用量规检验轮毂键槽对称度

a）图样标注　b）孔键槽对称度量规

### 6.2.2　矩形花键联接的公差配合及检测

当传递较大的转矩且定心精度要求较高时，单键联接难以满足要求，就需要采用花键联接。花键联接是花键轴和花键孔两个零件的结合。花键可用作固定联接，也可用作滑动联接。花键联接与平键联接相比具有明显的优势，如孔、轴的定心精度高、导向性好、轴和轮毂上承受的负荷分布比较均匀，因而联接更可靠。

（1）矩形花键的主要尺寸　国家标准规定，矩形花键的主要尺寸有小径 $d$、大径 $D$、键宽（键槽宽）$B$，如图 6-11 所示。键数规定为偶数，有 6、8、10 三种，以便加工和检测。按承载能力，对公称尺寸规定了轻、中两个系列，同一小径的轻系列和中系列的键数相同，键宽（键槽宽）也相同，仅大径不相同。中系列的键高尺寸较大，承载能力强；轻系列的键高尺寸较小，承载能力相对低。矩形花键的尺寸系列见表 6-6。

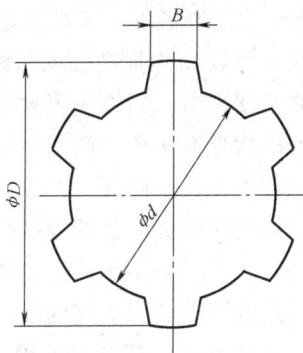

图 6-11　矩形花键的尺寸

表 6-6　矩形花键的尺寸系列　　　　　　　　　　　（单位：mm）

| $d$ | 轻系列 | | | | 中系列 | | | |
|---|---|---|---|---|---|---|---|---|
| | 标记 | $N$ | $D$ | $B$ | 标记 | $N$ | $D$ | $B$ |
| 23 | 6×23×26×6 | 6 | 26 | 6 | 6×23×28×6 | 6 | 28 | 6 |
| 26 | 6×26×30×6 | 6 | 30 | 6 | 6×26×32×6 | 6 | 32 | 6 |
| 28 | 6×28×32×7 | 6 | 32 | 7 | 6×28×34×7 | 6 | 34 | 7 |
| 32 | 6×32×36×7 | 6 | 36 | 6 | 8×32×38×6 | 8 | 38 | 6 |
| 36 | 8×36×40×7 | 8 | 40 | 7 | 8×36×42×7 | 8 | 42 | 7 |
| 42 | 8×42×46×8 | 8 | 46 | 8 | 8×42×48×8 | 8 | 48 | 8 |
| 46 | 8×46×50×9 | 8 | 50 | 9 | 8×46×54×9 | 8 | 54 | 9 |
| 52 | 8×52×58×10 | 8 | 58 | 10 | 8×52×60×10 | 8 | 60 | 10 |
| 56 | 8×56×62×10 | 8 | 62 | 10 | 8×56×65×10 | 8 | 65 | 10 |
| 62 | 8×62×68×12 | 8 | 68 | 12 | 8×62×72×12 | 8 | 72 | 12 |

（2）矩形花键的定心方式　矩形花键联接的结合面有三个，即大径结合面、小径结合面和键侧结合面。要保证三个结合面同时达到高精度的定心作用很困难，也没有必要。图6-12所示分别为小径定心、大径定心和键侧定心。

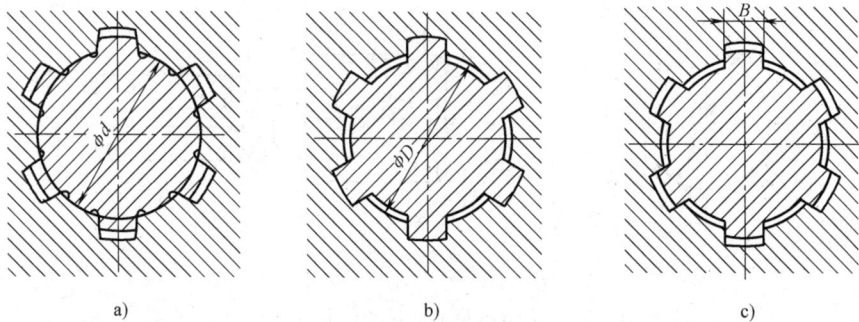

图 6-12　矩形花键定心方式

a）小径定心　b）大径定心　c）键侧（键槽侧）定心

国家标准规定，矩形花键联接采用小径定心。这是因为现代工业对机械零件的质量要求不断提高，相应地对花键联接的机械强度、硬度、耐磨性和几何精度的要求也在不断提高。例如，工作时每小时相对滑动 15 次以上的内、外花键，要求硬度在 40HRC 以上；相对滑动频繁的内、外花键，则要求硬度为 56~60HRC。因此，在内、外花键制造过程中需要进行热处理（淬硬）来提高硬度和耐磨性。淬硬后应采用磨削来修正热处理变形，以保证定心表面的精度要求。如果采用大径定心，虽然外花键大径表面磨削很方便，但是内花键大径表面的磨削却难以实现。而采用小径定心，磨削内花键小径表面就较为容易，磨削外花键小径表面也较为方便。此外，内花键尺寸精度要求高时，如 IT5 级和 IT6 级精度齿轮的花键孔，定心表面尺寸的标准公差等级分别为 IT5 和 IT6，采用大径定心则拉削内花键不能达到高精度大径要求，而采用小径定心就可以通过磨削达到高精度小径要求。所以，矩形花键联接采用小径定心可以获得更高的定心精度，并能保证和提高花键的表面质量。

（3）矩形花键联接的极限与配合　为了减少制造内花键用的拉刀和量具的品种规格，有利于拉刀和量具的专业化生产，矩形花键配合应采用基孔制，即内花键 $d$、$D$ 和 $B$ 的基本偏差不变，依靠改变外花键 $d$、$D$ 和 $B$ 的基本偏差，获得不同松紧的配合。矩形花键联接的极限与配合分为两种情况：一种为一般用途矩形花键，另一种为精密传动用矩形花键。矩形花键的尺寸公差带见表 6-7。

由表 6-7 可以看出，内、外花键大径 $D$ 的公差等级相同，且比相应的小径 $d$ 和键宽 $B$ 的公差等级都高，大径只有一种配合为 H10/a11。

矩形花键联接的极限与配合选用主要是确定连接精度和装配形式。连接精度的选用主要是根据定心精度要求和传递转矩大小。精密传动用花键联接，定心精度高、传递转矩大而且平稳，多用于精密机床主轴变速箱以及各种减速器中轴与齿轮花键孔（内花键）的联接。矩形花键按装配形式分为固定联接、紧滑动联接和滑动联接三种。固定联接方式用于内、外花键之间无轴向相对移动的情况，而后两种联接方式用于内、外花键之间工作时要求相对移动的情况。由于几何误差的影响，矩形花键各结合面的配合均比预定的要紧。尺寸 $d$、$D$、$B$ 的公差等级选定后，具体公差数值可根据尺寸大小及公差等级查阅第二章中标准公差数值表和基本偏差数值表。

表 6-7 矩形花键的尺寸公差带

| 用途 | 内花键 | | | | 外花键 | | | 装配形式 |
| | 小径 $d$ | 大径 $D$ | 键宽 $B$ | | 小径 $d$ | 大径 $D$ | 键宽 $B$ | |
| | | | 拉削后不热处理 | 拉削后热处理 | | | | |
|---|---|---|---|---|---|---|---|---|
| 一般用 | H7 | | H9 | H11 | f7 | | d10 | 滑动 |
| | | | | | g7 | | f9 | 紧滑动 |
| | | | | | h7 | | h10 | 固定 |
| 精密传动用 | H5 | H10 | H7、H9 | | f5 | a11 | d8 | 滑动 |
| | | | | | g5 | | f7 | 紧滑动 |
| | | | | | h5 | | h8 | 固定 |
| | H6 | | | | f6 | | d8 | 滑动 |
| | | | | | g6 | | f7 | 紧滑动 |
| | | | | | h6 | | h8 | 固定 |

注：1. 精密传动用内花键，当需要控制键侧配合间隙时，槽宽可选 H7，一般情况下可选 H9。

2. $d$ 公差带为 H6、H7 的内花键，允许与高一级的外花键配合。

（4）矩形花键的几何公差和表面粗糙度 为保证定心表面的配合性质，对矩形花键规定如下要求：内、外花键定心直径 $d$ 的尺寸公差与几何公差的关系，必须采用包容要求；内（外）花键应规定键槽（键）侧面对定心轴线的位置度公差（表 6-8），并采用最大实体要求；单件小批生产，采用单项测量时，应规定键槽（键）的中心平面对定心轴线的对称度公差（表 6-9），并采用独立原则。

表 6-8 矩形花键位置度公差 （单位：mm）

| 键槽宽或键宽 $B$ | | 3 | 3.5~6 | 7~10 | 12~18 |
|---|---|---|---|---|---|
| 位置度公差 | 键槽宽 | 0.010 | 0.015 | 0.020 | 0.025 |
| | 键宽 滑动、固定 | 0.010 | 0.015 | 0.020 | 0.025 |
| | 键宽 紧滑动 | 0.006 | 0.010 | 0.013 | 0.016 |

表 6-9 矩形花键对称度公差 （单位：mm）

| 键槽宽或键宽 $B$ | | 3 | 3.5~6 | 7~10 | 12~18 |
|---|---|---|---|---|---|
| 对称度公差 | 一般用 | 0.010 | 0.012 | 0.015 | 0.018 |
| | 精密传动用 | 0.006 | 0.008 | 0.009 | 0.011 |

注：矩形花键的等分度公差与键宽的对称度公差相同。

矩形花键的表面粗糙度参数一般标注 $Ra$ 的上限值。矩形花键的表面粗糙度参数 $Ra$ 的上限值一般采用：内花键的小径表面不大于 $0.8\mu m$，键侧面不大于 $3.2\mu m$，大径表面不大于 $6.3\mu m$；外花键的小径表面不大于 $0.8\mu m$，键侧面不大于 $0.8\mu m$，大径表面不大于 $3.2\mu m$。

（5）矩形花键的标注代号 矩形花键的标注代号应按次序包括下列内容：

键数 $N$、小径 $d$、大径 $D$、键宽 $B$ 公称尺寸及配合公差带代号。

例如：花键键数 $N$ 为 8，小径 $d$ 的配合为 52H7/f7、大径 $D$ 的配合为 58H10/a11、键槽宽与键宽 $B$ 的配合为 10H11/d10。

花键副在装配图上标注配合代号为

$$8 \times 52\frac{H7}{f7} \times 58\frac{H10}{a11} \times 10\frac{H11}{d10}$$

内花键在零件图上标注尺寸公差带代号为

$$8 \times 52H7 \times 58H10 \times 10H11$$

外花键在零件图上标注尺寸公差带代号为

$$8 \times 52f7 \times 58a11 \times 10d10$$

（6）矩形花键的检测　矩形花键的检测有单项测量和综合检验两类，也可以说有对于定心小径、键宽、大径三个参数的检验，而每一个参数都有尺寸、位置、表面粗糙度的检验。

对于单件小批生产，采用单项测量。一般来说是规定了对称度公差且遵守独立原则。测量时，花键的尺寸和位置误差使用千分尺、游标卡尺、指示表等通用计量器具分别测量。

对于大批量生产，先用花键位置量规（塞规或环规，如图 6-13 所示）同时检验花键的小径、大径、键宽及大、小径的同轴度误差以及各键（键槽）的位置度误差等综合结果。若位置量规能自由通过，说明花键是合格的。用位置量规检验合格后，再用单项止端塞规（卡规）或普通计量器具检测其小径、大径及键槽宽（键宽）的实际尺寸是否超越其最小实体尺寸。

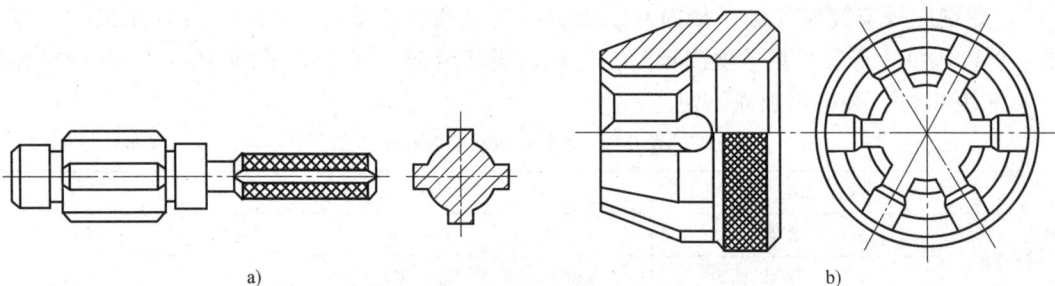

a)　　　　　　　　　　　　　　　　b)

图 6-13　矩形花键位置量规
a）塞规　b）环规

# 6.3　普通螺纹的公差配合及检测

螺纹联接是现代工业中广泛采用的一种联接形式，它是由相互结合的内螺纹和外螺纹，通过相互旋合及牙侧面的接触来实现零部件间的联接、紧固和产生相对位移等功能。根据使用要求的不同，螺纹一般可以分为紧固螺纹、传动螺纹和密封螺纹，其中紧固螺纹又分为普通螺纹、过渡配合螺纹和过盈配合螺纹等。本节仅重点介绍紧固螺纹中普通螺纹的公差配合及检测。

### 6.3.1 普通螺纹的主要几何参数

普通螺纹的基本牙型是指在通过螺纹轴线的剖面内作为螺纹设计依据的理想牙型,可以把它看作是在高为 $H$ 的等边三角形(原始三角形)上截去其顶部和底部而形成的。普通螺纹的主要几何参数,包括大径($D$、$d$)、小径($D_1$、$d_1$)、中径($D_2$、$d_2$)、螺纹接触高度($5H/8$)和螺距 $P$ 等,如图 6-14 所示。

### 6.3.2 普通螺纹的公差与配合

要保证螺纹的互换性,必须对螺纹的精度提

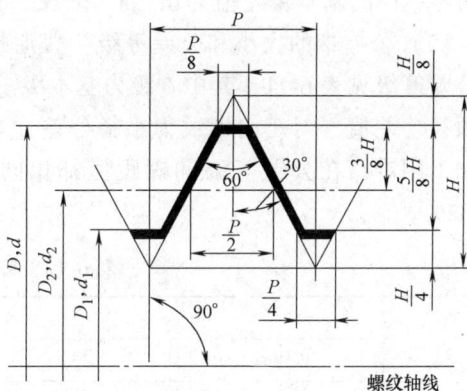

图 6-14 普通螺纹的主要几何参数

出要求。国家标准中,对普通螺纹规定了供选用的螺纹公差、螺纹配合、旋合长度及精度等级。

(1)普通螺纹的公差带 普通螺纹的公差带是以基本牙型为零线布置的,其位置如图 6-15 所示。螺纹的基本牙型是计算螺纹偏差的基准。国家标准中,对内螺纹只规定了两种基本偏差 G、H,基本偏差为下偏差 EI,如图 6-15a 和 b 所示;对外螺纹规定了七种基本偏差 a、b、c、d、e、f、g、h,基本偏差为上偏差 es,如图 6-15c 和 d 所示。H 和 h 的基本偏

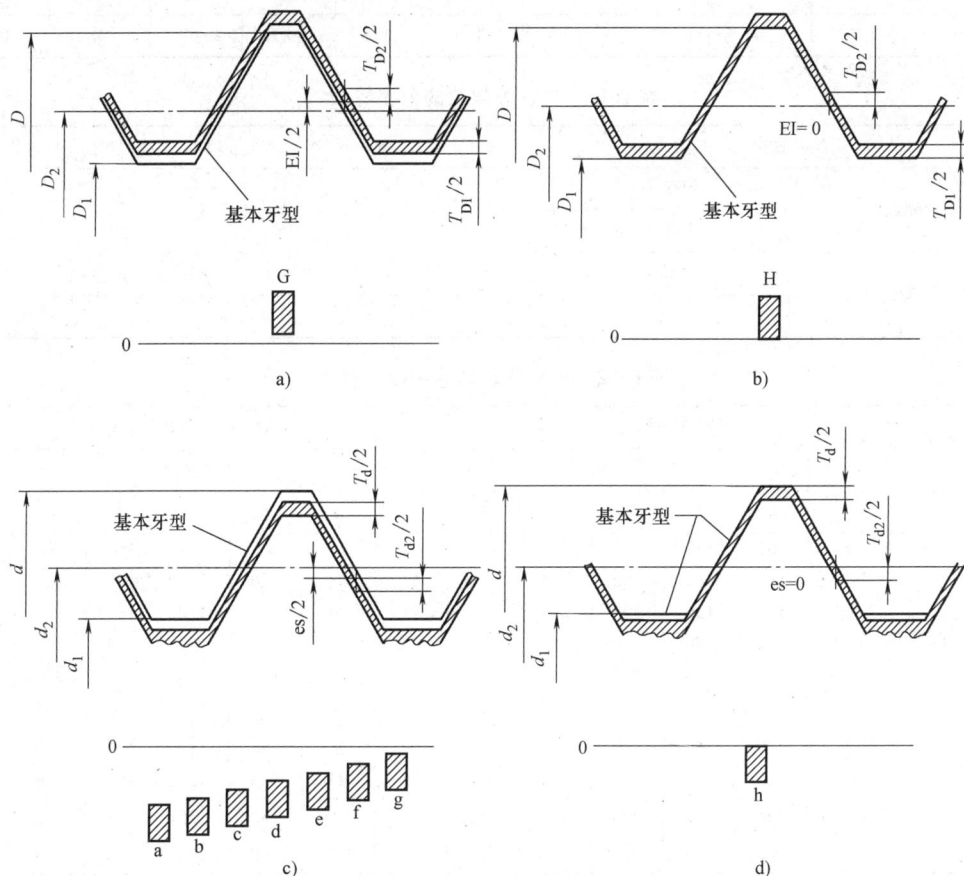

图 6-15 内、外螺纹的基本偏差

差为零，G 的基本偏差值为正，a、b、c、d、e、f、g 的基本偏差值为负，见表 6-10。

（2）公差带的大小和公差等级　普通螺纹公差带的大小由公差等级决定。内、外螺纹的公差等级见表 6-11，其中 6 级为基本级。内、外螺纹的中径公差值见表 6-12。内、外螺纹的顶径公差值（对于内螺纹为小径公差，对于外螺纹则为大径公差）见表 6-13。由于内螺纹加工困难，在公差等级和螺距值都相同的情况下，内螺纹的公差值比外螺纹的公差值大 32%。

表 6-10　普通螺纹的基本偏差

| 螺距 P/mm | 基本偏差/μm | | | | | | | | | |
|---|---|---|---|---|---|---|---|---|---|---|
| | 内螺纹 | | 外螺纹 | | | | | | | |
| | G EI | H EI | a es | b es | c es | d es | e es | f es | g es | h es |
| 1 | +26 | 0 | −290 | −200 | −130 | −85 | −60 | −40 | −26 | 0 |
| 1.25 | +28 | 0 | −295 | −205 | −135 | −90 | −63 | −42 | −28 | 0 |
| 1.5 | +32 | 0 | −300 | −212 | −140 | −95 | −67 | −45 | −32 | 0 |
| 1.75 | +34 | 0 | −310 | −220 | −145 | −100 | −71 | −48 | −34 | 0 |
| 2 | +38 | 0 | −315 | −225 | −150 | −105 | −71 | −52 | −38 | 0 |
| 2.5 | +42 | 0 | −325 | −235 | −160 | −110 | −80 | −58 | −42 | 0 |
| 3 | +48 | 0 | −335 | −245 | −170 | −115 | −85 | −63 | −48 | 0 |

表 6-11　内、外螺纹的公差等级

| 螺纹直径 | | 公差等级 |
|---|---|---|
| 内螺纹 | 中径 $D_2$ | 4、5、6、7、8 |
| | 小径 $D_1$ | |
| 外螺纹 | 中径 $d_2$ | 3、4、5、6、7、8、9 |
| | 大径 $d$ | 4、6、8 |

表 6-12　内、外螺纹的中径公差值

| 公称直径 $D$、$d$ /mm | 螺距 $P$ /mm | 内螺纹中径公差 $T_{D3}$/μm | | | | | 外螺纹中径公差 $T_{d2}$/μm | | | | | | |
|---|---|---|---|---|---|---|---|---|---|---|---|---|---|
| | | 公差等级 | | | | | 公差等级 | | | | | | |
| | | 4 | 5 | 6 | 7 | 8 | 3 | 4 | 5 | 6 | 7 | 8 | 9 |
| >11.2~22.4 | 1 | 100 | 125 | 160 | 200 | 250 | 60 | 75 | 95 | 118 | 150 | 190 | 236 |
| | 1.25 | 112 | 140 | 180 | 224 | 280 | 67 | 85 | 106 | 132 | 170 | 212 | 265 |
| | 1.5 | 118 | 150 | 190 | 236 | 300 | 71 | 90 | 112 | 140 | 180 | 224 | 280 |
| | 1.75 | 125 | 160 | 200 | 250 | 315 | 75 | 95 | 118 | 150 | 190 | 236 | 300 |
| | 2 | 132 | 170 | 212 | 265 | 335 | 80 | 100 | 125 | 160 | 200 | 250 | 315 |
| | 2.5 | 140 | 180 | 224 | 280 | 355 | 85 | 106 | 132 | 170 | 212 | 265 | 335 |
| >22.4~45 | 1 | 106 | 132 | 170 | 212 | — | 63 | 80 | 100 | 125 | 160 | 200 | 250 |
| | 1.5 | 125 | 160 | 200 | 250 | 315 | 75 | 95 | 118 | 150 | 190 | 236 | 300 |
| | 2 | 140 | 180 | 224 | 280 | 355 | 85 | 106 | 132 | 170 | 212 | 265 | 335 |
| | 3 | 170 | 212 | 265 | 335 | 425 | 100 | 125 | 160 | 200 | 250 | 315 | 400 |

表 6-13　内、外螺纹的顶径公差

| 螺距 P/mm | 内螺纹小径公差 $T_{D1}/\mu m$ | | | | | 外螺纹大径公差 $T_d/\mu m$ | | |
|---|---|---|---|---|---|---|---|---|
| | 4 | 5 | 6 | 7 | 8 | 4 | 6 | 8 |
| 1 | 150 | 190 | 236 | 300 | 375 | 112 | 180 | 280 |
| 1.25 | 170 | 212 | 265 | 335 | 425 | 132 | 212 | 335 |
| 1.5 | 190 | 236 | 300 | 375 | 475 | 150 | 236 | 375 |
| 1.75 | 212 | 265 | 335 | 425 | 530 | 170 | 265 | 425 |
| 2 | 236 | 300 | 375 | 475 | 600 | 180 | 280 | 450 |
| 2.5 | 280 | 355 | 450 | 560 | 710 | 212 | 335 | 530 |
| 3 | 315 | 400 | 500 | 630 | 800 | 236 | 375 | 600 |

（3）螺纹精度和旋合长度　螺纹精度由螺纹公差带和旋合长度构成。螺纹旋合长度，是指两个相互配合的螺纹沿螺纹轴线方向相互旋合部分的长度，如图 6-16 中所示的 $L_e$。螺纹旋合长度越长，螺距累积误差越大，对螺纹旋合性的影响越大。螺纹旋合长度分短旋合长度（以 S 表示）、中等旋合长度（以 N 表示）、长旋合长度（以 L 表示）三组，见表 6-14。一般优先采用中等旋合长度。中等旋合长度是螺纹公称直径的 0.5～1.5 倍。公差等级相同的螺纹，若旋合长度不同则可分属不同的精度等级。国家标准将螺纹精度分为精密、中等和粗糙三个级别。精密级用于精密螺纹和要求配合性质稳定、配合间隙较小的连接；中等级用于中等精度和一般用途的螺纹连接；粗糙级用于精度要求不高或难以制造的螺纹。

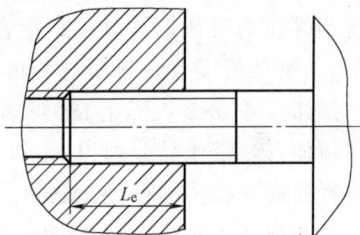

图 6-16　螺纹旋合长度

表 6-14　螺纹的旋合长度　（单位：mm）

| 基本大径 $D,d$ | | 螺距 P | 旋合长度 | | | |
|---|---|---|---|---|---|---|
| | | | S | | N | L |
| > | ≤ | | ≤ | > | ≤ | > |
| 5.6 | 11.2 | 0.75 | 2.4 | 2.4 | 7.1 | 7.1 |
| | | 1 | 3 | 3 | 9 | 9 |
| | | 1.25 | 4 | 4 | 12 | 12 |
| | | 1.5 | 5 | 5 | 15 | 15 |
| 11.2 | 22.4 | 1 | 3.8 | 3.8 | 11 | 11 |
| | | 1.25 | 4.5 | 4.5 | 13 | 13 |
| | | 1.5 | 5.6 | 5.6 | 16 | 16 |
| | | 1.75 | 6 | 6 | 18 | 18 |
| | | 2 | 8 | 8 | 24 | 24 |
| | | 2.5 | 10 | 10 | 30 | 30 |
| 22.4 | 45 | 1 | 4 | 4 | 12 | 12 |
| | | 1.5 | 6.3 | 6.3 | 19 | 19 |
| | | 2 | 8.5 | 8.5 | 25 | 25 |
| | | 3 | 12 | 12 | 36 | 36 |
| | | 3.5 | 15 | 15 | 45 | 45 |
| | | 4 | 18 | 18 | 53 | 53 |
| | | 4.5 | 21 | 21 | 63 | 63 |

（4）普通螺纹公差带选用　螺纹的公差等级和基本偏差可以组成许多公差带，考虑到定值刀具和量具规格增多会造成经济和管理上的困难，同时有些公差带在实际使用中效果不好，国家标准对内、外螺纹公差带进行了筛选，选用公差带时可参考表6-15和表6-16。表6-15和表6-16内的公差带优先选用顺序为：粗体字公差带、一般字体公差带、括号内公差带。内、外螺纹的选用公差带可以任意组成各种配合。但是，为保证内、外螺纹间有足够的接触高度，完工后的螺纹零件宜优先组成 H/g、H/h 或 G/h 的配合。为了保证螺纹旋合后有良好的同轴度和足够的连接强度，可选用 H/h 配合。要装拆方便，一般选用 H/g 配合。对于需要涂镀保护层的螺纹，根据涂镀层的厚度选用配合。镀层厚度为 5μm 左右，选用6H/6g；镀层厚度为 10μm 左右，则选用 6H/6f；若内、外螺纹均涂镀，可选用 6G/6e。

（5）普通螺纹的标注　完整的螺纹标记依次包括：螺纹特征代号（M）、公称直径×螺距（当螺纹为粗牙螺纹时，螺距省略不注）、公差带代号（中径、顶径公差带代号相同只标一个）、旋合长度（中等旋合长度 N 不标）、旋向（右旋不注，左旋注 LH）。

例如，M20×2-7g6g-L-LH 的含义为：普通螺纹、公称直径 20mm、螺距 2mm、外螺纹中径和顶径公差带代号分别为 7g 和 6g、长旋合长度、左旋；再如，M20×1.5-6H/7g6g 的含义为：普通螺纹，公称直径 20mm，螺距 1.5mm，内螺纹中径和顶径公差带代号为 6H、外螺纹中径和顶径代号分别为 7g 和 6g、中等旋合长度、右旋。

表 6-15　内螺纹推荐公差带

| 公差精度 | 公差带位置 G | | | 公差带位置 H | | |
|---|---|---|---|---|---|---|
| | S | N | L | S | N | L |
| 精密 | — | — | — | 4H | 5H | 6H |
| 中等 | (5G) | 6G | (7G) | 5H | **6H** | 7H |
| 粗糙 | | (7G) | (8G) | | 7H | 8H |

表 6-16　外螺纹推荐公差带

| 公差精度 | 公差带位置 e | | | 公差带位置 f | | | 公差带位置 g | | | 公差带位置 h | | |
|---|---|---|---|---|---|---|---|---|---|---|---|---|
| | S | N | L | S | N | L | S | N | L | S | N | L |
| 精密 | — | — | — | — | — | — | — | (4g) | (5g4g) | (3h4h) | 4h | (5h4h) |
| 中等 | — | 6e | (7e6e) | — | 6f | — | (5g6g) | **6g** | (7g6g) | (5h6h) | 6h | (7h6h) |
| 粗糙 | — | (8e) | (9e8e) | | | | | 8g | (9g8g) | | | |

## 6.3.3　普通螺纹的检测

测量螺纹的方法有两种，即单项测量和综合检验。单项测量是指用指示量仪测量螺纹的实际值，每次只测量螺纹的一项几何参数，并以所得的实际值来判断螺纹的合格性。单项测量有牙型量头法、量针法和影像法等。综合检验是指一次同时检验螺纹的几个参数，以几个参数的综合误差来判断螺纹的合格性。单项测量精度高，主要用于精密螺纹、螺纹刀具及螺纹量规的测量，或在生产中分析形成各参数误差的原因时使用。综合检验生产率高，适合于成批生产中精度不太高的螺纹件。本节仅介绍普通螺纹的综合检验。

如图 6-17 所示，螺纹的综合检验所采用计量器具为螺纹量规，主要用于检验只要求保证可旋合性的螺纹。螺纹量规有塞规和环规（或卡规）之分，塞规用于检验内螺纹，环规

（或卡规）用于检验外螺纹。螺纹量规的通规用来检验被测螺纹的作用中径，控制其不得超出最大实体牙型中径，因此它应模拟被测螺纹的最大实体牙型并具有完整的牙型，其螺纹长度等于被测螺纹的旋合长度。此外，螺纹量规的通规还用来检验被测螺纹的底径。螺纹量规的止规用来检验被测螺纹的实际中径，控制其不得超出最小实体牙型中径。内螺纹的小径和外螺纹的大径分别用光滑极限量规检验。

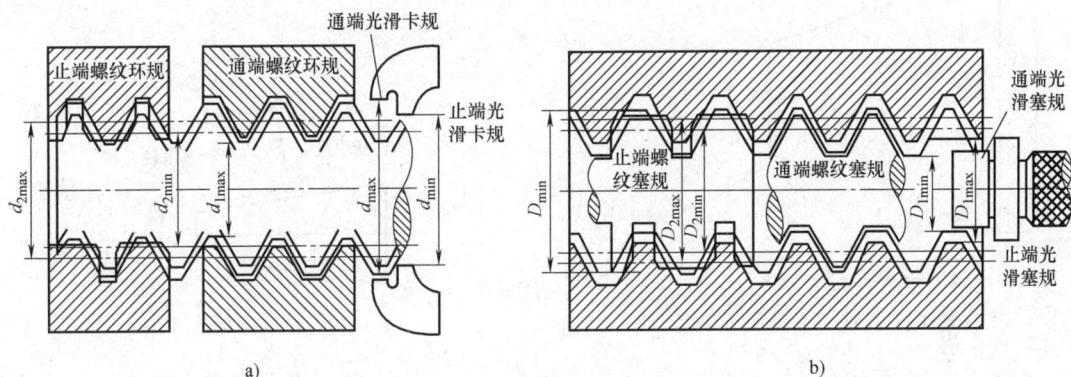

图 6-17　普通螺纹的综合检验

a）外螺纹检验　b）内螺纹检验

# 6.4　圆锥的公差配合及检测

圆锥配合是机械产品中常用的典型结构，圆锥配合的特点是：可自动定心，对中性良好，而且装拆简便，配合间隙或过盈的大小可以自由调整，能利用自锁性来传递转矩以及具有良好的密封性等。但是，由于圆锥是由直径、长度、锥度（或锥角）构成的多尺寸要素，因此影响互换性的因素比较多，在配合性质的确定和配合精度设计方面，比圆柱配合要复杂得多。为此，国家发布了 GB/T 11334—2005《产品几何量技术规范（GPS）圆锥公差》、GB/T 12360—2005《产品几何量技术规范（GPS）圆锥配合》、GB/T 15754—1995《技术制图　圆锥的尺寸和公差注法》等国家标准。

## 6.4.1　圆锥公差配合的基本术语

圆锥分为内圆锥（圆锥孔）和外圆锥（圆锥轴）两种，其主要的几何参数包括圆锥角、圆锥直径和圆锥长度，如图 6-18 所示。圆锥角 $\alpha$ 是指在通过圆锥轴线的截面内两条素线间的夹角。圆锥直径是指圆锥在垂直于其轴线截面上的直径，常用的圆锥直径有最大圆锥直径 $D$ 和最小圆锥直径 $d$。圆锥长度 $L$ 是指最大圆锥直径截面与最小圆锥直径截面之间的轴向距离。

圆锥角的大小也可以用锥度表示。锥度 $C$ 是指两个垂直于圆锥轴线截面上的圆锥直径之差与该两截面间的轴向距离之比。锥度一般用比例或分数表示，例如 $C = 1:5$ 或 $C = 1/5$。光滑圆锥的锥度已标准化，参见 GB/T 157—2001《产品几何量技术规范（GPS）圆锥的锥角与锥角系列》。在零件图上，锥度用特定的图形符号和比例（或分数）来标注，如图 6-19

所示。图形符号配置在平行于圆锥轴线的基准线上，并且其方向与圆锥方向一致，在基准线上面标注锥度的数值，用指引线将基准线与圆锥素线相连。在图样上标注了锥度，就不必标注圆锥角。此外，对圆锥标注了最大圆锥直径 $D$ 或最小圆锥直径 $d$ 及圆锥长度 $L$、圆锥角 $\alpha$（或锥度 $C$），则该圆锥就可完全确定。

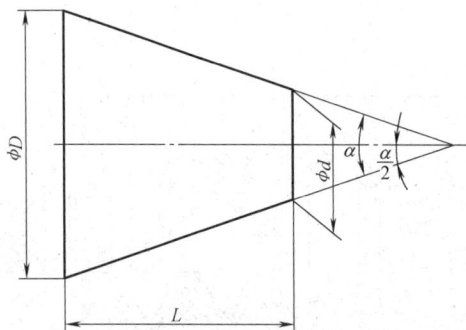

图 6-18　圆锥的主要几何参数　　　　　　图 6-19　锥度的标注方法

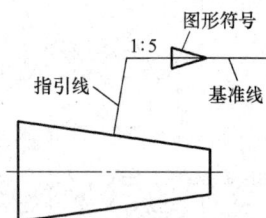

（1）圆锥公差的术语　圆锥公差的术语主要包括公称圆锥、极限圆锥、圆锥直径公差及公差区，极限圆锥角、圆锥角公差及公差区。

公称圆锥是指设计时给定的理想形状的圆锥，其几何参数有公称圆锥直径、公称圆锥角（或公称锥度）和公称圆锥长度。

极限圆锥是指与公称圆锥共轴线且圆锥角相等、直径分别为上极限直径和下极限直径的两个圆锥。在垂直于圆锥轴线的所有截面上，这两个圆锥的直径差都相等。直径为上极限直径的圆锥称为最大极限圆锥，直径为下极限直径的圆锥称为最小极限圆锥。圆锥直径允许的变动量即为圆锥直径公差，其在整个圆锥长度内都适用。两个极限圆锥所限定的区域即为圆锥直径公差区，也称圆锥直径公差带。图 6-20 所示为极限圆锥（角）和圆锥（角）公差区。

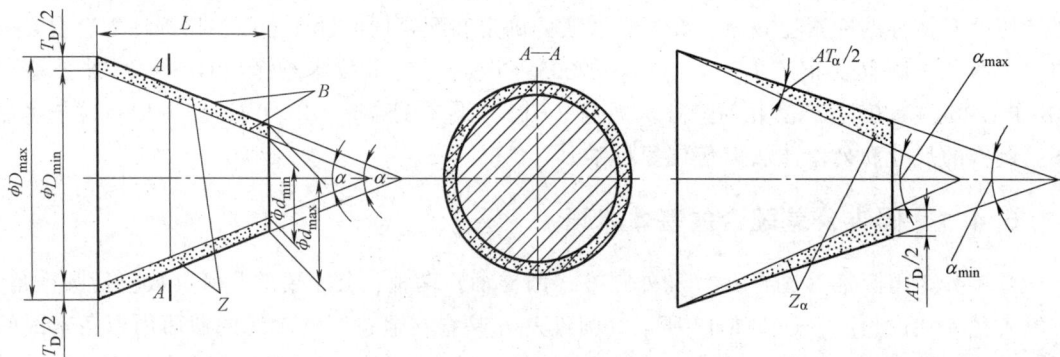

图 6-20　极限圆锥（角）和圆锥（角）公差区

极限圆锥角是指允许的上极限圆锥角和下极限圆锥角。圆锥角允许的变动量，即圆锥角公差。圆锥角公差，当以弧度或角度为单位时用代号 $AT_\alpha$ 表示，当以长度为单位时用代号 $AT_D$ 表示。两个极限圆锥角即上极限圆锥角和下极限圆锥角所限定的区域称为圆锥角公差区，也称圆锥角公差带。

（2）圆锥配合的术语　圆锥配合是指公称圆锥直径相同的内、外圆锥之间，由于结合的松紧不同形成的相互关系。圆锥配合和孔轴配合一样，也可分为间隙配合、过渡配合和过盈配合。其中，间隙配合主要用于有相对转动的机构中，如圆锥滑动轴承；过渡配合，主要用于对中定心或密封要求的场合；过盈配合主要用于传递转矩，利用内外圆锥间的摩擦自锁性可以传递较大的转矩。

圆锥配合的间隙或过盈大小，可通过改变内、外圆锥间的轴向相对位置来调整。按照确定内、外圆锥间最终的轴向相对位置采用的方式，圆锥配合的形成分为结构型圆锥配合和位移型圆锥配合，如图 6-21 所示。

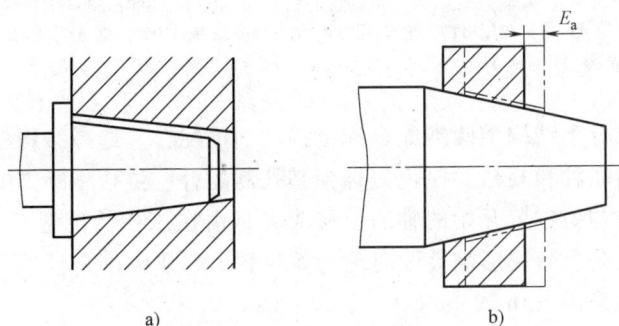

图 6-21　圆锥配合的形成
a）结构型圆锥配合　b）位移型圆锥配合

## 6.4.2　圆锥公差项目及其选择

为了保证内、外圆锥的互换性和满足使用要求，需对内、外圆锥规定相应的公差项目。国家标准规定的圆锥公差项目主要有圆锥直径公差、圆锥的形状公差和圆锥角公差。其中，圆锥直径公差以公称圆锥直径（一般取最大圆锥直径）作为公称尺寸，按照尺寸公差标准进行选取。圆锥的形状公差，主要包括素线的直线度公差和截面的圆度公差，在图样上可以标注圆锥的这两项形状公差或其中一项，也可以标注圆锥的面轮廓度公差。

下面重点介绍圆锥角公差。圆锥角公差 $AT$ 共分为 12 个公差等级，分别用 $AT1$、$AT2$、…、$AT12$ 表示，其中 $AT1$ 精度最高，等级依次降低，$AT1$ 精度最低。圆锥角公差数值见表 6-17。圆锥角公差常用的等级为 $AT4 \sim AT11$，$AT4 \sim AT6$ 用于高精度的圆锥量规和角度样板，$AT7 \sim AT9$ 用于工具圆锥、圆锥销、传递大转矩的摩擦圆锥，$AT10 \sim AT11$ 用于圆锥套、锥齿轮等中等精度零件。圆锥角的极限偏差可按单向取值也可双向对称取值。一般情况下，圆锥角公差通常采用对称于公称圆锥角分布。

表 6-17　圆锥角公差数值

| 公称圆锥长度 L/mm | AT5 | | | AT6 | | | AT7 | | |
|---|---|---|---|---|---|---|---|---|---|
| | $AT_\alpha$ | | $AT_D$ | $AT_\alpha$ | | $AT_D$ | $AT_\alpha$ | | $AT_D$ |
| | μrad | (′)(″) | μm | μrad | (′)(″) | μm | μrad | (′)(″) | μm |
| >25~40 | 160 | 33″ | >4.0~6.3 | 250 | 52″ | >6.3~10.0 | 400 | 1′22″ | >10.0~16.0 |
| >40~63 | 125 | 26″ | >5.0~8.0 | 200 | 41″ | >8.0~12.5 | 315 | 1′05″ | >12.5~20.0 |
| >63~100 | 100 | 21″ | >6.3~10.0 | 160 | 33″ | >10.0~16.0 | 250 | 52″ | >16.0~25.0 |
| >100~160 | 80 | 16″ | >8.0~12.5 | 125 | 26″ | >12.5~20.0 | 200 | 41″ | >20.0~32.0 |
| >160~250 | 63 | 13″ | >10.0~16.0 | 100 | 21″ | >16.0~25.0 | 160 | 33″ | >25.0~40.0 |

（续）

| 公称圆锥长度 L/mm | AT8 | | | AT9 | | | AT10 | | |
|---|---|---|---|---|---|---|---|---|---|
| | $AT_\alpha$ | | $AT_D$ | $AT_\alpha$ | | $AT_D$ | $AT_\alpha$ | | $AT_D$ |
| | μrad | (′)(″) | μm | μrad | (′)(″) | μm | μrad | (′)(″) | μm |
| >25~40 | 630 | 2′10″ | >16.0~20.5 | 1000 | 3′26″ | >25~40 | 1600 | 5′30″ | >40~63 |
| >40~63 | 500 | 1′43″ | >20.0~32.0 | 800 | 2′45″ | >32~50 | 1250 | 4′18″ | >50~80 |
| >63~100 | 400 | 1′22″ | >25.0~40.0 | 630 | 2′10″ | >40~63 | 1000 | 3′26″ | >63~100 |
| >100~160 | 315 | 1′05″ | >32.0~50.0 | 500 | 1′43″ | >50~80 | 800 | 2′45″ | >80~125 |
| >160~250 | 250 | 52″ | >40.0~63.0 | 400 | 1′22″ | >63~100 | 630 | 2′10″ | >100~160 |

注：1. 1μrad 等于半径为1m、弧长为1μm 所对应的圆心角。5μrad≈1″，300μrad≈1′。

2. 查表示例1：$L$ 为63mm，选用 $AT7$，查表得 $AT_\alpha$ 为 315μrad 或 1′05″，则 $AT_D$ 为 20μm。示例2：$L$ 为 50mm，选用 $AT7$，查表得 $AT_\alpha$ 为 315μrad 或 1′05″，则 $AT_D = AT_\alpha \times L \times 10^{-3} = 315 \times 50 \times 10^{-3} = 15.75$μm，取 $AT_D$ 为 15.8μm。

　　圆锥配合的形成分为结构型圆锥配合和位移型圆锥配合。选择结构型圆锥配合时，为减少定值刀具、量具的品种和规格，应优先选择基孔制配合。位移型圆锥配合的配合性质，由内、外圆锥接触时的初始位置开始的轴向位移或者是由在该初始位置上施加的装配力决定，故其内、外圆锥直径公差带仅影响装配时的初始位置，不影响配合性质。内外圆锥直径公差带的基本偏差，一般采用 H/h 或 JS/js。

### 6.4.3　圆锥角的检测

　　圆锥角的测量可以采用直接测量，也可以采用间接测量。直接测量圆锥角时，可以采用游标万能角度尺、光学测角仪等计量器具。间接测量圆锥角是指测量与被测圆锥角有一定函数关系的若干尺寸，然后计算出被测圆锥角的实际值，通常使用指示表和正弦规、量块、滚子、钢球组合等进行测量。

　　内、外圆锥角也可以采用圆锥量规进行检验。如图 6-22 所示，被测内圆锥用圆锥塞规检验，被测外圆锥用圆锥环规检验。检验内圆锥的圆锥角偏差时，在圆锥塞规工作表面素线全长上，涂 3~4 条极薄的显示剂；检验外圆锥的圆锥角偏差时，在被测外圆锥表面素线全长上，涂 3~4 条极薄的显示剂。然后，将量规与被测圆锥对研（来回旋转应小于180°）。根据被测圆锥上的着色或量规上擦掉的痕迹，来判断被测圆锥角的实际值合格与否。

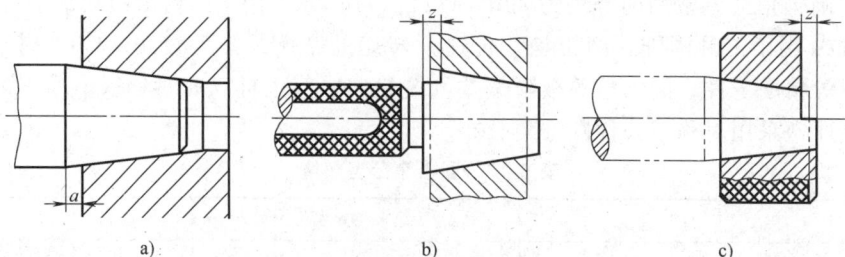

图 6-22　采用圆锥量规进行圆锥角检验

a）基面距　b）圆锥塞规　c）圆锥环规

　　此外，在量规的基准端部刻有两条刻线（或凹缺口），它们之间的距离为 $z$，用以检验被测圆锥的实际直径偏差、圆锥角的实际偏差和形状误差的综合结果产生的基面距偏差。基面距是指相互配合的内、外锥基面间的距离，用 $a$ 表示。基面距用来确定内、外圆锥的轴向相对位置。基面可以是圆锥大端面，也可以是小端面。若被测圆锥的基准平面位于量规这两条线之间，则表明该综合结果合格。

## 思考题与练习

6.1　滚动轴承的公差等级有几个等级，用得最多的是哪个等级？

6.2　滚动轴承内圈与轴、外圈与外壳孔的配合分别采用何种基准制，有什么特点？

6.3　滚动轴承的内、外径公差带有何特点？其公差配合与一般孔轴的公差配合有何不同？

6.4　选择轴承与轴、外壳孔配合时主要考虑哪些因素？

6.5　某机床转轴上安装 3086 型向心球轴承，内径为 40mm，外径为 90mm，该轴承承受着一个 4000N 的定向径向负荷，轴承的额定动负荷为 31400N，内圈随轴一起转动而外圈静止。试确定与该轴承配合的轴颈与外壳孔的尺寸公差带。

6.6　平键联接有几种配合类型？它们各用在什么场合？

6.7　矩形花键联接的结合面有哪些？通常用哪个结合面作为定心表面，为什么？

6.8　某车床主轴变速箱中一变速滑动齿轮与轴的结合，采用矩形花键固定联接，花键的基本尺寸为：6×23×26×6，齿轮内孔不需要热处理。试查表确定花键的大径、小径和键宽的公差带，并写出花键副与内花键和外花键配合代号与内、外花键公差带代号。

6.9　试述普通螺纹的基本几何参数有哪些。

6.10　解释下列螺纹标记的含义：①M24×2-5H6H-L；②M20-7g6g；③M30-6H/6g。

6.11　试述圆锥角和锥度的定义，它们之间有什么关系？

6.12　与一般孔轴公差带相比，圆锥直径公差带有何异同？

# 参 考 文 献

[1]  甘永立. 几何量公差与检测 [M]. 10 版. 上海：上海科学技术出版社，2013.
[2]  王贵成，范真. 公差与检测技术 [M]. 北京：高等教育出版社，2011.
[3]  封金祥，胡建国. 公差配合与技术测量 [M]. 北京：北京理工大学出版社，2016.
[4]  高丽，于涛，杨俊茹. 互换性与测量技术基础 [M]. 北京：北京理工大学出版社，2018.
[5]  朱文峰，李曼，马淑梅. 互换性与技术测量 [M]. 上海：上海科学技术出版社，2018.
[6]  王宏宇，徐红兵，陈炜，等. 卓越计划下的公差课程实验教学改革 [J]. 实验科学与技术，2014，12 （2）：96-98.
[7]  杨建风，徐红兵，王春艳，等. 几何量公差与检测实验教程 [M]. 镇江：江苏大学出版社，2015.
[8]  范真，毛卫平，刘桂玲. 几何量公差与检测学习指导 [M]. 2 版. 北京：化学工业出版社，2011.